여순 10·19 진실과 시적 재현

박철영 평론집

여순 10·19 진실과 시적 재현

산사나무

책을 발간하며

 이성으로 훈련된 인간이 어떻게 광기에 휩싸여지는가를 적나라하게 보여주는 굵직한 사건들이 우리의 과거 역사에서 있어 왔다. 그 정점은 대척점에 있는 사람들을 무참하게 학살하는 비극에서 공통적이다. 국가라는 절대적인 권력을 동일하게 독점하며 소수의 철저한 이익을 극대화하는 데 활용되었다. 늦었지만, '여순 10·19'를 통해 잘못 꿰어진 역사를 돌이켜 본다. 발생 당시부터 현재까지 우리가 알고 있는 것은 단순한 '여순반란사건'으로 교과서에 배운 상식이 일반적이다. 그로 인해 벌어진 참담한 지역 양민에 대한 인권유린과 집단학살에 대한 이야기는 침묵으로 일관해 왔다. 명칭에 대한 많은 이견이 있지만, 일부는 여수와 순천 지역민이 반란을 일으킨 것으로 오해할 여지도 있을 수 있다. 그 비극의 근원은 '제주 4·3'에서 비롯된다.

 1948년 10월 19일 여수 제14연대 군 일부가 제주 파병을 반대하며 동조 봉기한 사건이다. 부대 내에서 발생한 항명 사건으로 시작되어 여수와 순천이 반란을 주도한 군인들에 의해 점령된다. 이후 이승만 정부는 제주 파병 반대를 외치며 항명한 군인들과 그에 동조한 사람들을 찾아낸다며 무차별적인 폭력과 학살을 여수와 순천 인근(구례, 광양, 고흥, 보성, 곡성, 하동)까지 광범위하게 펼친다. 그 긴 고통의 시간은 무려 1948년 10월 19일 이후 6·25 남침이 발발勃發하면서 지리산 빨치산 토벌 작전이 종료된 1955년까지 이어진다.

그런 과정에서 억울하단 비명 한 번 못하고 죽어간 사람들이었다. 그 사람들이 끌려간 정황과 그 사람들을 학살한 장소에서 벌인 만행은 피해자의 가슴속에만 존재한 진실이다. 그들을 몰아다 죽음의 사지로 내몰았던 대한민국 이승만 정부의 군인과 경찰이 자행했던 학살 현장이 긴 세월을 견디지 못한 채 사라지고 있다. '빨갱이'를 색출한다며 사람들을 학교나 공터에 몰아넣고 누군가의 손가락으로 빨갱이로 낙인찍어 버렸다. '빨갱이'로 한번 낙인찍히고 말면 남녀노소 가릴 것 없이 무차별 폭력이나 죽음의 수순을 밟았다. '손가락총'이란 말의 공포가 생때같은 사람의 목숨을 앗아간 것이다.

  거기에 편승해 과거 이승만 정부의 위정자의 눈과 귀에 좋았을 곡학아세한 문장으로 진실에 눈을 감아 버린 문인들이 다수 있었다는 것도 사실이다. 그들은 진실을 왜곡한 일방적인 문학 담론을 가공해 여론을 호도하는 데 있어 비양심적 행동의 전위에 충실했다. 그런 세월도 무던하여 70여 년이 넘게 흘렀지만, 아직도 제주 4·3 항쟁과 달리 '여순 10·19'에 대한 조치는 아무것도 이뤄진 것이 없다는 무력감도 크다. 비록 늦었지만, '여순 10·19'의 진실이 바로 세워지기 위해 피해 유가족에 대한 국가의 정당한 조치와 당시의 상황에 대한 정확한 진상을 밝히는 것까지 이행되어야 한다. 그런 이후 진정한 해원을 통한 국민적 화해가 가능한 것이다. 그것은 시대의 도도한 흐름에 순행하는 것으로 더는 미룰 수 없는 대의인 것이다. 근래 들어 '여순 10·19'를 새롭게 인식하려는 변화가 다방면에서 일고 있다

  문학도 그런 관계 속에서 바라볼 수 있다. 과거의 잘못된 역사의 진실을 늦게나마 세상에 알리기 위해 올곧은 펜을 든 문인들의 활동을 볼

수 있다. '여순 10·19'를 말하는 양상이 확연히 달라진 것이다. 그 당시의 진실에 다가가기 위한 고뇌임을 알 수 있다. 문인들의 양심으로 자유와 민주주의가 공정하게 이뤄지는 세상을 열고 살기 좋은 삼천리금수강산을 밝히는 횃불을 켠다는 마음이었을 것이다. 사람과 사람의 가슴으로 이어져 섬진강을 거슬러 한양으로 역진하여 이심전심해가는 시적 발화이다. 그것이 문학을 관통한 시대의식이면서 민의의 올바른 분출인 것이다. 이 땅에 살아가는 사람들의 마음과 마음이 눈과 눈이 서로를 응시하듯 시인과 작가들이 '여순 10·19'에 대한 역사적 진실 말하기를 주저하지 않는다. 국가 폭력으로 자행된 비참한 실상을 제대로 알리고 바로잡자는 양심의 발현이다. 잘못된 과거를 인정하고 참회하고 통절하게 반성하자는 것이다. 역사의 잘못을 바로 잡아야 다시는 이 땅에서 국가 폭력으로 백성이 고통 받는 일들이 사라진다는 주문이다.

뜻있는 문인들의 자발적인 참여가 활발해지면서 숨겨진 '여순 10·19'의 비극을 시적 상상력으로 공감대를 형성하려는 데 있다. 그런 시대 의식에 충실한 시인들이 시를 통해 당시의 진실을 사실대로 알리기 위해 행동한 것이다. 또한 참담한 피해 유가족에 대한 위로와 해원에도 기여하길 바라는 마음이었을 것이다. 마지막으로 이 책을 통해 잘못 알려진 '여순 10·19' 진실과 인간존중에 대한 국가적 행위가 얼마나 엄중해야 하는 가를 생각하는 계기가 되길 바란다.

이번 필자가 발간한 《여순 10·19 진실과 시적 재현》에는 많은 시인들이 시적 세계로 인용한 실체적 담론을 주조로 한다. 여기에서 전체적으로 '여순 10·19' 당시에 발생한 사건 중심의 시적발화란 것을 염두에 두었고 시적 행간을 깊이 있게 들여다보고자 했다. 혹시 모를 사실에 대한 오독을 우려 신중히 접근했다는 의미이다.

　이 책의 구성은 총 5부로 나뉘어져 있고, 1부 맨 처음 '여순 10·19 바로 알기'를 통해 '여순 사건' 발생 전후 상황에 대한 전체적인 맥락을 유기적으로 기술하여 시적 담론을 전체적으로 이해하는 데 용이하도록 하였다.

　2부―5부에 시인들(100인)의 작품을 수록하였고, 문학으로 재현된 시적 세계를 문학적으로 접근하면서 사실에 대한 실체적 접근에 주목하였다. 시인들의 시적 세계를 통해 참담했던 '여순 10·19'의 진실이 많은 독자들에게 입체적으로 전달될 수 있도록 했다. 또한, 시적 발화가 일부 중복된 경우도 있지만, 시인들의 시적 사유의 존중과 더불어 충분히 그럴 수 있는 것으로 보았다. 왜냐하면 대부분 집단학살로 많은 사람들이 죽음을 맞이했기 때문 시적 대상에 대한 재현의 중복이 과하지 않다고 본 것이다. 그것에 상관치 않고 문학적 개연성으로 이해하였고 오히려 긍정적으로 바라보고자 했다.

　마지막으로 문학적 담론을 통해 '여순 10·19'의 실상을 진실이란 차원에서 접근하려 하였다. 특히 좌, 우 어느 한쪽에 편향된 진영 논리보다 더 엄중한 인간존중과 그렇지 못한 과거를 되돌아보며 문학적 진정을 현재 의식으로 가감 없이 담아내고자 했다. 문학은 세상을 분할하고 신분적 계층을 구분하여 존재하는 것이 아니라 수평적 사고와 공정한 의식의 발로라고 보았기 때문이다. 더불어 부연한다면 이번 기회로 더 많은 사람들이 '여순 10·19'에 대한 이해와 진실을 새롭게 인식하는 계기가 되었으면 하는 바람도 기대해 본다.

목차

책을 발간하며 - 4

1부 '여순 10·19'의 나라

침묵으로 강요된 역사의 소환 - 14
- 여순 10·19에 대한 소고小考 | 박철영

여순반란사건인가? 여순 항쟁인가? 진실을 말할 때 - 38
- 우동식 시집 《여순 동백의 노래》 중심

여순 10·19가 남긴 아픈 상처들 - 58
- 김진수 시집 《좌광우도》 중심

역사의 시간 속에서 강요당한 침묵 - 72
- 박관서 시집 《광주의 푸가》에서

여수 핏빛 바다 묻혀진 주검들 - 83
- 강경아 시집 《맨발의 꽃잎들》에서

여순 10·19의 시적 재현 - 100
- 이인호 《손가락총》에서

제2부 여순의 진실

핏빛 동백이 핀 그날 - 116
- 나종영·정성권·김청미·김영아

여순 진실의 의미언들 - 130
- 김지란·김수열·공현해·조삼현·이병철

1948년 10월 19일의 여수여! 순천이여! - 145
- 오하린·정선호·표성배·김미승·김용국

말도 못하고 살아온 징헌 세월 - 161
- 이지담·오선덕·윤석홍·김영란·강민경

여수·순천 사람들이 반란을 일으켰다고? - 172
- 이규석·경종호·박몽구·석연경

여순! 가슴 아픈 세월 - 182
- 김도수·고명자·유지호·박철영

제3부 사람이 먼저

여수와 순천에도 백성들이 살았다 - 192
　　- 송태웅·서수경·안준철·이옥근

'여순 사건'의 진실 - 206
　　- 김영숙·진창윤·주선미·권위상·서승현

여수 하늘이여! - 220
　　- 김숙경·이형용·장민규·정일석·김용자

1948년 '여순 10·19'의 시간들 - 237
　　- 조영심·김황흠·김요아킴·이창윤

여순의 고통은 현재도 진행 중 - 246
　　- 서정춘·이규종·성미영·이상인

동백이 붉게 피는 이유 - 260
　　- 김경윤·김정애·김칠선·안민

제4부 그날 이후

해원과 화해는 이뤄져야 한다. - 272
- 박두규·강병철·김승립·박혜연

침묵 속에서 앓아온 고통 - 284
- 이민숙·강덕환·박미경·박원희

지독한 세월은 너무 길었다 - 293
- 정숙인·하병연·선종구·조미희·장애선

화해와 해원 - 304
- 김인호·조성국·유종·지연

따뜻한 남도 온유한 사람들 - 313
- 허승호·이원규·최성문·최광두·남길순

아픔보다 더한 참극, 여수와 순천은 - 329
- 조태일·신병은·김영애·박주길

제5부 화해와 해원의 의미항

기억에만 존재한 시간 - 340
  - 고선주·맹문재·복효근·이은봉

사람이 먼저다 - 350
  - 이복현·최기종·조경일·장진희

그날의 진실을 말해도 되는가요! - 365
  - 주명숙·임호상·박해미·하지수·곽문호

'여순'의 가슴속 상처들 - 379
  —김수자·김영덕·엄정숙·이말순

금기어가 된 여순 10·19 - 390
  - 최복선·서애숙·서용기·김현주

가슴으로만 기억해야 하는 시간들 - 399
  - 김완·김영주·이종근·김희정

제1부

'여순 10·19'의 나라

침묵으로 강요된 역사의 소환
– 여순 10·19에 관한 소고小考

박철영(시인, 문학평론가)

1. 역사적 근원 및 과정

　우리는 흔히 과거 암울한 시대에 발생한 사건들에 대한 언급을 기피하거나 회피하려 한다. 그렇게 하는 것이 신상에도 이롭고 '굳이 내가'라며 기존의 사회적 합의(침묵)에 당연하다는 듯 여기려 한다. 그것에 반하는 의식을 가진다는 것 자체가 국가 정체성에 맞서는 것이어서 권력의 입맛대로 암묵적인 동의를 선택하고 만다. 의식 있는 많은 사람들이 양심에 따른 행동을 꺼리는 것은 어찌 보면 인간의 속성일 수 있다. 특히 '여순 사건'이 발발한 이후 오랫동안 정치 사회적인 언급 자체가 금기되던 시대의 분위기도 분명히 있었다. 그런 과정에서 국가의 잘못된 역사는 더욱 공고화되면서 잊을 만하면 폭력적 불행이 반복되는 비극을 겪게 된다. 멀리 볼 것 없이 제주 4·3과 '여순 사건' 그리고 '80년 광주 5월' 등 역사 속에서 엄청난 불행이 반복되었고 그 고통과 피해는 온통 그 지역에 사는 사람들이었다. 이외에도 6·25 전쟁 중 거창 양민 학살 등과 같은 유사한 학살이 '반공'이란 구실 아래 과감히 자행되었다. 그 원인이야 각기 다른 상황에서 출발했지만, 폭력적 학살로 이행된 양상은 유사하다. 더욱 반공을 무기로 정당성을 확보하는 데 있어 그만큼 좋은 프레임은 없다. 지금껏 자행된 국가 폭력들이 그래왔고 매우 상징적이라 할 수 있는 '여순 사건'도 그중 하나일 뿐이다. '여순 사건'이 발발한 이후 많은 시간이 지났고, 아직도 밝혀지지 않은 역사의 진실을 고민하며 그에 대한 올바른 접근을 위한 당시 국내의 정황에 대하여 알아볼 필요가 있다.

그런 판단의 근거로 《여순 사건 자료집》(동부지역사회연구소, 2001)에서 "해방 직후 좌우의 갈등과 대립은 여러 차례의 크고 작은 유혈 충돌을 촉발하였다. 한반도에 정부가 수립되기 직전인 1948년 4월에는 제주도에서 이른바 4·3 사건이 일어났고, 정부 수립 직후인 10월에는 전라남도 여수에 주둔하던 국방경비대 제14연대의 좌익계 장병들이 지역민 일부의 지지를 받아 봉기하였다"는 것에 주목할 필요가 있다.

그 근원은 해방 이후 미 군정과 남한 임시 정부 수립을 한 이후 정권의 독점이 우선시되면서 당연히 거쳐야 했을 일제 잔재 청산과 토지개혁이 유마무야 무산되고 만다. 또한, 북한을 배제한 남한만의 단독정부 수립 찬반 투표를 놓고 남한 내 많은 이견이 속출하였고 갈등이 격화된다. 대항적 이념 전선에서 첨예하게 대치하고 있는 남로당의 조직적 위세가 표면적으로 가시화되고 이승만 정부는 위협을 느끼게 된다. 그런 경황 중 1948년 '제주 4·3 항쟁'(폭동, 반란)이 발생한다. 이어 제주의 악화된 상황을 타개하기 위해 여수에 주둔한 제14연대 파병 안이 실행 단계에 접어든다. 제14연대 병영 내 지창수 등 일부 군인들이 제주 파병 거부를 표면으로 내세우며 항명하게 된다. 이에 동조한 군인들이 합세하여 1948년 10월 19일 근현대사의 상처가 되어버린 '여순 사건'이 발발한다. 이들은 무장폭동(항명)을 일으켜 전남 동부 지역을 순식간에 장악하였다.

여기에서 주목해야 할 점이 있다. 제주 파병에 반대하는 군인들의 항명 사건에 그치지 않고 전남 동부 6군의 지역 사회로 급속히 확산된 배경과 원인이 어디에 있는가, 일 것이다. 당시 여수와 순천에서 반란 군인들과 좌익 사상을 가진 자들에 의해 짧은 시간 안에 조직적인 인민위원회(인민대회)를 개최하기에 이른다. 그것은 항명을 주도한 군인들과 여수와 순천의 좌익 조직 간의 긴밀한 사전 준비가 있었다고 추정할 수 있는 근거가 되었을 것이다.

'여순 사건'이 표면적으로 제주 파병에 대한 항명을 내세웠지만, 이면에는 모종의 계획 하에 벌인 것으로 판단할 수 있는 요소다. 그들은 우선적으로 사회 정의를 실현한다는 명분하에 대지주 및 친일 경찰들에 대한 폭력 및 생사여탈권을 휘둘러 살상을 자행한다. 속수무책으로 당한 여수 순천 인근 지역은 그야말로 치안 및 행정 기능이 마비되면서 무법천지가 되고 만다. 화급해진 이승만 정부는 '반군토벌사령부'를 설치 군, 경을 대규모로 증원하여 여수와 순천을 탈환하기 위한 진압군을 편성한다. 순천 외곽을 시작으로 치열한 전투가 벌어지면서 토벌 군, 경에 반란군이 맞서 보았지만, 한계에 봉착하고 만다. 군과 경찰은 국가로부터 우세한 화력을 지원받았고 대규모 병력 수에서 밀릴 수밖에 없었다. '여순 사건'의 주 무대가 된 여수와 순천에 대한 인식은 반란군에 동조한 '반란의 도시'로 변질되면서 진압에서 토벌적인 성격으로 변모된다. 이어 군과 경찰로 편성한 병력을 '토벌대'라고 그들을 말했다. 여기서 '토벌'의 사전적 의미는 무력으로 쳐 없앤다는 것을 의미한다. 일반적으로 불복종 세력 또는 도덕적 불온세력을 척결한다는 어원으로 볼 때 '여수와 순천' 전 지역민이 그 작전 범위 안에 포함되어 버린 것이다. 여기에서 주목해야 할 이승만 정권은 "모든 지도자 이하로 남녀 아동까지라도 일일이 조사해서 불순분자는 다 제거하고 조직을 엄밀히 해서 반역적 사상이 만연되지 못하게 하며 앞으로 어떠한 법령이 혹 발표되더라도 전 민중이 절대 복종"[1]해야 한다는 강력한 경고성 발표 및 계엄령을 선포한다. '여순 사건' 발생 7일 만에 군, 경의 여수와 순천 진입 뒤 빠져나가지 못한 반란군인과 그들에 동조하거나 협조한 부역자 색출을 위해 혈안이 된다. 토벌군은 지역민들에 대한 무차별적인 검색과 색출 활동을 진행한다. 또한 눈엣가시 같은 지역 인사들을 제거하기 위해 이청준 소설에서 말한 것처럼 '검은 손가락총'을 휘둘렀고 억울하게 지명된 사람은 속수무책으로 폭력과 살상에 노출되고 만다. 그 과정에서 억울하게 당한 사람들이 속출하게 되고 가해자(군과 경찰)측과 피해자 측으로 확연히 입장이 나뉘게 된다. 이 말을 뒤집어 본다면 선량한 지역민과 그들(반란군에 가담한 군인, 협조한 사람들)을 분리하는 데 있어 신중한 절차 없이 감정에 우선해 처리해 버린 것이다. 이러한 토벌군의 국가공권력은 계엄령을 발동 받아 막강한 지위를 이용 부역자 및 좌익 혐의자를 색출한다는 이유로 오랜 기간을 끌다보니 양민들의 희생이 많아진 것이다. 그것의 광기는 좌익에 맞선 '반공'이라는 이데올로기적 흉기를 유감없이 휘둘러 이승만의 통치 전략으로 활용했다.

---

[1] 동아일보, 1948.11.4

아이러니한 상황은 어느 순간 광포한 폭력과 살상의 실행 주체가 바뀌면서 새로운 양상으로 반전한다. 먼저 힘의 우위를 가진 '가해자'는 여수 제14연대에서 항명한 군인들과 지역 좌익계 인사들이었다. 그들의 여수 순천 인근을 장악할 수 있는 상황은 계속되지 못했다. 여수와 순천이 군경의 강력한 진공으로 탈환된 뒤 초법적인 '가해자'(토벌군인, 경찰)로 바뀌게 된다. 그들의 광포함은 양측 모두 서로를 능가할 만큼 만행을 자행했다. 다만, 피해를 가한 양적 측면에서 현저한 차이가 나는 것은 반란군이 여수와 순천을 장악한 기간이 짧았다는 것일 뿐이다. 반면 여수 순천 인근 지역을 장악한 토벌군과 경찰의 시간은 더 오래 지속된다. 토벌대가 여수와 순천을 장악하면서 반란군과 좌익세력이 우위를 점유한 시간은 거기까지였다. 다시 정리해 보자면 이렇다.

첫째. '여순 사건'은 여수 주둔 제14연대 내에서 발생한 군인들의 항명으로 촉발되었는데 반란에 가담한 군인들에 한정하지 않고 여수와 순천 지역에서 활동하고 있던 좌익계 인사들이 대거 참여를 했다.

둘째. 항명에 가담한 여수 제14연대 군인들과 이에 가세한 여수 순천의 좌익계에 의하여 친일 경찰과 지주들에 대한 폭력과 살상이 자행되었다.

셋째. 군, 경이 여수와 순천을 진압한 뒤 약간의 혐의만 있다면 양민을 부역자로 몰아 가혹한 폭력이나 살상으로 피해자가 양산되었다.

넷째. 대한민국 정부는 이후 폭력과 학살에 대한 사실을 왜곡 은폐하기 위해 여수와 순천이라는 지역을 불온한 이미지로 극대화했다. 결국 '여순 사건' 시 발생한 피해자에 대한 해결책을 국가가 적극적으로 모색하지 않았다.

2. 여순 10·19 진실 말하기

　사회 정의를 바로 세우기 위한 발언은 몇 사람이 목소리를 낸다고 해서 될 일이 아니다. 다양한 각계에서 잘못된 역사적 사실에 대한 담론을 공론화하려는 노력이 있을 때 무너진 정의를 바로 잡을 수 있다. 지금껏 왜곡된 역사 속에서 규명해야 할 의제가 많겠지만, 우선 '여순 사건'에 대하여 먼저 다룰 수밖에 없다. 오랫동안 침묵으로 일관한 사회, 정치 환경에서 '여순반란사건'에 대한 발화는 상당한 용기의 진전인 것이 분명하다. 그나마 '여순 사건'에 대한 문학적인 거론이 있다 해도 간헐성에 그치고 만 정도였다. 가장 큰 반향을 일으킨 역작으로는 조정래의 《태백산맥》을 들 수 있지만, 이후 발표된 작품들은 수적으로 미미한 정도로 그쳤다. 그렇게 시간이 무장 흘러갔고 조금씩 진전 있는 활동이 발견된다. 그것은 각계에서 잘못된 역사를 바로잡기 위한 단체(여수문화원, 여수지역사회 연구소, 전남동부지역사회연구소)가 의미 있는 활동을 전개한다. 그에 힘입어 가시적인 성과가 조금씩 진전되면서 학계의 연구 발표 세미나를 개최하는 진전을 보인다. 자연스럽게 '여순 10·19'에 대한 금기 영역을 조금씩 완화시키면서 세간의 관심도 증가되어 간다. 이어 1948년 10월에 일어난 여수·순천 10·19 사건의 진상을 규명하고 희생자를 지원하기 위한 법안(여수·순천 10·19 사건 진상규명 및 희생자 명예회복에 관한 특별법)을 2001년 4월 6일 제16대 국회에서 발의한 것의 의미는 매우 크다. 그런 노력에도 20여 년의 세월이 더 흘러야 했고, '여수·순천 10·19 사건 진상규명 및 희생자 명예회복에 관한 특별법'(여순특별법)이 국회에서 통과되어 2022년 1월에 시행되는 결과를 얻을 수 있었다. 그와 더불어 여수와 순천 지역을 비롯해서 각계에서 '여순 사건'에 대한 진실을 알리기 위한 움직임이 일었던 것은 그동안 국가가 주도적으로 해결하겠다는 의지를 보여주지 못했기 때문이다. 늦었지만, 일련의 뜻있는 움직임에 의해 긍정적인 활동이 활발해지면서 여수와 순천에서 '여순 사건'의 진실에 다가가기 위한 행동들이 구체적으로 모습을 드러낸다. 지역 사회단체(동부지역사회연구소, 순천작가회의)에서 진상을 파악하기 위해 '여순 사건' 당시 피해 생존자들을 수소문하여 증언을 채록하는 활동을 진행했다. 그것 또한 체계적이거나 지속적이지는 못했다. 자연스럽게 사실적인 증거들을 추가하면서 숨겨진 정황들에 대한 진실을 확인하게 된다. 특히 여수의 '여순지역사회연구소'와 순천의 '동부지역사회연구소'에 이어 순천대 부설 '여순연구소'가 잇달아 가동되면서 '여순 사건'에 대한 실체를 규명하기 위한 면모와 체계를 갖추게 된다. 그런 활동들에 힘입어 꾸준한 자료 수집과 학계의 관심을 높이는 데 기여한 바가 크다. 당시 피해자나 유가족들이 알고 있는 상세한 증언을 통해 비밀로 봉인된 진실에 조금씩 다가간다. 풍문처럼 돌던 학살의 진상 규명이 실체를 드러내며 진전을 이룬 것이다.

1948년 10월 19일 여수에서 발생한 '여순 사건'에 대하여 미군정과 이승만 정부는 언론 보도를 통해 항명에 가담한 군인들과 좌익 세력에 대한 부정적인 인식을 알리는 데 주력했다. 여순 사건이 발발하자 여수와 순천에 대한 부정적인 인식을 전 국민에게 호도시킬 필요가 있었고 그에 적극 호응한 문인들을 통해 문인조사반(소설가 박종화, 김송, 정비석, 시인 김광석, 이헌구, 이외 다수)을 꾸려 현지(여수와 순천)를 시찰토록 하였는데 실상이 아닌 왜곡된 문장으로 추호의 망설임 없이 진실을 가공해 버린 것이다. 특히 김영랑 시인의 상황을 철저히 외면한 문학적 행태(〈새벽의 處刑場〉 전문, 동아일보, 1948.11.14, 〈절망〉 전문, 동아일보, 1948. 11. 16.)는 매우 심각한 것이다. 이들에 의해 각종 언론을 통해 거짓된 게재로 인해 여수와 순천에 대하여 악화된 국민적 여론을 등에 업고 이승만 정부는 더 과감한 토벌을 진행한다. 그렇게 의도된 채 진실이 덮이고 참담한 양민의 깊은 고통과는 아랑곳없이 70여 년의 세월이 흘렀다.

다행스런 것은 교언영색巧言令色한 선배 문인들을 본받지 않은 후배 문인들의 출현으로 '여순 사건'을 바라보는 양상이 달라지기 시작한 것이다. 그것의 참된 용기는 양심에 기반한 진실에 가장 근접한 문학인의 모습이라 할 수 있다. '여순 사건'에 대한 시적 형상화 활동에 참여 문인들이 늘면서 지금껏 볼 수 없었던 진전을 보여준다. 그 징후는 이미 조정래 선생께서 《태백산맥》으로 금기시된 '여순 사건'에 대한 빗장을 풀어낸 시점부터였다. 이후 '여순 사건'에 대한 원 체험적인 자기 고백을 담은 조태일(〈친구들〉, 전집 1)과 참혹한 실상을 접한 이후 고뇌와 참담한 슬픔을 정조로 한 나종영(〈붉은 혼, 여수 동백〉), 박두규(〈여순 동백〉), 김해화(〈가을 모후산〉) 등이 순천작가회의에서 발행하는 《사람의 깊이》(6집, 2002)를 통해 발표가 이뤄진다. 이외에도 많은 시인들의 참여가 있었다. 거기에 여수 출신 양영제의 《여수역》이 2018년 소설로 출간된다. 이렇게 꾸준한 문학적 재현 활동이 축적되면서 실체적인 진실에 다가가는 데 있어 새로운 양상을 볼 수 있다. '여순 사건'의 실체적 증언에 대한 접근과 정황의 사실 확인을 구체적인 자료로 정리

하여 축적한 성과들(《나 죄 없응께 괜찮을 거네》, 순천대학교 여순 연구소 간행)을 확보한다. 그렇게 녹취 발굴된 자료들을 통해 문학적인 재창작이 이뤄지는 데 기여했다. 이러한 노력들이 모여 문학적으로 '여순 사건'에 대한 진실 알리기를 위한 시적 재현 활동의 효과는 컸다 할 수 있다. 시적인 상상력으로 당시를 환기하면서 긴 세월 속에 감춰진 진실을 흩어진 퍼즐을 맞추듯 복원해 가는 노력의 결집인 것이다. 그런 과정을 통해 많은 사람들에게 '여순 사건'의 실체적 참상을 알린 계기가 된다. 이러한 창작 활동은 한두 번으로 끝날 일이 아니다. 당시 많은 피해자들이 있었고, 채록한 녹취나 현장(학살 및 집단 매립지)에 대한 자료도 미미한 것에 불과하다. 추후 발견될 사실에 즈음한 시적 재현 작업이 지속되기 위해서는 지금보다 더 많은 문인들의 참여가 요구되는 것이다. 그런 노력들이 작지만, '여순 사건'에 대한 잘못을 바로잡는 데 기여할 것이다. 또한 피해자들에게 가해진 과도한 폭력과 죽음으로 인해 많은 사건들이 묻혔거나 사라진 경우도 있다. 그런 사례들까지 빠짐없이 발굴되어 문학의 범주 안에서 재인용되거나 재현 공간을 넓혀가야 한다. 시대적인 불우에 가장 고통스러워하며 다가가야 할 사람들은 정치인이 아니라 시인과 작가일 수밖에 없다. 역사 속에서 참담한 피해를 당하거나 죽어간 사람들을 가슴으로 위로할 수 있는 사람들이기 때문이다. 국가가 나서지 못한 '여순 사건'의 진실 알리기를 위한 문인들의 진정성을 금번 평론집에 빠짐없이 모음을 한 것도 그런 이유에 있다. 이러한 노력은 '여순 사건'의 올바른 이해와 가해자와 피해자 간 화해를 위한 지난한 시작인 단초에 불과하다.

3. 정치성으로 획책한 반공이데올로기

　한 사람의 잘못으로 누군가에게 깊은 상처를 입혔다면 그것은 돌이킬 수 없는 범죄다. 우리가 살아가는 현대 사회에서 만약에 그런 범죄가 발생했다면 당연하게 사회악으로 규정한다. 거기에 더하여 범죄를 유발한 사람을 혐오하고 배척하는 것은 마땅하다. 해방 이후 들어선 대한민국 이승만 정부에서 발생한 '여순 사건'도 그런 범주에 해당될 수 있다. 여기에서 중요한 것은 '여순 사건'의 근원과 이로 인해 얻어진 결과가 누구에게 유리하게 진행되었는가를 살펴봐야 한다. 제주 파병 반대를 내세우며 항명으로 시작한 '여순 10·19'가 어떻게 국가 폭력으로 변질되면서 양민들에게 전가되어 참혹한 양상으로 변모되었는가를 알아야 한다. '여순 사건'의 출발점은 '제주 4·3'에서 비롯되었다. 앞서 언술한 바와 같이 제주의 1947년 3·1절 기념행사에 많은 민중이 모였다. 당시 어린아이가 경찰이 탄 말에 치인 것이고, 항의한 민중을 향해 발포한 것이 화근이었다. 그로 인해 항의성 소요가 격화되면서 무장대와 충돌로 1948년 '제주 4·3'이 발생하였다. 제주 관내 치안 불안정을 명분으로 군의 추가 제주 파병이 필요하게 된다. 마침 여수 제14연대 소속 병력으로 파병이 결정된다. 제주 파병에 대한 일부 군인들의 '동족상잔 결사반대'라는 부당성이 제기된다. 그러한 부대 내 반대 여론을 이용 김지회, 지창수를 비롯한 40여 명의 주동자들에 의해 1948년 10월 19일 '여순 사건'이 발발한다. '여순 사건'은 부대 내 명령체계에 대한 항명으로 그치지 않고 합세한 군인들이 여수 시내로 진출하면서 순천까지 소용돌이에 휩싸이고 만다. '여순 사건' 발발에 영향력의 중심인 김지회 지창수 등에 대한 견해가 다양하게 제기된다. 그중 많이 인용되는 것은 남로당 좌익(공산주의)계에 포섭된 자들로 지목한다. 그런 주장이 어디까지 합리적이고 신뢰할 만한 것인가의 부분은 또 다른 문제로 여기에서는 당시 자료를 참고할 수밖에 없다. 물론 그와 다른 주의와 주장이 제기되기도 한다. 그 이외 제주 파병에 항명하며 반란을 주도한 군인들이 내세운 '동족상잔 결사반대'와 '미군 철수'라는 명분은 상당한 의미로 살펴볼 필요가 있다. 동족상잔을 거부한 파병 반대 슬로건은 응당 대한민국의 국군(국방경비대)이라면 국민보호가 최우선이란 명분에서 우위를 점유한다. 다음으로 해방 이후 '미군 철수' 주장에서도 일본 식민 통치에서 완전한 자주독립 쟁취가 최우선이었듯이 자주 국가 건설을 위한 국민 정서에서 합리적 구호란 것도 맞다. 하지만, 일본 강점에서 벗어난 해방이 연합국의 승리에서 부수附隨되었다고 볼 때 그런 주장은 한계를 안고 있다. 남과 북에 미국과 소련의 진주로 인한 38도 선의 분단 상황을 면밀히 살펴볼 필요가 있다. 그 상황에서 '여순 사건'을 주동하고 합세한 군인들이 내세운 구호는 이면성을 띠고 있음을 알 수 있다. 그들을 바라보는 입장차도 확연하게 달라 미 군정과 대한민국(이승만)은 그들을 좌시할 수 없는 단죄의 대상으로 판단한다.

  1948년 10월 19일 여순 사건은 근현대사에서 대한민국 국가 정체성에 대한 커다란 변곡점으로 작용한다. 해방 후 다양한 사상에 대한 자유로운 선택을 허용하지 않았다. 대한민국 국가 건설에 있어 더 많은 기회를 가질 수 있었으나 역사의 도도한 물줄기는 격랑 속으로 흘러들어갔다. 결국 미 군정 하에 치른 남한 단독 선거로 수립한 대한민국(이승만)은 전국적 위기를 돌파할 기회를 놓치고 싶지 않은 것이다. 사상의 다양한 자유가 아닌 '반공이데올로기'로 일체화된 국민적 정체성을 구체화시킬 욕망을 떨치지 못했다. 그 실현 방법은 가혹한 것으로 폭력을 동원해 左右翼 사상 면에서 진영을 가리는 것으로 획일성을 강요했다. 결국 미 군정과 대한민국(이승만)은 항명(제주 파병 거부)을 주도한 일부 군인이 좌익계에 포섭된 것으로 판단 '반공이데올로기'로 대결 전선을 이분시켜 공고화 한다. '반공'을 통해 '좌익'을 '빨갱이'라는 불온한 이미지를 덧씌운 것에 성공한 것이다. 그를 기회로 '레드 콤플렉스'가 사회적 공포를 조성하는 도구와 국가 통치 이념으로 활용된다. 그것은 우연하게도 대한민국 이승만의 통치 권력과 군의 연대를 완벽하게 일체화시키는 데 거대 어젠다로 작용한 것이다. 이로 인해 '반공' 연대를 통해 권력이 견고 심화되면서 항명군인으로 촉발된 '여순 사건'의 범주에 포함된 여수와 순천은 더 큰 고통 속으로 빠져든다. '여순 사건'이 발생하면서 여파가 여수와 순천을 중심으로 고흥 보성 광양 인근 경남 하동 지역까지 확산된다. 그 불행은 쉽게 끝나지 않을 것이라는 듯 1950년 북한의 '6·25 남침'이 발발하면서 가중된 고통을 감당해야 했다. '여순 사건'으로 촉발된 일련의 가혹한 살상과 양민에 대한 폭거를 '진실화해위원회'는 다음과 같이 정의하고 있다. "1948년 10월 19일 여수 주둔 국방경비대 제14연대 소속 군인들의 반란을 시작으로 9·28 서울 수복 이전까지 약 2년 동안 전라남도와 전라북도·경상남도 일부 지역에서 사건과 관련하여 비무장 민간인이 집단 희생되고 일부 군경이 피해를 본" 정황으로 기록하고 있다. 미군정과 대한민국(이승만)은 '여순 사건'을 촉발한 반란군(당시 국가의 시각)을 토벌한다는 명분하에 많은 양민을 폭력과 학살로 희생시켰다. 반란군에 동참한 군인들과 이에 동조한 지역민에 좌익이라는 프레임을 씌워 '빨갱이'라는 낙인을 찍게 된다. 그렇게 그들은 '빨갱이'로 몰려 죽음을 당했고, 남은 유가족은 고통의 세월을 살게 된다. 이후 그들에게 국가는 '연좌제'란 법망으로 삶을 제약하면서 사회 진출 기회를 박탈하게 된다. 그에 부당하다는 말 한마디 못한 채 그렇게 '빨갱이'가 되었고 '빨갱이' 가족으로 살아야 했다. 우리 역사 속에서 언급되지 않던 '빨갱이'라는 신조어가 신분 차별로 그때부터 적용된 것이다. 선량한 양민이 하루아침에 암담한 신분으로 추락하면서 당사자는 물론 자녀와 주변의 친지들까지도 사회 활동을 배제 받는 '연좌제'의 족쇄에 시달린다. 1980년대 중반까지 존속되다 부당성이 끊임없이 제기되면서 폐기되기까지 오랜 기간 피해에 시달려야 했다. 평생을 살며 신분적 차별을 받았고 사회활동마저 저해 받는 고통의 삶을 살아온 유가족들이었다. '여순 사건'의 여파는 세대를 세습해 신분 상승을 억압하는 사회적 장벽으로 작용했다. 자유와 민주주의를 근간으로 하는 대한민국 국가에 의해 국민적 삶이 철저히 유린되고 만 것이다.

4. 국가적 충돌과 이해 인식

연합국에 패전한 일본의 항복으로 1945년 8월 15일 해방을 맞은 한반도는 38선을 기점으로 남과 북에 상반된 정권이 들어서게 된다. 미국과 소련의 제국주의적인 야욕으로 한반도에 서로 다른 체제를 표방한 정권이 태동한 것이다. 해방 정국은 남과 북을 미소가 분단하면서 또다시 혼란에 빠지게 된 것이다. 이로 시작된 분단 상황은 현재까지 고착되어 남과 북은 극한 대립 상황에 놓이게 된다. 남과 북 마찬가지로 남에서는 미군정과 이승만을 통해 북에서는 소련과 김일성을 통해 권력의 헤게모니를 잡기 위한 암투가 벌어졌고, 합종연횡을 모색하다 기어이 요인 암살과 숙청(북한) 등 갖은 술수를 서슴지 않는다.

또한, 남한에서 미군정을 등에 업은 이승만이 최후 승자가 되어 자유당 정부를 대표하게 된다. 태동부터 많은 정치 사회적인 문제점을 안고 출발한 것이다. 먼저 살펴봐야 할 것은 해방 전후 여수와 순천 지역민들이 갖는 지역 정서를 고려하지 않을 수 없다. 《태백산맥》의 주 무대가 전남 벌교와 보성으로 여수, 순천과는 지척에 있다. 특히 벌교 지역은 일제강점기 간척 사업을 통해 농지 개발이 활발하게 이뤄진다. 농지를 두고 일어나는 갈등을 통해 농민들의 욕구가 잘 드러나고 있는 데는 그럴만한 이유가 있다. 대부분 소작농인 농민들에게 한 뙈기의 땅을 가졌느냐의 차이는 극명하기 때문이다. 곧 사느냐 죽느냐의 기로에서 절치부심할 수밖에 없는 소작농의 비애가 당시 현실이기 때문이다. 여수의 지리적 특성은 해안선과 길게 접해 있는 여수반도를 따라 형성되었다. 순천은 여수보다 나은 환경이지만, 농작물을 수확할 수 있는 농토가 한정된 여건은 비슷하다. 특히 해방 전후 남한 지역 어디를 막론하고 대부분이 농업에 종사하고 있어 농지 소유에 대한 욕구는 남달랐을 것이다. 그런 지역민의 정서와 맞물려 있다면 농지를 둘러싼 토지개혁(농지개혁)에 대한 욕구가 증폭되면서 사회적 불안 요인으로 작용한다. '여순 사건'에 있어 부분적인 원인의 하나로 '농지개혁'

에 대한 욕구의 분출을 들 수 있다. 미군정 하에서 미뤄진 '농지개혁'은 '여순 사건'이 발생한 이후 1950년 이승만 정부에 의해 '농지개혁법'을 통해 유상몰수·유상분배를 원칙으로 시행한다. 당시에도 대지주와 소작농에게 서로의 유·불리를 따지며 많은 이견이 있었으나 북한의 집단농장화를 위한 무상몰수에 반해 진보한 정책으로 성과를 거둔 것으로 평가한다. 하지만, 농지개혁에 효과가 당시 민중에게 깊숙이 다가가지 못했음을 말해 준다.

이후 여러 제도적인 정비와 맞물려 국내 정정 불안 및 북한의 위협이 점증한다. 그에 대처할 수 있는 경찰 및 국방경비대(국군의 전신)의 인원 충원이 급속히 진행된다. 먼저 치안 경찰 인력 충원에 있어 친일 경찰의 대거 진입으로 그에 따른 부작용도 함께 경찰 조직 내에 유입된다. 또 여기에서 간과할 수 없는 것은 해방 이후 전국적인 현상이었을 테지만, 친일 경찰 재등용이 훗날 '여순 사건' 발생 시 반군과 좌익 세력들의 표적이 되어 많은 피해를 입게 된다. 해방 전 의식 있는 지역 인사들에 대한 요시찰 임무를 수행했거나 친일적인 입장에서 탄압행위와 망국적인 행위를 서슴지 않던 그들을 지역민은 누구보다 잘 알기 때문이다. 갑자기 찾아온 해방 정국에서 그들(친일경찰)은 죽은 듯이 처신했지만, 그 시간은 안타깝게도 길지 않았다. 이승만 자유당 정부는 정정 불안으로 인한 치안 안정을 기한다는 명분하에 친일 경찰들을 대거 등용한 것이다. 해방 전 독립을 위해 헌신한 분들에게 대한민국 정부 수립 기여에 동참시키지 않고 배제하기에 급급했던 것이다. 정권 독점에 걸림돌이 될 수 있는 가능성을 아예 허용치 않겠다는 속셈인 것이다. 모든 분야에서 그렇다 보니 자연스럽게 치안을 맡을 필요 인력이 부족한 것은 당연하였고, 인력 양성보다 손쉬운 방법을 선택하고 만다. 마침 친일 경찰 이력자들을 놓고 볼 때 그들만큼 잘 훈련된 치안 적격자는 없다고 판단한 것이다. 가장 큰 문제점으로 대한민국(이승만) 은 친일 경찰 등용에서 국민적인 거부감을 가볍게 여기고 말았다. 국방경비대보다 더한 힘을 가진 경찰 조직이 만들어진 것이다. 이로 인해 경찰과 군인들 간 갈등에 힘의 우위를 보인 경찰에 대한 군의 반감도 '여순 10·19'에서 구실로 작용한다.

거기에다 국방경비대 인원 충원이 시급했던 국가적 이해와 맞물려 군 입대 시 심사 기준의 충분한 고민이 부족했음을 드러낸다. 자원 병력 대부분은 호구지책이 급한 청년들로 충원되었고, 그중 좌익 사상에 노출된 자원이 적지 않았다는 것은 많은 자료에서 말해 주고 있다. 거기에다 사회적으로 문제에 노출되어 경찰의 수배를 받고 있는 청년들도 신분 보호를 받기 위해 입대를 자원했다. 해방 이후 남과 북이 서로 다른 체제로 분단되면서 남한의 체제 내에서 대결이 극심해졌고 혼란을 야기한 중심에 좌익(공산주의) 조직의 개입이 있는 것으로 판단해 경계하게 된다. 국내 정정이 채 안정되기도 전 1948년 '제주 4·3'과 이어 1948년 10월 19일 '여순 사건'과 1950년 6·25 남침이 발발하게 된다.

여기서 짚어봐야 할 것은 해방 전 많은 지식인들은 독립 쟁취를 위한 수단으로 사상적인 선택을 도구화했다. 당시 국제 환경은 산업혁명으로 성공한 제국주의에 맞서 자연스럽게 노동자 농민을 위한 칼 마르크스와 엥겔스의 마르크시즘, 사회주의 이론이 접목된 노동자 무산 계급에 의한 혁명이 러시아에서 1917년 10월 성공적으로 마무리된다.

사회주의(공산주의)라는 새로운 체제의 등장은 세계사에서 지금껏 볼 수 없었던 코뮌 이념을 표방한다. 중국도 몇 번의 국공합작으로 일본에 맞선 항일 전쟁을 수행하면서 공산주의 사상에 기반한 모택동이 장개석 국민당 정부를 패퇴시키면서 중원의 최후 승자가 된다. 국제 환경에서 강력한 일본에 맞서 독립 쟁취를 위해 고심하던 지식인층에게 '공산주의' 사상은 새로운 호기好機로 부상한다. '공산주의' 사상으로 무장하여 성공한 소련과 중국을 보면서 좌익적인 사상에 노출된 지식인들이 해방 정국을 맞게 된다. 그것의 시작이 남과 북의 체제에 활발히 유입되면서 정국 운영의 주도권을 위한 세력 확장에 나선 것이다. 그와 별도로 국내 정치 환경에 대한 논의 없이 미, 영, 소는 5년간의 신탁통치안을 합의하기에 이른다.

  이때부터 국내 정정은 대 혼란에 빠져들고 만다. 각기 다른 진영 논리와 유, 불리에 따라 신탁통치에 대한 찬반이 엇갈리면서 갈등이 깊어진다. 급기야 대립이 격화되고 정정政情 불안으로 치달으면서 혼란스런 상황은 전국적인 현상으로 번져 나갔다. 앞서 언급한 바와 같이 제주에서 1947년 3·1절에 기마경찰의 말에 아이가 치인 사건이 발생했다. 이때 경찰이 아무런 조치를 취하지 않고 복귀하고 만다. 이곳에 모인 군중들을 자극했고 도망가는 경찰에 항의하게 된다. 경찰은 사과는커녕 몰려든 군중을 향해 발포를 하였고, 성난 군중에게 격화시킬 빌미를 주고 말았다. 이어 1948년 4월 3일 무장대의 무장봉기가 정점으로 치달으면서 제주는 돌이킬 수 없는 혼란에 빠지고 만다. 우리가 알고 있는 '제주 4·3 반란'이 발발한 것이다. 미군정 하 대한민국 임시정부는 당시 상황을 '제주 4·3 폭동' 또는 '제주 4·3 반란'으로 규정했다. 이후 많은 변화를 거쳐 '문재인' 정부에서부터 '제주 4·3 항쟁'으로 명명되어 지금에 이르고 있다. 해방 전 후 근현대사를 가로지른 '제주 4·3'은 죽음과 공포의 섬이 되고 말았다. 속속 육지에서 도착한 '응원 경찰'과 무자비한 극우 세력으로 악명을 떨친 '서북청년단원' 일명 '서청'이 대거 제주로 건너온다. 그것도 모자라 국방경비대의 증원이 필요해졌다. 토벌대에 합류한 군경과 무장대간 무력충돌이 격화되면서 많은 인명 살상이 발생한다. 대다수 사람이 한라산과 중산간 오름 안으로 살기 위해 올라갔고 토벌군은 말도 안 되는 이유를 들어 초토화 작전을 밀어붙여 양민들을 대량 학살로 내몰았다.

'제주 4·3'과 몇 개월의 시차를 두고 1948년 10월 19일 '여순 사건'이 발발하게 된다. 그 이유는 제주 토벌군(국방경비대) 증원에 여수에 주둔한 제14연대 군 병력 일부를 파병한다는 데서 비롯되었다. 시대를 도모하는 거사에는 중요한 명분을 활용한다. 군 내부에 세력을 은밀하게 확장해 온 좌익계 군인들의 주동으로 '동족상잔 결사반대', '미군 철수'를 표방하며 항명한 것이다. 그들은 곧바로 총을 들었고 파병 전야, 분위기에 편승한 군인들이 봉기에 가담하게 된다. 그들의 명분은 대의로써 당당한 것이었다는 설과 명분 속에 숨겨진 또 다른 의도가 있었다는 이견이 있다. 그것 또한 치열한 진영 논리로 정국의 주도권을 갖느냐 빼앗기느냐의 향배로 판가름 날 수밖에 없다. 그런 이유(동족상잔 결사반대)를 들어 항명에 반대하거나 걸림돌이 될 수 있는 군 간부나 사병들을 총기로 제압(사살)한다. 그런 뒤 여수 제14연대 병영을 뛰쳐나온 반란군(봉기군)들은 여수 시내로 향했고, 호응하는 민중들과 합세해 친일 경찰과 지주들에게 무차별적 살상을 감행한다. 여기에서 죽음을 당한 그들이 대부분 친일경찰이었는가 여부는 정확히 알 수 없다. 이미 병영 내에서 의견을 달리 한 군인들을 살상하며 봉기를 시작했기에 이후 행동에는 거침이 없었다. 여수 및 순천 시내로 진출한 반란 군인들과 협조한 동조자들에 의해 참혹한 만행이 있었다는 사실도 추후 진상을 밝히는 데 있어 신중한 판단이 요구된다. 군 특성상 상명하복이 원칙으로 부당한 명령에 항명한 것에 대하여 어떻게 규명되느냐에 따라 정의로운 항쟁인가 반란인가의 인식 차이는 상반될 것이다. 그만큼 주의 주장이 아닌 상세한 자료 확보와 치밀한 논의의 중심은 당시 모든 여건을 고려해 판단되어야 할 것이다. 그것의 사실적인 규명을 통해 '여순 사건'에 있어 가해자와 피해자가 어떤 역할과 결과로 현재화되었는가를 이해할 수 있다. 끝나지 않은 세월의 고통은 더 깊숙한 곳으로 숨어들었다. '여순 사건'을 일으킨 대다수가 여수와 순천을 장악한 뒤 7일 만에 토벌대에 밀려 조계산과 백운산을 건너 인접한 지리산 등 험준한 산악으로 숨어들게 된다. 한반도 남부지역의 이른바 빨치산 투쟁의 근거를 마련하여 신생 대한민국을 뒤흔들면서 더 위협적인 북한으로부터 6·25 남침 도발을 맞게 된다. 그와 더불어 피의 보복은 더 극렬해져 많은 피해자를 양산하게 된다. 좌익 성향으로 몰린 사람들을 강제하다시피 '보도연맹'에 가입시켰고 그것이 훗날 화근이 되고 만다. 전국적인 비극이지만, 여수와 순천 인근 지역도 어김없이 무차별적인 집단 폭력과 학살로 많은 사람들이 희생된다.

5. '여순 사건' 진실 들여다보기

　지독한 세월 살아 있는 동안 사람 입을 틀어막은 오욕의 역사지만, 유유히 세월은 과거의 강으로 흘러든다. 그 정처는 무한하여 끝없이 미래를 향해 흘러가고 우리가 겪었던 '여순 사건'도 세월 속에 묻히는 듯했다. 세월 앞에 장사 없다고 피해 상황을 목도하거나 직접 참화를 당한 사람들도 하나 둘 지독한 세상을 놓을 수밖에 없다. 또한 지난 과거라며 국가가 모든 것을 지우려 무던히 애를 썼다. 하지만 70여 년을 눈과 귀와 입을 닫고 살아온 사람들이 가슴속 침묵을 쏟아내길 시작했다. 그분들이 그러기 전 우리가 먼저 말을 걸고 아픔을 함께 하며 진실을 세상에 알렸어야 했다. 시간이 문제였지 양심을 비집고 나온 잘못은 늦었지만 다행인 것이다. 국가 체제 속에서 잘잘못을 떠나 절대적인 명령체계를 핑계 삼아 인간의 도리를 부정해 버리는 경우들이 허다했다. 아무리 진실과 맞닿아 있다 해도 전체적인 시대 인식이 그것을 부정한다면 올바른 가치로 인정받을 수 없다. 해방 이후 한정된 농토를 두고 지주제를 철폐하고 소작농에게 균등 배분하자는 농지개혁에 대한 비등한 여론도 팽배했다. 아무리 좋은 제도라 해도 시대와 합이 맞지 않으면 사회 정의에 반하는 행위로 규정해 버린다. 일제강점기 민족의 양심에 비수를 꽂은 친일 경찰들이라 해도 절대 권력을 쥔 국가가 방조 또는 묵인해 버리면 힘없는 백성은 어떻게 해볼 도리가 없다. 그것이 문제라고 항명을 섣불리 했다가는 아예 부질없는 것으로 소모되고 만다. 그렇지만, '여순 사건'의 한가운데를 관통하고 있는 여수 제14연대 군인들이 벌인 '동족상잔 결사반대'와 '미군 철수'를 구호로 내세우며 충분한 대의를 확보하게 된다.

여수 순천 관내 친일 인사 및 경찰과 지탄받아 온 지주들을 처단했다면 그것 또한 국가가 해결하지 못한 친일 청산과 국군의 국민 보호라는 정의를 대신하여 실현한 것으로 주장할 수 있다. 거기에다 토지개혁의 걸림돌이 된다고 판단한 지주들을 끌어다 공개 처형을 하면서 미적거린 대한민국 정부의 농지개혁에 대한 강력한 실행을 촉구한 것으로 이해할 수 있다. 하지만, 지창수와 김지회를 비롯 반란에 가담한 군인들이 주장한 '동족상잔 결사반대'라는 구호와 앞서 말한 것(친일인사 및 친일경찰 그리고 다수의 지주에 대한 참혹한 살상)과 상반된 모순을 드러낸다. 여기에서 분명한 것은 정당한 절차 없이 폭력과 살상을 자행한 것은 너무도 잘못된 행동이었다. 이로 인해 이승만 정부는 토벌대의 무자비한 폭력과 집단학살에 대한 명분을 실어 주었고 그럴 권한을 부여했다. '여순 사건' 당시 여수와 순천에서 벌어진 반란군(봉기군)과 조직적으로 좌익 활동을 해 온 이 지역 사람들이 인민위원회를 열어 인민재판식 처형을 주도한 것은 결코 작은 사건으로 치부할 수 없는 이유이다. 인민위원회를 개최 지주를 공개 처형하거나 집단 린치를 가한 인권 유린이 참혹하게 일어났기 때문이다. 또한, 친일 인사나 경찰이란 딱지를 붙여 산 사람의 눈을 파내는 만행과 글로 표현할 수 없는 광포함을 서슴지 않았다는 것도 사실이다. 이런 정황들을 보며 여수와 순천 인근 지역으로 번진 만행의 시작은 여수 제14연대에서 봉기한 군인들과 합세한 좌익 세력들과 동조 편승한 지역민들까지로 확산된다. 일차적 가해자는 반란군(봉기군)과 인민위원회를 개최한 좌익계 인사 그리고 소수의 지역민들로 추정할 수 있다.

반란군인과 여수 순천 지역의 좌익 세력과 협조한 지역민에게 절망과 같은 공포의 시간은 멀지 않아 당도한다. '여순 사건'을 접한 이승만 대통령은 담화를 통해 "남녀 아동까지 일일이 조사해서 불순분자는 다 제거"하라며 진압군들에게 집단학살 행위를 용인하기에 이른다. 이로 말미암아 여수와 순천을 탈환하기 위해 토벌군인들을 들여보내 보복성 집단학살이 시작된다. 그들의 광포함은 국가의 명령 체계 속에서 무차별적이고 가차 없이 실행에 옮겨진다. 그들이 내세운 명분은 '자유'라는 가치를 수호하기 위한 집단적 '반공이데올로기'로 광기에 가까운 것이다. 여순 사건이 발발한 7일 만에 다시 토벌대가 여수와 순천 지역에 진입한다. 그들이 벌인 반란군인과 협조한 부역자 색출 검색은 토벌 작전으로 변질되면서 지역민들을 공포에 떨게 했다. 여수와 순천 지역에 거주하는 모든 사람들을 무조건 공터나 학교에 모이도록 강요했다. 집단 속에서 반란 군인에 조력한 사람들을 가려낸다는 명분으로 누군가에 의해 손가락으로 지명되면 최소한의 법적인 절차도 없이 끌어다 난폭한 폭력을 휘두르거나 그것도 모자라 집단학살을 자행했다. 당시 집단 살해된 장소와 정황들이 생존자의 입을 통해 알려지기 시작한 것이다. 그 진실을 녹취한 책이 발간되고 실재한 학살 장소가 발굴되면서 증언한 내용이 사실로 확인된다. 아직도 산재해 있는 학살 장소와 기억을 더듬어 채록한 증언처럼 확인 작업은 더디기만 하다. 또한 도시 발전으로 당시 지형이 훼손되거나 사라져 버린 경우도 많다. 그런 안타까움에 뜻있는 문인들이 집단학살 현장과 매장지를 찾아가고 피해자로부터 채록한 증언을 참고삼아 당시 실상을 재현하는 작업을 꾸준히 진행해 왔다. 그렇게 채집된 자료를 참고삼아 시인들의 창작으로 '여순 사건'의 참혹함을 환기시키는 노력을 해 온 것이다. 그렇다 해도 문학의 한계를 알기에 안타까움은 더 큰 것이다. 시적으로 완벽한 재현도 어려울뿐더러 고령화로 인해 사라져 가는 증언자도 그렇거니와 70여 년의 세월 앞에서 무력감만 앞설 뿐이다. '여순 사건'은 역사의 가해자가 존재하고 피해자가 분명한 것이어서 쉽게 밝혀질 것 같은 진실의 세월이 참으로 길었고 그 장벽은 아직도 높기만 하다.

다행히 '여수·순천 10·19 사건 진상규명 및 희생자 명예회복에 관한 특별법', 약칭으로 '여순 사건 특별법'이 2021년 6월 16일 국회 본회의에서 의결되었다. 늦었지만, 진실에 한 걸음 다가갈 수 있는 국민적 합의를 이뤄낸 것이다. 이번 기회를 놓치지 않고 국가에 의한 가해가 어떻게 이뤄졌고 피해자가 어떤 이유로 죽음에 이르게 된 것인가를 정확히 규명해야 한다. 그런 이후 가해자나 피해자가 겪은 피해 회복을 위한 절차적인 보상이 적절히 이뤄져야 한다. 그것의 시발은 '여순 사건 특별법'을 추동하는 데 있어 '여순 사건' 진실 바로 알기 차원에서 많은 시인들이 시적 재현에 참여하고 있어 다행이다. 문인들이 자발적으로 당시의 진실을 알리기 위해 깊은 고뇌를 담아 사실적인 사례에 접근하고 있기 때문이다. 그런 노력들이 은폐하고 왜곡된 역사를 올바로 세우고 잘못 알려진 진실을 올바로 이해하는 데 기여할 것은 분명하다. 진실을 알려 국민적 공감 확산과 가해자와 피해자의 아픈 가슴을 치유하는 계기가 되길 바랄 뿐이다. '여순 사건'의 진실 알리기의 방법으로 긴 여정을 소화하면서 오욕의 역사를 바로 잡는 데 있어 조금이라도 인간적인 양심으로 무엇을 해야 하는가를 고뇌하는 계기가 되었으면 한다. 역사는 되풀이되는 속성이 있다. 다시는 이 땅에서

'여순 사건' 같은 비극이 발생하지 않기를 소망하는 것도 개인만의 바람은 아닐 것이다. '여순 사건' 이후 1980년 군부에 의해 '광주 5월 민주항쟁' 시 잘못된 국가 권력의 개입이 있었다는 것을 잊지 말아야 한다. 현재도 곳곳에서 크고 작은 삶의 기본권을 침해하는 일들이 벌어지고 있다. 모두가 해야 할 일은 그것을 멈추도록 감시하고 자각해 있어야 한다. 우리가 추구하는 자유 민주주의는 삶의 최상의 선택으로 고뇌하며 온몸으로 지켜가는 것이다. 그것에 있어 국가의 잘못된 권력의 오남용을 기억하는 것과 어떻게 경계할 것인가를 긴장하며 고민해야 한다. 본 소고小考는 지금껏 왜곡 굴절되어 온 역사 속 진실을 문학적 재현을 통해 널리 알리는 데 있다. 물론 '여순 10·19'를 문학을 통해 알리는 데 있어 한계가 있다. 그렇더라도 일회성으로 그쳐서는 안 되기에 지속적인 참여를 위한 관심이 요구된다. 그러기 위해 '여순 사건'의 실상을 객관적으로 바라보되 그 진실을 문학적 범주 안에서 공정한 담론으로 제기하고자 했다.

여순반란사건인가? 여순 항쟁인가?
진실을 말할 때
 - 우동식 시집《여순 동백의 노래》중심

　우동식 시인의 시적 담론으로 편입한 시는 세 번째 시집《여순 동백의 노래》에 수록된 것임을 밝힌다. 금번 시집은 '여순 항쟁' 때 여수와 순천 지역에서 발생된 국가적 환란에 희생된 사실적인 자료를 통해 발화한 전편이 해당 작품이란 것을 주목했다. 1948년 10월 19일에 발생한 '여순 항쟁'의 비참한 역사적 실상을 알게 된다면 참혹하고 처참한 만행에 마음이 아플 수밖에 없다. 사실 '여순 항쟁'에 관한 내용으로 시집 전체를 구성한다는 것은 쉽지 않은 일이다. 특히 주목해야 할 것은 시의 게재 순서가 연대기 순으로 정리가 되어 대한민국의 해방 전과 이후를 통해 친일 경찰의 잔존 권력의 미 청산이 '여순 항쟁'에 빌미를 주었고 이후 초기 반군에 의해 참살당한 사람들 중 피해자가 다수 발생하여 토벌 과정에서 보복성 참상이 이어진 것도 무관하지 않다. 거기다 당시 시대 상황을 가늠해 볼 수 있는 내막이 역사적 서사로 전개되어 있다는 것도 이 시집을 관심 있게 볼 지점이다. '여순 항쟁' 시 피해 양상은 두 가지로 구분할 수 있다 첫째는 촉발한 봉기군(반란군)과 일부 좌익 세력의 주도로 살상이 발생하였고, 둘째는 진압을 명분으로 여수와 순천 지역에 들어온 진압군(토벌군)에 의해 광포한 폭력과 살상을 들 수 있다. 피해가 더 큰 쪽은 진압군에 의해 억울한 누명을 쓰고 죽어간 양민들과 그의 친·인척들과 관계된 유가족들이다. 그들은 한 순간 빨갱이 집안으로 낙인찍혀 그 피해는 1980년대까지 연좌제로 인해 말로 형언할 수 없다. 당시 국가에서 묵인한 사상(좌익)과 관련된 연좌제는 누명을 쓰고 죽은 당사자라면 두말 할 것도 없겠지만, 남은 유가족의 사회진출에 족쇄가 되어 송두리째 망가지고 말았다. 그로 인한 피폐해진 유가족의 삶 말고도 치유되지 못한 피해의식은 뼛속까지 사무쳐 아직까지 진행 중이다. 그 불행의 씨앗은 해방을 맞으면서 이미 태동하고 있었다.

> 그 전환기의 틈바구니 속에서
> 친일파는 친미가 되어
> 반공을 앞세운 애국자로 변신하였고
> 여순 항쟁을 불량국민들로 매도하였다
>
> ―〈해방〉 부분

  우동식 시인은 당시의 일반적인 시대 인식을 근거로 〈해방〉이란 시를 통해 당시 여수와 순천 지역에 대한 보편적인 지역 정서를 기술하고 있다. 해방 이후 친일파에 대한 발본과 척결이 이뤄지지 못했고 되레 국가 중요 조직에 친일 세력이 포진하게 된다. 이것 또한 역사적인 사실에서 확인할 수 있다.
  그 징후를 좀 더 알아볼 수 있는 〈암운暗雲〉에서 구체적인 사실을 말해 준다. "독립군을 잡아들인 친일 군인들은 정죄를 받기는커녕/ 남조선국방경비대의 간부로 둔갑하고/ 일부 정치범들의 도피처가 되었다"

라며 대한민국의 태동이 잘못 꿰어진 단추 구멍처럼 그때부터 어긋났음을 지적하고 있다. 해방을 맞아 건국 후 민족 탄압에 앞장선 일제 주구들을 발본하고 깨끗한 국가를 바로 세웠어야 하는 데 그렇지 못했고, 그로 인해 상황은 악화되어 서로를 적대시할 수밖에 없는 지경으로 치닫게 된다. 일제 강점 시 독립운동을 하던 인사들을 잡아들이기 위해 혈안이던 밀정이나 다름없던 친일 경찰들이 슬슬 본색을 드러낸다. 시대가 바뀌면서 처벌을 받아야 할 "일제 주구였던 친일 순사들은 고스란히 그대로 복직하여/ 일제강점기와 다름없이 시민들을 탄압하며 특권을 누렸다"라며 친일 경찰들이 중용되면서 그들은 권력을 이용 자신들의 비열한 과거를 가장 잘 알고 있는 지역 유력 인사들을 탄압하게 된다. 권력의 시간은 그들의 것으로 "경찰은 일부 남조선국방경비대를 향해 빨갱이 소굴이라며 손가락질을 하고/ 일부 남조선국방경비대는 경찰을 향해 일본 앞잡이라면서 침을 뱉었다"는 것으로 봐서 권력의 우위를 선점하기 위한 이전투구의 조짐이 잉태하고 있었다. 1947년 제주도에서 평화로운 시위 군중에 경찰의 발포가 발단이 되어 항의하는 폭동이 일어났고 사태는 악화일로로 치닫게 된다.

    도민 학살을 더 이상 두고 볼 수 없어 거사를 일으켰다는 그들,

    '매국노의 단독 정부 아래서 미국의 지휘 하에
    한국 민족을 학살하는 한국 군대가 되지 말라는 저의 바람을 잊지 말아 주십시오'

                        —〈문상길 중위와 손선호 하사〉 부분

1948년 4월 3일 제주도에서 일어난 무장 충돌 진압 과정에서 미군정 주도하에 서북청년단을 비롯한 우익단체들과 군이 가세한 양민학살이 벌어진다. 그러던 중 제주 토벌대에 몸담고 있던 문상길 중위와 손선호 하사가 "제주 폭동 진압군 총 사령관을 피살하기까지/ 군인으로서 직속상관을 죽이고 목숨을 부지할 수 없다는 것은/ 너무나도 자명한 일이다"라며 "도민 학살을 더 이상 두고 볼 수 없어 거사를 일으켰다는 그들,"은 죽음 앞에서도 당당히 국가 안위를 걱정하고 국민을 보호한다는 군인 정신을 사명감으로 보여주었다. "'매국노의 단독정부 아래서 미국의 지휘 하에/ 한국 민족을 학살하는 한국 군대가 되지 말라는 저의 바람을 잊지 말아 주십시오'"라고 절규하며 형장의 이슬로 사라졌다. 제주 토벌군 총사령관 박진경 암살 사건과 제주 민중 무장 봉기에 놀란 이승만 정권은 여수에 주둔한 제 14연대 군 일부를 제주 토벌군으로 투입할 계획을 세우게 된다. 결국 제주 4·3 항쟁으로 인한 여수 14연대 파병 과정이 '여순 항쟁'의 도화선이 된 것이다. 뜨거운 가슴으로 저항하던 그들의 숨소리가 아직도 남아 있는 여수 신월리는 애써 무색한 듯 드나드는 조붓조붓한 파도만 하염없다.

　　가막만 해무는
　　구봉산 허리의 주둔지와 바다의 경계를 허물고
　　어둠처럼 스멀스멀 엄습하여
　　눈을 멀도록 하거나 숨을 멎게 한 뒤
　　방향마저 잃게 만든다

　　세상은 잠들어 아직 깨어나지 않고

> 바다의 수신호도
> 굽이치는 역사의 속내를 짚어낼 수 없다
>
> ―〈신월리 농무(濃霧)〉 부분

　여수 신월리 해안가는 바다 안개가 수시로 밀려와 아침과 저녁의 해안선을 바꿔놓길 반복한다. 그 신월리 바닷가에 주둔한 제14연대 군 일부가 동조해 일으킨 '여순 항쟁'은 이후 여수를 비롯한 동부 6군에 엄청난 불행을 불러왔다. 아픈 역사의 시발지인 여수 신월리는 과거를 침묵으로 일관한다. 지금도 아픈 역사를 알고 찾아오는 사람들이 그날의 현장을 들러 보며 한참을 머물다 간다. 두런두런 이명처럼 들려오는 "소용돌이치는 밤/ 갯벌에 빠진 희망은 절망으로 질척거리고/ 달라질 시그널 없이 오리무중"인 형형한 눈빛들과 교신한 총칼과 군홧발에 맞춰 난무하는 군호가 폭풍처럼 소용돌이치다 썰물처럼 가막만을 빠져나갔다. 10월인 가을 무렵 바다는 밀물과 썰물이 짭쪼롬한 갯내를 더해 비릿한 내음이 번져 온다. 달빛 밝아 환해질 바닷가는 그윽해지는데, 긴장이 팽배해져 이내 터질 것만 같던 그날만은 사나워졌다.

　〈신월리의 통증〉은 아픈 과거 역사를 다시 상기시켜 준다. 신월리(넘너리)는 일제강점기 태평양 전쟁을 위한 비행장 활주로와 갱도가 있던 군사기지였던 곳이다. 그 '신월리(넘너리)'도 해방을 맞으면서 현대사 비극을 잉태한 14연대가 일제강점기의 군 시설에 주둔하게 된다. 1948년 10월 19일 제주 출병을 앞둔 병영의 분위기는 어수선할 수밖에 없다. 비밀스럽게 군막을 서성이던 군홧발들이 바삐 움직이기 시작했다.

가막만 넘너리 해안 막사 앞
미루나무가 뿌리를 길게 뻗어 암중모색을 하는 동안
구절초 향은 철조망을 뚫고
가멸차게 해안선 길을 따라 시내로 향했다

동포의 학살을 거부한* 전우들
한 생을 걸고 갈 데까지 간 그들의 눈엔
촛농 같은 뜨거운 눈물이 흘러내렸다
장교 스물한 명이 총을 맞고 쓰러진 자리,
포도주처럼 쏟아진 핏물은
땅 깊숙이 스며들었고
해마다 독한 피비린내를 풍겼다

거두는 자도
겨눔을 당하는 자도
눕는 자도
일어서는 자도
아프지 않은 아픔은 없는 법

이 경악할 세상은
아픔을 낳고 또 다른 아픔을 키웠다

너와 내가 달라 함께 할 수 없고
다른 한쪽이 사라져야 하는 것은 아니다

좌우지간 연병장 귀퉁이,
짓밟힌 목백일홍 꽃물인 듯 낭자한 피,

가막만 넘너리 바다를 붉게 물들인다

　　*《동포의 학살을 거부한다》, 책 제목에서 인용, 주철희 지음.

―〈봉기_14연대〉 전문

　어차피 역사의 무대는 사람으로 시작된다. "동포의 학살을 거부한" 군인의 사명에 상당수 병력이 동조하여 "장교 스물한 명이 총을 맞고 쓰러진 자리"를 박차고 봉기한 1948년 10월 19일 여수 신월리("가막만 넘너리 해안 막사 앞") 군부대 철조망을 들춘 인영人影들이 바깥을 향해 뛰쳐나와 여수 시내로 진출한다. 그들의 표정은 굳어 있지만 제주 4.3에 대한 출정을 거부한 뜨거운 동포애적인 의기로 충만해 있었다. 그들은 해안선을 따라 여수 시내로 향했고 그 밤은 한국 현대사에서 가장 긴 밤이 되었다.

　〈여수 경찰서를 점령하다〉를 보면 "봉기군은 충무지서를 거쳐/ 새벽녘 미명에 여수역을 향하면서/ 오포대와 고소대 아래에 있는/ 여수 경찰서와 교전"을 하게 된다. "일본 순사들에 대한 보복이자 응징"이라는 감정적인 이유다. 하지만, 당시 여수 경찰서의 경찰관들 대부분이 친일 조력자인가에 대한 여부는 확인해 볼 필요가 있다. "일제강점기 시절/ 꼭두각시가 되어 독립운동가들을 체포하고/ 백성을 탄압하며/ 온갖 횡포를 자행했던/ 경찰서장 형사계, 그 시대 경찰에 대한 분노였다"라며 "다음 날 인민위원회에서는/ 타도의 대상인 듯 순사 10명을 처형"을 실행한다. 이후 봉기군은 여수역을 향해 진출, 열차를 타고 순천으로 진출 장악에 성공한 봉기군은 여세를 몰아 구례 남원 곡성, 고흥 방향 그리고 광양 하동 진주 쪽으로 전선을 확대해 간다.

그런 사실을 〈서면 학구리 전투일지〉에서 있었던 과정을 말해 준다. 전투가 발발한 곳은 새로운 도로가 확장되고 터널이 뚫리면서 옛 도로는 한갓진 폐도로만 남은 '송치재'이다. 그곳은 순천에서 외부로 나갈 수 있는 중요한 길목으로 국도 17호선에 위치하고 있다. 이 전투에서 봉기군은 정규군에게 밀리게 된다.

〈장대다리〉에서 우동식 시인은 다음과 같이 서술하고 있다. 순천 시내를 빗겨 흐르는 '동천'을 건널 수 있는 '장대다리'를 두고 "봉기군은 순천 중심부로 진출하기 위해, 진압군은 순천을 완전 점령한 뒤 여수로 진입하기 위해 이 다리를 놓고 악전고투였다"라며 쌍방 간 치열한 전투가 있었음을 밝히고 있다. 이 전투로 인해 "천변 제방 밑 개뚝배미엔 시체들이 무장 쌓여가고 동천의 핏물"이 순천만으로 흘러들어 붉게 물들이고 만다. 치열한 전투가 벌어졌던 '장대다리' 제방 가에는 여순 항쟁 시 처참했던 역사를 후세에 알리기 위해 당시 상황을 새겨놓은 비碑가 있다. 역사의 뒤안길로 묻혀 버린 여순 항쟁의 아픔은 쉽게 잊어서는 안 될 현대사의 질곡이었음이 분명하다.

〈호모사케르〉에서 그 당시 진압군이 양민을 대하는 분위기를 상징적으로 말해 준다. 순천과 여수 시내를 장악한 국방경비대의 대대적인 검속이 벌어지면서 "가담자 색출 시 머리가 짧고 군용 팬티를 입었다는 이유로, 평소 경찰에 밉보이고 백색 찌까다비를 신었거나 미군 샤쓰를 입었다는 이유로 빨갱이라는 낙인을 찍었다"는 것이다. 한번 찍히면 힘없는 양민은 앉아서 당할 수밖에 없었다. 그들은 그 순간부터 대한민국 국민이 아니었다. '아감벤'이 말한 벌거벗은 생명으로, 사람이 아닌 대상으로 그들을 죽여도 처벌받지 않는다. 국가로부터 철저히 버림받은 저주의 대상이 된 '호모사케르'가 바로 철저히 배척당한 여순의 양민들이었다. 그 불행을 당하고서 암담한 세월을 온몸으로 감당해야 했던 친, 인척들은 유가족이란 연좌제에 묶여 사회로부터 철저히 배척당하며 그야말로 사람으로 사는 것이 아니었다. 도저히 여수와 순천에서 살 수 없어 고향을 떠돌거나 그도 아니라면 죽은 듯 살아야 했다. 하지만, 그분들의 지아비거나 아들이거나 딸이거나 삼촌이거나 친척 아저씨들이 억울한 누명을 쓴 채 어떻게 죽임 당했는가를 알고 있는 유가족들은 억울함이 사무쳐 한이 맺힌 것이다.

> 만성리 형제묘 학살, 오동도 학살, 오림동 야산, 서초등학교, 종산초등학교, 호명동고개, 둔덕 민드레미재, 봉계동 장개골, 율촌지서, 율촌취적리, 소라면지서, 화양면, 군내리 선착장, 남면 학살, 삼부도 검등매 학살, 애기섬 수장, 까막섬, 남면 우학리, 안도 선창, 거문도 변촌마을, 덕충동 마을 앞, 삼일동 화치마을 앞…,
>
> ―〈학살의 기억, 여수〉 부분

> 구랑실재, 접치재, 송곡재, 송치재, 둑실마을 안골, 수박등 공동묘지, 서자골, 보장골, 보름터널, 양지맷골, 큰박골, 대구실재, 월치재, 용계산 안골, 구상리 안골, 앵기산골자기, 용골, 주암면 접치재, 낙안면 금산리 신전마을, 대나물골, 돌고개재, 도룡마을, 서면 판교리 노은마을. 벌교읍 소하다리, 광양 우산리 쇠머리재, 광양 반송재, 광양 어치리 느재마을, 광양 가모리재, 산동면 꽃쟁이재. 이평 운씨 선산 횟골, 외산리 한천마을 참새미, 가장골, 간전천변, 간문찬변, 서시천변…,
>
> ―〈학살의 기억, 순천 인근〉 부분

위에 열거된 지명을 보면 가혹한 폭력과 학살이 얼마나 쉽게 일어났는가를 알 수 있다. 아무런 절차도 없이 고문과 폭행 그리고 학살을 한 뒤 그런 행위를 숨기려고 암매장을 한 곳이니 여수와 순천 지역민들의 고통이 얼마나 극에 달했는가를 짐작케 한다. 학살과 암매장이 자행된 장소가 어찌 여기 거론된 곳만 있겠는가? 이외에도 알려지지 않는 곳이 많을 것이다. 이렇게 죽임당한 대부분의 사람들은 선량한 양민이었을 것이다.

이곳은 도살장이었다
아무 잘못이 없는 순박한 사람들도 쥐대기로 끌려왔다

k—30기관총으로 둘러싸인 운동장,
총대와 곤봉, 소총 개머리판으로 때리고
헬멧으로 얼굴 박아대며
무릎 꿇은 그들에게 거짓 자백을 받아냈다

여자와 아이, 남자로 분리된 무리 중에서
남자들은 좌·우익으로 나뉘고
좌익은 다시 군인, 가담자, 협력자로 분리되었다
이 모든 작업은 즉석에서 이루어졌다

총칼과 무력의 공포 속에서
알몸으로 무릎 꿇고 두 손을 든 채
벌벌 떨며 색출된 사람들은
운동장 후미진 호 속으로 끌려가 총살을 당했다고,
칼 마이던스 기자는 기록했다

이름도 죄명도 없이
누가 심문하고 사형을 집행했는지
기록을 남기지 않고
그들은 그렇게 죽어갔다

총알 자국이 별처럼 박힌 콘크리트 벽,
그 앞에 널브러진 시체 더미에서
가족을 찾느라
유족들의 온몸은 피굿이었다

젊은 여성 등엔 눈을 둥그랗게 뜬 아이가 업혀 있고
흰 천으로 남편의 시신을 감싸는
그 여자 곁엔
아버지를 잃은 두 딸이 오열을 했다
그날, 그들은
사람을 잡는 도살자였다

—〈순천농림학교〉 전문

　현재 순천대학교가 위치하고 있는 장소가 예전에는 '순천농림학교'였다. 미래 농업을 책임질 청년들을 양성하는 신성한 학교가 그야말로 지옥 같은 아비규환의 장소가 되어 버렸다. 먼저 이곳은 1948년 10월 국방 경비대가 순천 시내에 들어오면서 진압을 위한 주둔지가 된다. '순천농림학교' 내에서 자행된 모든 만행은 진압군에 의해 발생된 것임을 우동식 시인은 말해 준다. '순천농림학교'에서 벌어진 일들은 시적인 비유보다 사실성에 근거한 진술이 훨씬 효과적이다. 이런 것만 보더라도 당시 얼마나 즉흥적으로 유죄가 판정되었는가를 보여준다.

군인들은 순천 시내 인근에서 닥치는 대로 사람들을 토끼몰이하듯 '순천농림학교' 운동장으로 끌어왔을 것이다. 그들에게 심리적 압박을 주기 위해 "k—30기관총으로 둘러싸인 운동장,"을 감시하며 통제했다. 그리고서 무자비하게 "총대와 곤봉, 소총 개머리판으로 때리고/ 헬멧으로 얼굴 박아대며/ 무릎 꿇은 그들에게 거짓 자백을 받아"내기 위해 폭력을 행사했고, 혹시 모를 집단적 저항을 차단하기 위해 분위기를 공포로 몰아갔을 것이다. 그런 뒤 "여자와 아이, 남자로 분리된 무리 중에서/ 남자들은 좌·우익으로 나뉘고/ 좌익은 다시 군인, 가담자, 협력자로 분리되었다/ 이 모든 작업은 즉석에서 이루어졌다"는 것을 말해 준다. 그만큼 신속하게 군사작전 하듯 이뤄졌기 때문에 보호되어야 할 아이와 여성 그리고 양민들의 인권은 처음부터 고려된 것이 없었고 마치 짐승 다루듯 한 것이다. 그런 비이성적인 분위기에 편승한 광기로 "운동장 후미진 호 속으로 끌려가 총살"을 감행한다. 당시 폭력적인 상황을 칼 마이던스 기자가 목격하고 남긴 기록이 있어 훗날 부끄러운 역사의 진실이 드러나게 된다. '여순 항쟁'으로 촉발된 무차별적인 양민학살이 진압군에 의해 자행된 것이다. 그렇게 죽어간 사람들의 유가족인 아들과 딸 그리고 지아비를 잃은 아내의 한 많은 세월은 국가로부터 외면당한 채 암흑 같은 세상을 살아왔다. 반공 이데올로기를 앞세운 여론몰이는 피해자들의 입막음을 위한 재갈과 같은 것이었다. '반공' 앞에는 어떤 만행이라도 정당화될 수 있었다. 살벌한 시대의 광기는 유행병처럼 번져 인근 벌교까지 치닫게 된다.

봉기군이 들어오기도 전

인민위원회가 먼저 이 지역을 장악했고
　　친일 우익 인사와 청년단원 백여 명이
　　이 다리에서 처형되었다

　　다시, 역사는 바뀌고
　　진압군이 들어서면서 쥐 잡듯 좌익 가담자를 찾아내
　　또 이 다리에서 살해를 했다
　　소화다리 밑 갯바닥과 갯고랑엔
　　허방과 함정의 비명이 질펀했다

　　　　　　　　　　　　　　　　—〈소화다리〉 부분

　소화다리는 벌교천이 흐르고 있는 전남 보성군 벌교읍에 위치하고 1930년대 일제강점기에 만들어졌다. 고비마다 역사의 산증인처럼 우여곡절을 죄다 기억하고 있는 '소화다리'는 지금도 아픈 기억을 내려놓지 못한 채 쇠락을 거듭하고 있다. 여순 항쟁 시에도 그 다리는 피비린내로 진동하고 만다. 그 갈등의 태동은 "지주와 소작인 간/ 감정의 깊은 골엔 벌교천이 흐른다"며 근현대사를 관통하고 있음을 알 수 있다. "이편과 저편을 갈라놓듯/ 소작인들의 투쟁과 농지개혁에 대한 민중의 저항"이 여순 항쟁으로 곪아터진 것이다. 농민들의 적敵은 논을 많이 가진 지주가 될 수밖에 없다. "봉기군이 들어오기도 전/ 인민위원회가 먼저 이 지역을 장악했고/ 친일 우익 인사와 청년단원 백여 명이/ 이 다리에서 처형되었다"라며 가진 자에 대한 증오심이 극에 달했다는 것은 그만큼 농지에 대한 열망이 강렬했던 것을 알 수 있다. 그 다리는 좌익이거나 우익이거나를 가리지 않았고 소작농과 지주를 가리지 않았다. 단지 누가 권력의 편에서 유리한 위치에 있느냐가 관건이었다. 밀리고 밀리는 여순 항쟁의 소용돌이 속에서 "다시, 역사는 바뀌고/ 진압군이 들어서면서 쥐 잡듯 좌익 가담자를 찾아내" 소화다리로 내몰려 죽임을 당했다. 기구한 소화다리의 운명은 여기에서 끝나지 않고 6·25 전쟁이 터지면서 더 격한 피비린내를 풍기고 만다. 그런 역사의 아픔을 안고 있는 곳에서 당한 사람들은 하나같이 비슷한 이유로 억울한 죽음을 맞았다.

〈양지맷골 큰박골〉도 그와 같이 "마을 청년이거나 그의 친구라는 이유로/ 조사도 없이 부역 혐의자라는 누명을 입고/ 철사줄에 손발 묶여 질질 끌려간" 사람들을 향해 총성이 울렸고, 그들은 다시 집으로 돌아오지 못했다. 〈묵사발〉의 "지서주임 순사 별명은 황 몽둥이다// 무고한 사람들을 잡아와/ 일단 몽둥이로 패서 자백부터 받았다"라며 그야말로 포악한 경찰의 전형을 확인시켜 준다. 주민을 보호해야 할 경찰관이 본연의 의무는 팽개치고 애먼 주민들을 끌고 와 몽둥이로 법을 행사한 것이다. 경찰관의 법 집행 시 중요한 판가름은 "빨치산 가족에게 음식을 제공하였다는 이유로/ 사회주의 끄나풀이라는/ 낙인을 찍"어 사람을 죽이는 것이 경찰관의 치안 집행이었다. 그렇게 포악하기만 한 시절에 어느 한쪽만의 폭력과 만행은 아니었다. 여순 항쟁 발발 후 봉기군이 순천에 들이닥쳐서는 "긍께 인과응보인 듯/ 순천이 봉기군에 점령을 당하자/ 함께한 경찰서장도 두 눈이 뽑히고 밧줄로 꽁꽁 묶인 채/ 차 꽁무니에 끌려 다니다가/ 결국, 화형을 당"하고 만다. 만행은 더 가혹한 보복으로 이어지는 악순환을 거듭한다. 누가 더 유리한 권력 편에 서서 가해자가 될 수 있느냐의 결과는 참혹하리만치 악랄하게 이어진다. 당시 억울하게 당한 사람들은 인정머리로 아픈 사람을 보살펴준 죄밖에 없다.

> 허벅지에 총상을 입은 빨치산 14세 소년 문××를 치료해 줬다는 죄목으로 1949년 음력 8월 17일 죄 없는 주민 스물두 명이 집단학살을 당했다
> ―중략―
> '약을 준 아버지, 올벼쌀을 준 어머니, 누룽지를 준 딸, 홍시를 준 아들, 일가족이 처형을 당하고 고모는 빨래를 해줬다는 이유로, 삼촌은 잠 잘 방을 내줬다는 이유로 죽임을 당했다 엄마 품에 젖을 빨던 홍×× 세 살 아이, 엄마 등에 업힌 이×× 네 살 아이'[2)]
>
> ―〈신전薪田 마을〉 부분

　신전마을 사람 대다수가 "못 입고 못 먹고 못 배웠으나 법 없이도 살 만큼 평화롭던 마을"이었는데 "허벅지에 총상을 입은 빨치산 14세 소년 문××를 치료해 줬다는 죄목으로 1949년 음력 8월 17일 죄 없는 주민 스물두 명이 집단학살을 당했다"는 사실을 기술하고 있다. 대명천지에 사람들을 모아 떼죽음으로 몰아넣은 것이다. 그 원통하고 억울한 죄란 것이 "약을 준 아버지, 올벼쌀을 준 어머니, 누룽지를 준 딸, 홍시를 준 아들, 일가족이 처형을 당하고 고모는 빨래를 해줬다는 이유로, 삼촌은 잠 잘 방을 내줬다는 이유로 죽임을 당했다 엄마 품에 젖을 빨던 홍×× 세 살 아이, 엄마 등에 업힌 이×× 네 살 아이"를 가차 없이 학살해 버린 것이다. 이후 민족 명절이라는 팔월 한가위 "추석이 없는 마을/ 같은 날 같은 시 제사를 지내는 마을/ 빨갱이로 낙인찍혀 연좌제의 멍에 속에 한으로 응어리진 마을"이 되어 버렸다. 같은 마을

---
2) 박병섭 순천 향토 사학자 《여순 항쟁 10·19 발자취를 따라》 사료집에서 인용

사람들이 같은 날 떼죽음 당했으니 당연하다. 이후 그 마을에서는 명절이고 뭐고 도무지 세상사는 것에 즐거워할 만한 일이이라곤 없었을 것이다. 거기에 연좌제란 것도 보안법 버금가는 사람 잡는 일이어서 '반공'이 국시인 세상에서 자녀가 성장해도 취업을 마음대로 할 수 있나 해먹고 살 만한 일을 못하게 하니 환장할 노릇이다. 사람답게 살고 싶어도 세상이 온통 '빨갱이' 가족이라며 기피해 버린 것이다. 그렇게 당한 사람들 사는 곳이 한두 군데가 아니다.

〈구랑실 송장골〉은 '송장골'이라는 말부터 모골이 송연해진다. 전남 동부지역을 가리킬 때 편의상 "전남 동부 6군/ 여수 순천 광양 구례 고흥 보성"을 뭉뚱그려 말한다. 그중 순천 구랑실 송장골에서 집단학살이 이뤄진 곳의 사연은 얼마나 간악하게 이뤄졌는가를 증언하고 있다. 여순 항쟁이 터지자 "봉기군으로 가장한 토벌군들이/ 마을 사람들을 시험하고/ 봉기군에게 협조했다는 이유로 그들을 무참히 살상"한 사건이다. 요즘으로 치면 함정 단속인데 파리 목숨처럼 내몰린 선량한 양민들이 살기 위해 협조했을 최소한의 행위를 죄로 몰아간 것이다. 그것도 진압군으로 투입된 토벌군의 간교한 계략을 활용해 벌인 의도적인 학살인 셈이다. 여기에서 연이어 집단학살이 발생하는데 6·25전쟁이 발발하자 순천 교도소에 감금된 보도연맹원들을 끌고 가 무참히 처형해 버린다. 원한이 사무칠 수밖에 없는 '순천 구랑실 송장골'은 피로 얼룩진 역사의 현장이다.

1948년 10월, 14연대 봉기군의 기습으로 진출 저지 경찰 3—4명이 희생되고 광양경찰서 좌익 혐의 수감자 27명이 집단학살되었다 1949년 9월 빨치산

대규모 공격으로 광양시 경찰 9명과 국군 20명이 사망하고 1951년 1월, 군경
진압 작전으로 좌익 혐의자 40여 명이 학살되었다

    백운산 아래 지리적 접근성으로
    죽음의 그림자가 맴돌던 곳
    경찰의 이름으로
    군인의 이름으로
    봉기군의 이름으로

    무고한 시민들은 경찰에게 죽고 군인에게 죽고 봉기군에게 죽고 좌익이어서,
우익이어서, 영문도 모르게 끌려가 죽고

—〈반송쟁이〉부분

시 〈반송쟁이〉는 암울한 역사의 진실을 시의 형식을 빌려 구체적으로 알리고 있다. '반송쟁이'는 현재 순천 성가를로 병원 앞을 지나 광양읍과 경계를 가르는 계곡을 가리킨다. 현재는 그곳을 메워 6차선 도로가 지나가고 있다. 몇 년 전만 해도 도로변에 참상을 알리는 입간판이 있었는데 무슨 이유인지 지금은 사라지고 없다. 여순 항쟁으로 비롯된 이 지역의 피바람은 진영에 따라 무자비하게 보복의 악순환으로 이어졌음을 말해 준다. 서로에 대한 얽히고설킨 원한은 깊을 수밖에 없는 역사의 희생자들을 양산했다. 그런 불행한 학살 장소는 꼬리를 물고 이어진다. '여순 항쟁'으로 인해 토벌이 이뤄지면서 여수 순천은 죽음의 공포에 휩싸여 버린 것이다.

여수 지역의 〈잉구부 전투〉는 진압군과 봉기군의 첫 전투가 벌어지면서 또 다른 유형의 학살이 발생한다. "왼쪽으로 굽은 길/ 뒤편은 종

고산이 방패 되고/ 앞쪽 절벽 밑으론 연등천이 흘렀다/ 천변 부근엔/ 천일 기업인 천일 고무공장"이 있던 곳에서 전투가 벌어졌다. 진압군이 '잉구부 전투'에서 봉기군에게 패하고 만다. 그곳에서 패한 진압군은 후퇴를 하며 "민간인과 부역 혐의자 등 47명을 잡아/ 미평 굴다리 부근에서 즉결 사살했다"라며 구체적인 사실을 남기고 있다. 문제는 이때 장갑차를 앞세웠다는데 과연 그것이 진압군의 역할로 볼 때 합당한 것인가도 생각해 볼 문제다. 남북 간의 전쟁도 아닌 기껏해야 소총 정도 들고 나온 봉기군 진압을 위해 장갑차를 앞세웠다는 것은 여수 시민에 대한 안전은 철저히 무시했다고 볼 수 있다.

봉기군은 이미 신덕 상암 묘도를 지나 백운산으로 피했는데,

2, 3, 12연대 각각 2개 대대씩 상륙용 장갑차 부대, 경찰 지원대, ㅣㅡ5 항공기 6대, 해군 충무공호, 경비정 6척…이 정도와 병력과 전투력과 장비라면 여수라는 도시가 온전할 수 있을까?

대한민국 국군 창설 이래 최초의 전투가 시민을 위협하는 작전이라니

무장한 군인이 이런 작전을 전개해도 되는지 대체 누가 이런 명령을 내렸단 말인가

육지와 바다와 하늘에서 협공하여
완전 궤멸 시키려 했던
작은 도시,

  - 〈무자비한 작전〉 부분

우동식 시인은 군 장교로 복무를 마치고 현재 여수에서 예비군 교육 업무를 수행하고 있다. 그렇기에 누구보다 군 편제와 살상용 무기에 대한 위력을 잘 알고 있다. "2, 3, 12연대 각각 2개 대대씩 상륙용 장갑차 부대, 경찰 지원대, 1—5 항공기 6대, 해군 충무공호, 경비정 6척…이 정도와 병력과 전투력과 장비라면 여수라는 도시가 온전할 수 있을까? 라며 대한민국 국군 창설 이래 최초의 전투가 시민을 위협하는 작전이라니"라는 화자의 우려가 현실이 되었다. 그 모든 피해는 선량한 양민을 향하고 있었다. 역사적인 사실을 최적화한 시적 발언은 왜곡된 '여순 항쟁'에 대한 인식을 바로 알리기 위한 작업의 일환이다.

또한, 우동식 시인의 《여순 동백의 노래》는 '여순 항쟁'에 관한 역사적인 사실을 발생 순서에 따라 순차적으로 정리하여 누구라도 이 시집을 읽는다면 전체적인 맥락을 쉽게 이해할 수 있도록 하였다는 데 있다. 특히 주목할 점은 '여순 항쟁'이 발발하기 전 국내외 제반 환경을 말해 주고 있는 〈노란 풍선꽃〉, 〈해방〉, 〈암운〉, 〈화산〉은 좋은 사례로 1945년 해방 이후까지를 언급하고 있다. 단순히 '여순 항쟁'은 여수와 순천 인근 지역만의 문제가 아닌 대한민국 임시 정부 수립 이후 친일 세력에 대한 단죄가 이뤄지지 않았다는 민감한 사실을 간과하지 않는다. 그러한 역사 현실에 더해 남과 북의 분단으로 인한 정정政情 불안 속에서 발생한 '제주 4·3 항쟁'에 대한 군 내부의 당시 분위기를 〈문상길 중위와 손선호 하사〉를 통해 말해 준다. 결국 제주 상황이 악화되면서 여수에 주둔한 14연대 군 병력의 제주 파병이 구체화되었고 '동족살상 거부'라는 명분에 찬 군인들의 봉기였다는 것이다. '여순 항쟁'을 일으킨 '봉기군'에 의해 여수와 순천 인근 지역의 친일 경찰 및 우익 인사들에 대한 인권 유린과 학살이 있었던 것도 사실이다. '여순반란사건'으로 규정해 버린 그 자체로 엄청난 국가 폭력을 정당화하려 했다. 이후 군경으로 증원된 병력을 진압군(토벌군)으로 투입하여 좌익 척결이라는 반공이데올로기를 전가의 보도처럼 활용한다. 그 과정에서 적법하지 않은 절차로 자행된 양민에 대한 집단학살은 참혹하기 그지없어서 국가 폭력의 광포함을 여지없이 드러냈다. 이러한 전체적인 사실들을 세심하게 고뇌하면서 시적으로 재현한 금번 우동식 시인의 《여순 동백의 노래》는 현대사를 관통하고 있는 '여순 항쟁'에 대한 역사적 왜곡과 숨겨진 진실을 알 수 있는 좋은 사료임이 분명하다. 시집에 실려 있는 많은 실화들을 통해 '여순 항쟁'에 관하여 잘못 알려진 역사적인 진실을 바로잡는 데 기여하리라고 본다.

여순 10·19가 남긴 아픈 상처들
- 김진수 시집《좌광우도》중심

1. 해방공간과 좌·우익의 대립

　김진수 시인의 시집《좌광우도》(실천문학, 2018)에 수록된 시를 인용 참조했음을 밝힌다. 김진수 시집은 과거로 치부하기에는 너무 아픈 생생한 우리의 역사의 사실들을 증언한 서사시다. 해방공간 이후 민족 분단의 획책과 그런 현실이 고착화되면서 발생된 비극을 담고 있다. 살아남은 사람들의 기억에서조차 자유롭지 못한 생지옥 같은 '여순 사건'의 기록되지 못한 삶을 다루고 있다. 이후 회복되지 못한 과거를 외면한 채 자유와 민주주의를 지향한다는 대한민국이란 국가와 국민은 70여 년을 망각하며 살아왔다. 1948년 10월 19일에 벌어진 '여순 10·19'의 참극에 대한 어떤 해명이나 해결을 위한 국가의 노력이 없었다. 이 비극에 대하여 국가는 단순히 '여순 사건', '여순반란사건'이라 말하도록 한 것이다. 특히 그 당시 함께 살았던 지역 공동체의 일원이었던 사람들끼리 무고로 살육되어 버린 비극은 치유로 가는 노정에서 큰 장애가 되었던 이유가 되었다. 여수반도에서 벌어졌던 여순 사건은 사람에 의해 자행된 역사이고 국가 권력이 사주使嗾하여 자행된 참극

임에도 불구하고 책임지는 주체는 없었다. 그런 시대적인 외면에 분노하며 정의 이전 인간의 존엄성에 대한 명예 회복과 역사를 바로잡아야 한다는 충정에서 비롯된 김진수 시인의 시심을 우리는 외면해선 안 된다. 따라서 시인의 용기는 비극적인 과거 역사의 반복을 막고 정의를 바로 세우겠다는 희망을 담아 그 의지를 실현하려 한 것이다. 특히 시집 내용이 여순 사건에 관계된 실재적인 사실을 담고 있어 그 기록적 가치는 역사의 과오를 이해하는 데 상당한 기여를 할 것으로 본다. 또한 여순 사건 당시에 각 지역에서 발생된 학살과 만행에 대한 사실적 접근을 통해 문학적으로 형상화한 것은 화해와 해원의 과정으로 가는 데 있어 의미가 크다.

1948년 '여순 10·19' 발생 당시의 국내 상황을 살펴볼 필요가 있다. 그것은 일본이 패망한 뒤 1945년 해방 이후 미군정이 시작되면서부터다. 남·북한 통합 정부 수립이 난망을 거듭하면서 남한 단독정부 수립을 위한 총선을 앞두고 '제주 4·3 항쟁'이 발생되었고 그것이 '여순 사건'이 촉발된 계기가 된다. 그런 상황은 해방을 맞으면서부터 이미 잉태하고 있었다. 해방 이후 남로당 결성 및 여운형 피습 사건 그리고 좌익 진영에 대한 대대적인 검거 선풍으로 이승만 정권은 기선을 잡게 된다. 이후 이승만 정권의 취약성을 극복하기 위한 노력은 계속된다. 그 수단으로 친일 경찰과 군인을 대거 증원하는데 이때 좌익 사상을 가진 많은 청년들이 국방경비대에 잠입하는 데 성공한다. 이어 남한 단독정부는 은연중 반대파의 정치 세력뿐만 아니라 군부 내 북한 정권에 동조하는 좌익계에 대한 경계심을 늦추지 않는다. 특히 사회주의 사상에 경도된 남로당 계열의 군 조직에 대한 위기를 감지한 이승만 정권은 정치 인사뿐만이 아니라 대대적인 숙군肅軍을 감행한다. 그런 과정에서 기 발생된 제주 4·3 사건에 대한 군의 토벌 파병 지원이 필요하게 되면서 발생된 1948년 10월 19일 '여순반란사건'은 역사적으로나 여수와 순천 지역 주민에게는 매우 불행한 사건이 되었다. 사실 여순 사건은 엄밀하게 본다면 여수에 주둔한 14연대 소속의 일부 좌익 사상을 가진 군인들의 반란으로 '여순반란사건'이란 명칭 사용은 부적합한 것이라는 의견이 많다.

특히 1948년 10월 19일 여수 14연대 일부 군인들의 제주 4·3 토벌 파병에 '동족상잔' 반대란 명분으로 내세운 항명에서 비롯된다. 거기에 합류한 군인들이 일으킨 폭동으로 여수와 순천 지역이 반란군에 장악된다. 이후 이승만 정권은 여수와 순천 지역 전체를 반란 지역으로 묶어 토벌하는 과정에서 많은 지역민들이 억울하게 살상되는 결과를 빚었다. 일차적으로 반란 군인들과 좌익계 인사에 의해 주도되었고, 이후 국군에 의한 토벌 과정에서는 우익에 의한 좌익계 색출이라는 명분으로 얼레빗으로 머리를 빗듯 무고한 시민들이 학살되었다. 사실 국군이 여수와 순천에 진입할 때는 이미 주력 반란군은 구례 지리산과 광양 백운산 인근으로 도주한 뒤였다. 국군에 의해 진행된 토벌 작전은 고스란히 여수와 순천 지역민에게 가해질 수밖에 없었다. 이후 더 큰 상처는 지역 주민들에게 좌익사상 혐의자로 전락시켜 생존한 사람들의 고초는 말로 다할 수 없을 정도다. 이런 일련의 과정은 남한 정부 수립 과정에서 획책된 근대사의 광기가 깊숙이 관여되었음을 알게 된다. 여순 사건의 진압 과정에서 발생된 억울한 살상은 토벌대로 내려온 국방경비대의 군인 및 경찰들과 폭동을 주도한 반군들 간 우발적인 살상이 아니었다는 것이 사후 자료를 통해서 밝혀지고 있다. 해방 이후 미군정을 등에 업은 세력과 민족주의 세력 간 권력 다툼에서 비롯된 현대사의 비극적인 실상을 역사는 기록하고 있다.

2. 여순 사건의 징후와 실체

그런 여러 가지 문제점을 안고 있는 1948년에 발생된 '여순 사건' 전체를 문학적으로 다루는 데는 한계가 있음을 미리 밝혀 둔다. 그 사건 이후 격화된 좌우 이데올로기의 심화와 1950년에 발생된 6·25 전쟁은 그런 해결의 기회를 더 요원하게 만드는 계기가 되었다. 근·현대사를 관통하는 역사의 격랑은 그대로 역사 사회 변동으로 흡수되어 버렸고, 가해자인 국가 권력의 대척점에는 첨예한 여순 사건의 피해자인 '빨갱이'란 굴레를 쓴 양민들이 존재한다. 그런 시각에서 접근할 때 문학 비평이라는 관점에서 들여다본다 해도 역사 내외적인 상황을 도외시 할 수는 없다. 복잡한 해방공간 이후에 발생된 과거 역사 속에서 벌어진 실체를 문예 미학적으로만 접근할 수 없다는 말과 같다. 그렇기에 김진수 시인의 여순 사건에 대한 역사의 부당함을 증언한 시에서 분별할 수 있는 부면에 중점을 두고자 한다. 특히 여수와 순천에서 무고한 사람들까지 '빨갱이'라 무고하여 청산해 버린 긴 세월 연좌된 삶을 들출 수밖에 없다. 그 시간만큼 좌익이라는 불온한 사상으로 내몰려진 사람들의 이야기가 김진수 시인의 문학적인 중심에 있기 때문이다. 그런 사람들은 현재까지 신원이 회복되지 않아 비주류로 은둔해야만 하는 이유가 되었다. 지금껏 묻혀온 '여순 사건'의 진실을 규명하기 위한 지역 단체의 노력이 있었다. 그렇지만, 국가의 반성과 피해 지역민에 대한 사후 보상이나 명예 회복은 전혀 이뤄지지 않았다.

그런 문제점을 문학적으로 발언해 온 김진수 시인에 대하여 심정적 이해를 돕기 위해 생의 이력을 들춰볼 필요가 있다. 김진수 시인은 여수 삼산면의 초도가 고향이다. 그곳은 여수 손죽도 거문도와 더불어 일찍이 일제 침탈 이후 통치 시기부터 일본인의 입도入島가 많아 치안을 위한 주재소가 들어서면서 낙도였지만, 중앙 못지않게 일제 통치시기에 자유롭지 못한 섬이 된다. 그런 빌미는 기어이 해방 이후 여순 사건의 참화로 이어졌고, 아픔은 깊어져 가족들의 내면에 유폐될 수밖에 없었다. 초도에서 '여순반란사건'의 초토화 작전 과정에서 피해자 중 시인의 외조부도 포함된 불행을 당했다. 초도에서 초토화 작전을 주도한 사람은 일제 때 일본군의 해군 하사관으로 복무했던 친일 부역자였다. 그 사람은 할당 인원을 채우기 위해 젊은 사람을 끌어다 즉결 및 일부 포로처럼 끌고 가 억울하게 누명을 씌워 거짓 성과를 만들어냈다. 그 과정에서 피해를 입은 어머니의 기억을 받아 적은 〈헛장〉은 진실의 기록이다. 그 광기의 시작은 생물학적 결정론처럼 이데올로기에 꿰맞춰 사람을 빨갱이로 몰아갔음을 간증하고 있다. "어머니의 피가 붉어 내 피도 붉다"라는 단언부터 비감한 내막을 품고 있다. 억새풀밭에 숨듯 은밀하게 들어선 봉분 위로 해거름이 비치고 오랫동안 사람 손이 닿지 못해 흐릿한 비문만 새겨져 있다는 망금산, 그곳에서 "마을마다 개몽댕이질을 하고 다녔다고,/ 피투성이가 된 사람들 보고/ 이번엔 저 봐라! 빨갱이가 틀림없다고," 생사람을 빨갱이로 몰아간 황국

순사 미야모토라는 사람이 실재 인물로 등장한다. 김진수 시인이 증언하고 있는 시편은 역사 저편에서 버젓이 벌어졌던 여순 사건의 실체를 밝히고 있다. 그 사람들을 무고하게 죽음으로 몰아 "여수 바다 어디쯤에다 수장을 했다드라고,/ 뜬소문만 수군수군 떠밀려 오드라"는 풍문이 마지막으로 전하는 부고장이었다. 그나마 살아남은 가족마저 빨갱이라는 연좌제로 기나긴 고통의 세월을 죄다 천형으로 덧씌워 버렸다. 그 이후 여수 사람들에게는 좀체 함부로 사람들 앞에 먼저 "나서지 마라! 나서지 마라!"라는 말이 후손에게 전하는 유언 같은 입말이 되었다.

3. 여순 사건의 총체적 발화들

피해자의 마음속에 이는 분노가 더 고통스럽다. 유난히 눈 내린 날이면 참아왔던 분노로 사람들의 가슴은 더 붉어졌고, 금세 눈마저 녹일 비통함에 빠져든다. 〈시방, 눈이 내린다〉에서 그날 지리산과 순천에도 눈이 많이 쌓였다는데 "여수 땅엔 닿자마자 흔적도 없다"는 시인의 사유는 여순 사건 때 품은 원혼으로 이어지고 "가슴에 천불이 꺼지지 않아"서 그럴 거라고 시인은 추정한다. 눈 내리는 풍경을 보며 감상에 빠져 낭만을 즐길 여유도 없이 당시의 '여순 사건'을 떠올리게 된다. "누가 누구의 적인 줄도 모르고/ 너네 나네 등 겨누던 손가락총"으로 죽어간 그 사람들을 떠올린다. 그렇게 당한 사람들이 끌려간 곳은 푸른 바다를 바라보는 마래터널 안 한켠에서 햇살바라보기를 하고 있는 〈형제무덤〉이란 시를 통해 말해 준다. 불안한 눈빛으로 끌려온 "그 날은 깊은 겨울밤이었다/ 기침 소리마저 꾹꾹 얼어붙어 버린/ 종산초등학교 맨바닥에 빼곡히 수용됐던/ 여순 사건 부역 혐의자들의 일부"는 대한민국 국민이 아니었다. 그 사람들을 '대한민국 헌병'들은 "깊게 파진 웅덩이 앞에 나란히" 세워 "다섯 번에 또 다섯 번/ 쏴 죽이고, 장작 덮고, 기름을 붓고/ 그렇게 일백이십오 명"을 죽여 사흘 밤낮 불 질러 태웠다는 학살의 그 현장을 생생하게 증언하고 있다. 김진수 시인의 시는 시 미학적인 요소보다 역사의 사실을 우선해 기록한 문장이다. 한곳에서 불태워져 서로 엉켜져 안고 비명에 간 사람들을 '형제'로 명명하여 위로하였다는 말을 받아 적은 것이기 때문이다. 그토록 죽임을 당한 사실을 국가의 폭력으로 자행된 만행이란 것을 증언한다. 모든 일에는 철저하게 진실을 은폐해 줄 명분을 찾게 된다.

〈각색된 이름〉이 만들어진 과정도 그중 하나로 증언하고 있다. 한없이 아름답기만 한 여수 가막만이라 불린 소호 바다가 한눈에 보인다는 구봉산 자락이다. 그곳은 신월리로 본래 물금과 봉양, 신근정 마을이 있었던 곳으로 일제 때부터 군 비행장으로 사용되다 해방 후 미군 주둔지로 재사용된다. 다시 국군 14연대가 주둔하면서 불행의 씨앗을 잉태하게 된다. 여수 14연대 주둔 병력 일부가 제주 토벌 작전 투입에 항명하며 '여순 사건'이 터진 것이다. 대한민국 초대 총리 이범석은 기자회견장에서 "여수에서 국군 제14연대가 반란을 일으켰다고/ 이 사건의 성격을 분명하게" 국민들에게 밝혔다는데, 무슨 연유인지 시간이 지나면서 '여순반란사건'으로 각색되어 버렸다. 이후 국군에 의해 여수와 순천에서 벌어진 토벌 작전은 반란군과 양민을 가리지 않고 무자비하게 진행되었다.

〈뜨거운 항쟁〉은 그런 과정을 상세히 묘사한다. 일부 시내로 잠입한 반란 군인을 색출한다며 엉뚱하게 불똥이 민간인들에게 확산되어 여수 지역이 미친 광풍에 휩싸이게 된다. 좌익이란 색출 혐의도 엉성하기 짝이 없었다. 동네 사람들을 "서국민학교 종산국민학교 진남관" 앞에 모이도록 한 뒤 그 사람들에게 동조했던 부역자를 색출한다며 "짧은 머리 미군빤스 지까다비에 새 고무신"을 착용한 사람들에게 해명할 기회도 없이 등 뒤에서 손가락총으로 가리키면 그만이었다. 그렇게 참살당한 사람들에게 국가는 합법적인 혐의를 덧씌우기 위해서 '국가보안법'에 내란죄와 연좌제까지 합법화시킨다. 문제는 없거나 하지도 않았던 허구를 조작하여 사실로 각색해내는 국민 기만이 있었다. 국민을 보호해야 할 국군이 아무렇지 않게 반란군 토벌 작전을 빌미로 주민학살을 자행하였다는 데 있다.

잘못된 국가 권력의 또 다른 남용 사례인 〈환상의 여학생 부대〉는 그 허구성을 여실하게 증언하고 있다. 그런 부대는 여수여자중학교 여학생들로 치마 속에 권총과 카빈 소총을 숨기고 다니다 진압군에게 미인계처럼 다가가 총격을 가했다는 그럴싸한 이야기였다. 잘 짜인 연극 대사처럼 긴박하게 연출되었고, 그 배후로 여수여자중학교 교장 송욱을 특정하는 치밀함도 보여준다. 마치 역사의 시간표만 다르지 '80년 광주항쟁' 때 광주 시민에게 내란을 획책하는 폭도로 규정하고 그 배후로 김대중을 수괴로 몰았던 것과 닮은꼴임을 볼 수 있다. 역사의 반복은 모양새도 닮았다. 피해자는 항상 하위층으로 힘없는 민중이었다. 예나 지금이나 정권의 권력이 흔들릴 때마다 누군가에게 속죄양을 만들어 국민의 관심을 기만했던 역사를 잘 보여준다. 그토록 사실이라던 명분으로 자행된 광주'사태'의 실체가 다 허구로 밝혀졌듯이, 당시 여수 여자중학교 교사였던 전병순[3] 씨의 소설 속 증언을 보면 그런 실체를 듣거나 보지도 못했고 그런 혐의가 있었던 학생은 없었다는 것이다. 애꿎은 송욱 교장은 이후 조작된 혐의를 벗지 못하고 총살되는 비극을 맞고 말았다. 국가 권력의 사주로 자행된 여순 사건은 더 치밀하여 흔적을 남기지 않았다.

〈애기섬 수장터〉는 불법을 자행한 가해자도 국가의 작전 지침을 성실하게 수행했다. 그래서 여순 사건은 지금껏 추측과 소문만 무성할 뿐이다. 여순반란사건 때 살아남은 사람들은 또다시 죽음의 사선을 피할 수 없게 된다. 6·25가 터지면서 반강제로 기만에 속아 가입한 '국민보도연맹'원들을 사상통제 수단으로 예비 검속을 시행했다. 그때 분류된 사람들을 끌어다 인민군 지원이나 부역 협조를 우려하여 사전 학살을 자행한다. 시인은 '애기섬'에서 벌어진 실상을 "민족과 반민족 좌우갈등으로 이어진/ 동족상잔의 비극/그 서막을 알리던 제주 4·3과/ 여수 신월동 국군 제14연대 반란사건/ 그때는 용케 피했지만 6·25가 터지고/ 보도연맹원 예비검속만은 피할 길이 없었다./ 경비정 갈매기호에 실려 간 애기섬은/ 여수에서도 그리 멀지 않은 뱃길이었다./ 양민들의 손발은 좌우도 없이/ 철삿줄 동앗줄에 단단히 묶이고/ 죄명도 알 수 없는 바윗돌까지 채워져" 수장되었다는 사실을 기록하고 있다. 많은 사람들 중 그때 끌려가 죽임을 당한 아버지를 뵙겠다고 백발이 다

---

[3] 전병순씨(여) '여순 사건' 당시 여수 여자중학교 교사로 재직.《절망 뒤에 오는 것》에서 '환상의 여학생 부대'에 대한 실상을 밝힘.

된 '유복자 김양기'씨가 애기섬을 찾아 원혼을 위로하며 절규를 한다.

> 아들도 뜬금없이 간첩으로 몰려서
> 차라리 죽고 싶을 만큼 고문을 당하고
> 시킨 대로 원하는 대로 자인서를 써줬다고 운다.
> 불가촉천민처럼 짓밟혔다고 운다.
> 서럽고 분하고 억울했지만 그래서 더욱 살아야했다고 운다.
> 울면서 묻는다.
> 학살의 진원을 묻는다.
> 애기섬에서 수장된 새빨간 역사의 진실을 또 묻는다.
> 　　　　　　　　　　　　　　　　　　　- 〈애기섬 수장터〉 부분

그 말을 듣고 있는 바다는 진실을 알고 있지만, 말해 줄 수 없다. 그 날 겁에 질린 사람들처럼 시퍼렇게 앙다문 파도만 뱃전을 밀쳐낼 뿐이다. 애당초 있지 않은 죄를 물었기에 죄를 지은 사람도 없듯 〈모스크바엔 모스크바역이 없다〉고 항변한다. 광기에 휩싸였던 여수반도에서 자행된 만행에 대한 역사의 증언은 끝이 없다. 그만큼 폭압적 만행이 횡행했다. 그 배후에는 악명 높은 이름으로 몇 번의 시집 지면을 채우고 있는 일제 관동군 헌병대 출신 '김종원'과 경찰의 악랄함이 있었다. 여순 사건의 학살에는 이승만 정권에 빌붙은 친일부역자들로 주구走狗가 되어 광기를 진동케 했다. 주민을 이유 없이 폭행하는 것은 선한 행동이며 아예 죽임마저 정당화한 인명경시는 잘못된 국가의 힘이 어떻게 남용되고 있는가를 증명하고 있다. 이젠 피살자를 부관참시 할 수 있는 '부관참시법'까지 만들어 여수 순천 지역을 피의 광란에 더해 인

류마저 저버리는 반란 지역으로 고착 합법화시켜 버린다. "그 이후로/ 여수에는/ 아무리 태극기를 내걸고 만세 삼창을 외쳐대도/ 모스크바로 낙인찍힌 마을이 있었다./ 돌산읍 죽포리와 서덕마을이 그렇고/ 둔전도 그랬으며 승월 임포 율림 굴전 백초 두문포와/ 군내리 평사리에도 전설의 오르그가 살았었다는/ 모스크바 마을로 한 두름에 엮였다."며 광기를 증언한다. 하지만 분명한 것은 모스크바엔 모스크바역이 없듯, 그 마을에는 그 어디에도 좌익이라고 할 그런 사람은 없다는 항변이다. 다시 한 번 〈아나키스트〉는 정말로 여수반도에 존재했는가라고 질문할 수밖에 없다. 시인은 단연코 민중은 있었으되 무정부주의자는 없었다는 것을 강조한다. 사상적 무정부주의자 이전 중앙에서 벌어지고 있는 정치마저 관심이 아예 없었다는 민심을 전하고 있다. 여수 사람들은 오로지 삼시세때 먹고살기 위해 "허이, 휘어이/ 힘없고 배곯은 참새 떼나 쫓고 사는 일이" 전부였다며 혐의를 만들어 씌워도 어디에도 해당되지 않는 백성이었음을 밝히고 있다. 잘 먹고 잘 살아 보겠다는 백성은 그저 백성일 뿐이다.

>활어통 바닥에 납작 엎드렸던 광어 도다리들이
>순환 모터가 멈춰 선 수조를 뛰쳐나와
>땅바닥에 온통 널브러진 횟집 앞에서
>구경꾼의 논란이 우왕좌왕하고 있다
>왼쪽으로 눈이 쏠려 있으면 광어고
>오른쪽으로 쏠려 있으면 도다리라며
>광어와 도다리의 구분법을 잘 안다는 자
>오늘도 그 자의 높은 목청 아래

함부로 분별해선 안 될 슬픈 과거사가
또 한 번 들춰지고 뒤집어진다

- 〈좌광우도〉 부분

음침하기 짝이 없는 '마래터널'을 지나 '만성리'를 가리키는 해안선의 푸른 바다의 수려한 풍광은 여행객의 시선을 압도한다. 그러나 과거 여순 사건의 역사적 학살 현장을 떠올리면 생각은 달라진다. "굴 밖 비령에는 요령 없이 터널을 빠져 나가다/ 무지막지한 손가락총에 맥없이 수장된/ 수많은 통곡소리가 아직 파도치고/ 태풍이 쓸고 간 만성리횟집은 밤이 돼도 컴컴하다"는 암울한 시적 울림은 감정선을 넘고 만다. 기어이 '여순 사건'의 역사적인 장소성과 맞닥뜨리게 된다. 그럴 때 시인은 만성리 횟집 활어 통에서 쏟아져 나온 광어를 떠올렸다. 사실 횟집에서 광어와 도다리는 생긴 외양으로 인해 사람들의 가십거리가 된다. 그렇지만, 본질적으로는 물속에 사는 물고기일 뿐이다. 사람도 얼굴 생김새보다 궁극에 갖는 인간성으로 판단하는 것이다. 인간의 잣대로 구분 짓는 그 자체가 잘못된 판단임을 시인은 충고하고 있다. 김진수 시인의 '좌광우도'는 물고기를 통해 여순 사건 발생 당시 민중적인 의식과 삶을 광어에 빗댄 시적 완성에서 최고의 시라고 말할 수 있다. 또한 그 당시의 위정자들과 국가를 조롱하는 희화성이 깔려 있다. 그것은 김진수 시인의 역사의식이자 문학에 대한 자긍심이며 양심에 근거한다. 여순 사건에 대한 진정한 화해는 진심 어린 역사의 과오를 인정하는 것이며, 인간 존엄에 대한 인식과 각성임을 말한다.

김진수 시인은 〈백악기에 산다〉는 하찮은 도마뱀에도 경계심을 풀지 않는다. 마음이 소심한 것은 아닌가 싶지만, 자라 보고 놀란 가슴 솥뚜껑 보고 놀란다는 말과 같다. 작은 도마뱀도 한때 "아주 먼 옛날 백악기에는/ 저런 징한 것들이 이 세상을 주물렀다고 하는데"라며 우리의 역사 공간에 저런 것들이 실재했다는 것이다. 위기에 몰릴 때는 가차 없이 꼬리를 자르고 도망가는 도마뱀처럼 우리 사회 어딘가에 그런 족속들이 암약하고 있다는 것이다. 그 세력들은 해방 이후 청산되지 못한 친일세력과 부도덕하고 부당하게 정치 경제 카르텔 속에서 이권화된 세력들을 일컫고 있다. 비참한 "오늘도 묵정밭은 과거사로 시끄럽다/ 세치 혀도 안 되는 혓바닥을 시커멓게 날름대는 것으로/ 모든 과거사는 조상 탓으로 돌리며/ 틈틈이 잘라낸 꼬리 춤에 휘둘려 사는/ 우리는 아직도 백악기에 산다"며 시인은 경고를 보내고 있다. 문학을 통해 우리는 꼬리 자르고 도망친 도마뱀 같은 부류를 찾아내야 할 사명이 있다. 그것은 자신이 살아가는 시대에 대한 시인의 소명이다. 잊지 말아야 할 것들을 부단하게 들춰내는 것도 문학의 존재 이유다.

4. 문학의 지향 지점

〈동박새〉의 대상화는 시인의 마음으로 현현하고 있다. 피의 역사로 기억되어 버린 여수 동백은 그래서 더 붉게 핀다는 "사월이 가면 또 늦으리/ 전라선 열차를 서둘러 타자/ 푸른 새벽마다 오동도 동백 숲/ 마침내 그곳, 그곳에 이르면/ 행여 지나다 꽃송이는 밟지 말자/ 그 길의 끝은 늘 거기 있어도/ 원망도 그리움도 툭툭 털고 가는/ 모진 저 발걸음 선연한 꽃 다짐/ 그 속엔 얼어붙은 상처가 있다/ 가슴마다 뜨거웠던 그리움이 있다// 새야, 그래서 늘 푸른 새야/ 네 작은 날갯짓도 차마 서러워/ 이 길 끝자리 넋 놓고 바라보는/ 꽃잎이 붉다 잎사귀도 푸르다"는 한 맺힌 여수반도의 동백꽃을 빌어 해원한다. 그러면서 절정을 가리지 않는 동백을 가리키며 굳이 붉고 푸르고를 따지거나 물을 필요가 없다 한다. 푸르거나 붉거나 죄다 상관없이 동백 제 한 몸에서 나왔을 뿐이라는 김진수 시인의 시집을 일별하며 '여순 사건'의 진실을 생각한다. 여순 사건이라는 좌표 속에서 문학적인 상상력으로 조심스럽게 접근했고, 그런 사실마저 과거뿐만이 아니라 현재적인 입장에서 숙고, 천착하였음도 같은 맥락으로 이해되었으면 한다. 역사 변동은 아직도 진행 중이다. 지금은 70여 년 전 발생한 여순 사건의 과거에만 머물 수 없다. 국가 정치 사회와 경제에 걸친 다양한 연관성에 대하여 고민해야 한다. 문학 비평에 우선한 문학의 공리성은 순수성과는 달리 역사, 사회 변동의 맥락에서 변별성을 요한다. 그 변별성은 결국 문학의 시대적 총체성을 제 문제로 확대 인식해야 하기 때문이다. 따라서 여순 사건의 발발 원인은 결국 해방 이후 남북 분단의 단초가 된 남한 단독정부 수립으로 비롯되었다. 이후 좌, 우익의 첨예한 이념 대립과 친일 세력의 청산 실패 그리고 사회적 배분에 대한 불만과 모순이 가중된 데 있다. 따라서 문학을 통해 정치 사회 경제에 예속 도구화되는 폭력성에 끝없이 저항하는 인간의 존엄성이 현실과 괴리감이 있어선 안 된다는 주의 주장은 유효하다.

역사의 시간 속에서 강요당한 침묵
― 박관서 시집 《광주의 푸가》에서

　세상에 태어나 하루 세끼 끼니를 걱정하며 70여 년의 세월 동안 겪어 온 가슴속 원한들을 알고 있는 여수 푸른 바다다. 하늘과 땅에서 벌어진 먹먹한 슬픔들이 더해 한겨울 동백이 붉게 피어난다. 박관서 시인이 바라본 1948년 10·19로 촉발된 국가적 비극사를 함께 따라가 보자. 대한민국 정부가 갓 수립되면서 국가의 자유 민주주의 이념과 대립한 좌익 사상을 가진 사람들은 이 땅에서 살면 안 되는 사람들이었다. 똑같이 사람답게 사는 세상을 꿈꾸며 '사람'을 위한다는 세상을 만들겠다며, 자유 민주주의 체제를 지키겠다는 진영과 그런 체제를 거부한 진영 간 대립은 간단치 않다. 기어이 첨예하게 대립한 양 진영은 극심한 상황으로 치닫게 된다. 어느 한쪽이 물러나거나 죽어야 끝이 난다는 것은 시간이 흐를수록 더 명료해졌다. 파국으로 치달아가는 상황은 결국 시퍼런 동족의 가슴에 피를 보고 말았다. 그렇다고 끝이 나는 것이 아니라 그것이 시작이라는 것을 나중에야 여수 순천 사람들은 알게 되었다.

부끄러워 아예
꺾인 고개를 부러뜨려 버린다

나폴나폴 뒤집어쓴 치마폭 꽃잎 삼아 단숨에 건너간다 동족이라고 새긴 비문을 따라 한반도에는 노란 핏물이 암각의 혈관으로 흐른다

누군가는 바다 건너 섬으로 가고 누군가는 산을 넘어 광야로 가서 나라를 이루어 오랑캐와 외적으로 살아가기도 했지만 못난 할배의 할배가

두 무릎을 맞대어 갈아입은 당나라의 앞치마는 폭이 넓어서 우리가 되지 못한 우리는 항상 우리를 생각하느라 우리 안에서 조각난 하늘을
본다

언제 다시 분단조국 반대! 통일정부 수립! 강대국 철수를 외치랴 해방과 독립을 위해 무장한 몸으로 나서랴 꿈에서도 사라진 향기는

목숨을 걸지 않고 사는 이들의 나라로
혀를 가르며 밀입국을 한다

－〈동백꽃 72주년에〉 전문

고개를 꺾는다는 것의 속성은 복종을 의미한다. 하지만, 또 다른 의미를 살펴보면 양심에 어긋난 행위로 인한 가책을 느껴 염치없음에 대한 신체 반응이다. 그런데 더 강한 물리력으로 "부끄러워 아예/ 꺾인 고개를 부러뜨려 버린다"는 단호함은 무엇으로 설명해야 하나? 그런 때는 시적인 전개를 예의 더 살펴볼 필요가 있다. 동족이라고 비문에 새겨진 말이 참말이 아니라 "한반도에는 노란 핏물이 암각의 혈관으로

흐른다"는 말에 유념해야 한다. 주체적 의지를 상실해 버린, 잘못 들어선 길이었다. "나폴나폴 뒤집어쓴 치마폭 꽃잎 삼아 단숨에 건너간다"는 것의 함축 속에는 우리의 것이 아닌 화려하게 치장한 외래 풍속에 대한 종속을 의미한다. 이도저도 못한 부끄러운 동족으로 살아가는 할배의 할배가 바로 그토록 간절한 조국을 지켜 온 사람들인 것이다. 아무리 좋은 외래의 것을 갖다 붙여 우리 것이라고 여기며 살아보려 한다 해도 결국은 우리에겐 고유한 정서에 맞는 옷이 있는 것처럼 우리만이 할 수 있는 것이 분명히 존재한다는 것을 역설한다. 당나라의 치마폭이 우리의 정서와 다르듯 우리가 원하는 방식의 나라를 만들어 보자던 진정한 외침이 있었다. "언제 다시 분단조국 반대! 통일정부 수립! 강대국 철수를 외치랴 해방과 독립을 위해 무장한 몸으로 나서랴 꿈에서도 사라진 향기는" 그 사람의 정신 속에 녹아들었던 애국적인 행위이자 궐기였다는 것을 말해 준다. 동백꽃은 언제나 붉은 동백으로 피어야 동백이다. 속을 태워 스스로 붉어 피는 것 말고 그다지 화려한 꽃도 아니어서 오직 붉어 통꽃으로 툭툭 가슴속으로 피었다 진다.

당신들에 관한 이야기가 아니다

여순 사건인가
항쟁인가에 대한 이야기도 아니다

흑백으로 남은 사진 한 장을 보면서

양손을 뒤로 철삿줄로 묶여 줄줄이 자기들이 판 죽음의 구덩이를 향하여 조

기 두름처럼 묶여가던 이들과 이들을 바라보며

흰옷을 움켜쥐었거나 총을 든 이들의 그 무연한, 지상에서의 빛을 모두 걷어
내고 죽는 이든 사는 이든 누구든 스스로는 감지 못할

생선처럼 동그란 눈에 관한 이야기이다 언제까지나 스며드는 서늘함이다. 포
유류가 살지 못하는 물속에서는 오직 기다려야만
  말이 마리 되는 것인가
  고통은 당신들의 것이 아니다

키 큰 칼빈총을 들고 오월 금남로를 향해 달리는 카고 트럭 짐칸에서 머리칼
을 날리며 하늘 너머 하늘을 바라보며

빛을 지워 빛을 찾아내던 소년의
눈빛에 대한 이야기이다

당신들의 이야기는 전혀 아니다

—〈눈빛〉 전문

  지시하는 대상에 대한 부정을 통해 더 많은 사람의 주의를 집중케 하는 효과를 의식하여 "당신들에 관한 이야기가 아니다"라고 의도한 부정은 아닐 것이다. 문제는 일방적인 단정을 통해 스스로 진실에 가까운 결론에 도달해 간다는 데 있다. 시적인 문장으로 누군가에게 대화를 걸고자 의도한 것이다. 서로 다른 전제에서 문제를 바라보지만, 시간이 경과되면서 공감을 통해 동조해 가는 방법을 박관서 시인은 효과적으로 활용한 것이다. 그런 조건부적인 대화법을 통해 낯익은 사진

한 장으로 연결되는 사건을 추론해 낸다. 잊혀 오래되어 버린 당시의 참화에 대한 모호한 입장이 개입된 "여순 사건인가/ 항쟁인가에 대한 이야기도 아니다"라며 기억도 생생한 실화를 떠올린다. "양손을 뒤로 철삿줄로 묶여 줄줄이 자기들이 판 죽음의 구덩이를 향하여 조기 두릅처럼 묶여 가던 이들과 이들을 바라보며" 판박이처럼 되풀이된 상황들의 반복된 비극을 기억한다. '흰옷'을 입은 사내들의 자포자기한 눈빛과 '총'을 든 광기에 찬 사람들의 서로 다른 '눈빛'을 생각한다. 같은 사람의 '눈'에 총을 들이댄 사람들의 만행은 짐승만도 못한 악랄함이었다는 것을 말하고 있다.

> 돌아보라 누구도 얼굴 없이 눈을 감지 않는다
> 뜬 눈을 감겨 준다 그대가 뭉개고 잇짤라버린 건 그대 얼굴이다
>
> 잊을 수 없는 지옥이다 그래 그러시라
> 어차피 뭉개졌던 얼굴이 발작을 일으키는 것이니 눈알 다시 넣고
>
> 귀때기 늘여 빼고 혓바닥에 독한 술 몇 모금을 흘려 넣으시라
> 하늘에 있는 주님이 임하신들
>
> 사람의 얼굴도 아니요 짐승의 머리도 못 된
> 짓뭉개진 그대의 형상에는 한 올의 그늘도 깃들지 않으리니
> 　　　　　　　　　　　　　　　　　　- 〈얼굴 소묘〉 부분

이 말은 온통 폭력으로 자행되어 망가져 버린 얼굴 없는 망자에 대한 씻김굿을 빌어 해원으로 풀어쓴 가사다. 간혹 거칠게 곡성을 높여

도 좋고 아니면 다독이듯 사람 얼굴을 들여다보며 내질러야 할 슬픈 절창이다. 이런 원통하고 분한 일의 시작이 어찌 되어 예까지 왔는가를 아뢰야만 한다. 당한 자와 가해자를 구분하여 사실을 적시한 뒤 행실의 잘잘못을 분명하게 갈라 쳐야 한다. 먼저 "내 얼굴을 때리고 찌르고 쏴서 밟아/ 뭉갠 후 어디론가 데려다 파묻어 버린 그이의 얼굴로 산다"는 한 맺힌 망자의 원한 가득한 빙의의 곡성이다. 살아생전 그 곱고 참한 얼굴 참혹하게 뭉개져 다시는 회복할 수 없는 지경이 되어 버린 사실을 아뢴다. 본래 얼굴을 훼손당한 망자이니 불행하게도 인두겁 같은 그 사람(가해자)의 얼굴로 산다는 비극 같은 사실을 말하고 있다. 그런 과거적 잘못을 까맣게 잊고 사는 짐승 같은 그 사람들은 여전히 이 세상 어딘가에서 세상에서 가장 선한 사람처럼 행실하며 잘도 산다. 가끔 치장하느라 거울에 비친 "가끔 눈알이 없어지기도 하고 한쪽 귀가 사라지거나 혓바닥이/ 굳어서 검은 숯덩이"가 된 모습을 보고 깜짝 놀랄 때가 있다. 그럴 때 할 수 있는 것이라곤 눈을 감는 것이다. 아예 볼 수 없다면 좋았을 얼굴이지만 그것은 어쩔 수 없이 맞대야 할 거울 속에서 "돌아보라 누구도 얼굴 없이 눈을 감지 않는다/ 뜬 눈을 감겨 준다 그대가 뭉개고 잇짤라버린 건 그대 얼굴이"란 것을 알게 된다. 간간히 허상처럼 비치는 거울 속 자신을 발견하는데 "사람의 얼굴도 아니요 짐승의 머리도 못 된" 죄악에 대한 보상이다. 마지막 대성일갈로 포원이 된 원한이 조금이라도 풀릴까하는 기대를 해 보는 화자다.

나뭇잎으로 떠나는 그대 돌아오나요

봄날 떠난 그대 가을에 돌아오나요

기쁜 아침이 슬픈 저녁으로 돌아오나요

스스로 견디지 못한 그대가 돌아오나요

떨리는 동그라미 그린 그대 돌아오나요

돌고 돌아 여인이 된 사내로 돌아오나요

긴 동굴에서 함께 한 그대 돌아오나요

대문 밖으로 하얀 눈보라로 돌아오나요

열 손가락 붉은 물이 들어 돌아오나요

찬 손으로 그대 찬 손 감싸며 돌아오나요

꽃잎 흐르는 물에 비친 그대 돌아오나요

—⟨꽃잎 흐른 물에⟩ 전문

 화자는 묻기를 쉼 없이 한다. 그럴 만도 한 것이 70여 년 넘게 소식이 없었으니 행여나 하고 돌아오지 않는 답을 듣겠다는 열망에서다. 이미 실종되어 백골마저 형해화된 세월에 대한 미련이 진지하다. 그냥 읊조리듯 주절대는 것이 아니라 우리 곁을 떠나간 '그대'를 체념할 수 없다. 나뭇잎으로, 떠난 봄날 같이 곱게 가을 단풍처럼 물들어 오시라는 간곡함이 담겨 있다. 봄꽃처럼 아름다운 나뭇잎으로 내 곁을 떠나갔으니 어여쁜 단풍들어서라도 다시 오시라는 망부가다. 생전 기쁜 모습으로 나간 아침처럼 저녁도 그렇게 기쁜 소식을 담고 올 것인가를 생전처럼이라는 모습을 상상하며 단서를 달았다. 이미 '그대'는 목숨줄을 놓아 버렸으니 기쁜 얼굴로 찾아들 리 만무하다. 비극의 징조가 현실이 되었으니 스스로 견디지 못한 그대가 돌아올 수 없어 부음만 기별처럼 날아올 것이다. 이제는 아무것도 할 수 없는 그대다. 떨리는 손으로 그려내던 예쁜 동그라미도 더는 그려볼 수 없는 신세가 된 것이다. 비명에 찬 슬픔을 울먹일 그대일 뿐 과거 든든했던 사내의 형상도 아득하다. 동굴 속으로 밀쳐진 뒤 함께 숨져간 영혼들 속에서 혼자라도 살아 돌아오길 소원하는 애처로움이 더 슬퍼지는 읊조림은 오직 하나 '돌아오나요' 뿐이다. 언제나 당신이란 '그대'는 화자의 곁에서 함께하였기에 눈 오는 날 눈보라로 몰아쳐 왔으면 좋겠다는 부질없는 소망이다. "손가락 붉은 물이 들어 돌아오나요// 찬 손으로 그대 찬 손 감싸며 돌아오나요// 꽃잎 흐르는 물에 비친 그대 돌아오나요"라며 한 맺힌 망부가를 부르는 화자다. 뼈에 사무친 원한을 풀 길 없어 먼저 꽃잎 흐른 물에 뛰어들 태세다. 그래도 산 사람은 살아야 하지 않은가? 불순한 것보다 더 나쁜 것이 불온이다. 불온한 것들을 내치는 놀이패의 장단에 맞춘 발림과 추임새 한번 걸판지다.

아야, 거만치 허천나게 처묵어 부렀으면
인자 기냥 가부러라잉

머시 더 챙길 거시 있다고
고렇게 점점이 퍼질러 있다냐아

염병헐, 바다에 빠져분 사람들만 징허제
시퍼렇게 멍든 하늘만 미쳐분당게 잉

지집배 치마 땅꼬옷으로 갈아입고
되놈들 왜놈들 양놈들의 대굴박 앞에

몸땡이를 조아려 얻은 쪽심으로
백년천년 제 배때기를 불려 왔겄지만

웃기지 말그라 여그는 시뻘건 화산재 뿌릴 때부터
문저리 망둥이 조구새끼 짱짱히 말려서

다시래기와 간장으로 조려먹고 살아왔응게
징헌 파도와 햇살과 바람의 족보로

뼈와 뼈를 이어가며 살아왔응께 너그 같은
잡것들은 빨리 꺼져부러라 잉

* 다순구미 : 전남 목포의 남쪽 끝 어촌마을.

- 〈다순구미〉 전문《해원의 노래》

'다순구미'의 '~구미'는 바다에 인접한 해안 돌출부를 지칭하는 말이다. 그런 의미를 확인시켜주듯 박관서 시인은 '다순구미'를 "전남 목포의 남쪽 끝 어촌마을"로 설명하고 있다. 어촌마을 앞은 바다가 있고 뒤로는 내륙과 인접한 지정학적 접근성을 지닌다. 서남 해안과 내륙을 끼면서 목포를 기점으로 이어진 국도를 따라 영산강과 승달산을 넘나들며 떠도는 각설이 품바의 걸판진 놀이패가 해살궂은 얼굴을 내밀며 밀쳐오는 우렁우렁한 저 소리 좀 들어 보자. "아야, 거만치 허천나게 처묵어 부렀으면/ 인자 기냥 가부러라잉// 머시 더 챙길 거시 있다고/ 고렇게 점점이 퍼질러 있다냐아// 염병헐, 바다에 빠져분 사람들만 징허제/ 시퍼렇게 멍든 하늘만 미쳐분당게 잉"라며 세상을 향해 소리꾼은 일갈한다. 소리를 거슬러 가 보자. 갑오경장 이후 동학 농민 봉기가 일어난 어수선한 틈을 빌미로 일본과 청나라 군대가 조선에 저들 맘대로 밀치고 들어와 주둔하게 된다. 마침 아산만에 청의 북양 함대 일부가 정박해 있었는데 느슨해진 틈을 타 일본군이 기습적인 공격을 감행하였고 청나라는 속수무책으로 당하고 만다. 당시 '왜놈'과 '되놈'이 바다에서 전투를 벌이면서 많은 병력이 서해 바다에 수장된 것을 상기해 준다. 이후 일본은 조선 보호를 명분으로 내세우며 추가 개항을 강력히 요구한다. '다순구미'는 물류의 집산이 왕성한 어촌인 데다 청일 전쟁에서 승리한 일본의 목포 개항 요구로 전성기를 맞이한다. 거기에 원활한 물동량의 수송에 맞춰 목포는 국도 1, 2호선이 시작되는 기점이 된다. 따라서 '다순구미'는 특정한 장소가 아니라 삼천리 금수강산으로 치환된다. 목포의 변화는 시대를 대변한다. 이어 "지집배 치마 땅꼬옷으로 갈아입고/ 되놈들 왜놈들 양놈들의 대굴박 앞에/ 몸땡이를 조아려 얻은 쪽심으로/ 백년천년 제 배때기를 불려 왔겄지만" 이라며 권력을 쫓아 약삭빠른 사람들은 시류에 맞춰 '중화 사대'도 부족하여 '친일'도 하고 해방 이후에는 '친미'로 변절을 거듭하며 흥청

망청 배를 채운다. 해방 이후 살 만한 세상이 오나 했지만, 그 꿈은 여지없이 깨지고 만다. 북한에는 소련이 진주하고 남한은 미군정이 들어서 남북 분단의 단초가 된다. '다순구미'는 역사적인 서사를 관통한 상징성으로 봐야 한다. 그런 외압에 흔들리지 않고 잘도 견뎌낸 '목포'였고, 그 자부심은 민중적 각성의 결과란 것을 말해 준다. 그 인식을 잘 보여주는 놀이패 상쇠의 돌이 뱅뱅에 조소 잔뜩 먹인 추임새로 한판 신나게 깐죽대며 까발리고 있는 것이다. 걸판지고 거한 각설이 놀이패처럼 거동 따라 넘실 흠짓 발림 짚어가는 한 맺힌 노랫가락 잘 들어 보니 지랄 같은 세상 돌아가는 판을 비웃으며 실컷 떠들어대는 한풀이임을 알 수 있다. 그들이 축출하고자 한 것은 악귀도 아닌 이 땅에 도무지 도움 안 되는 외세를 가리킨다. 목포 유달산에 올라가 보면 한눈에 보이는 다순구미다. 목포 근경을 아우르는 중심으로 '다순구미'가 정온靜穩해지면 살 만한 세상이 도래한다는 민중의식의 원형이다. 참고로 목포와 인접한 무안 일로 지역은 '각설이 품바 놀이패'가 해방 전부터 물산이 풍부한 근경을 무대 삼아 활동해 왔다. '다순구미'는 박관서 시인이 오랫동안 관심을 갖고 정리한 품바 놀이패의 민중성을 시적으로 환기한 것으로 볼 수 있다. 또한 토속적인 질감을 살려낸 언행을 적층적인 민중의 노래 가락처럼 인용해 질팍한 소리패의 원형을 접목한 시 〈다순구미〉로 환기한 것이다.

여수 핏빛 바다 묻혀진 주검들
―강경아 시집《맨발의 꽃잎들》에서

　제주 4·3사건과 더불어 해방 정국의 소용돌이 속에서 1948년 여수·순천 10·19 사건도 남한 단독정부 수립을 둘러싸고 좌우 극심한 대립으로 빚어진 현대사의 비극으로 기록되어 있다. 세월이 흘러 '여순 사건'이란 명칭도 역사의 잘못을 바로잡겠다는 비등한 여론에 국회가 나서 '여순 항쟁'으로 기술하게 된다. 아직도 여수 순천과 주변 인근의 아물지 못한 상처가 만지면 툭 터져버릴 듯한 아픔을 간직한 채 한숨만 가슴에 차올랐다. 천만 번을 되뇌어도 풀리지 않을 한이 깊은 여수 바다는 너무도 푸르다. 아무 말 없는 바다를 한없이 바라보지만, 파도가 숨긴 고통의 깊이를 가늠할 수 없다. 자꾸만 파도의 거품처럼 되밀쳐 오는 사무친 주검들의 통곡을 강경아 시인은 당시 비참했던 순간들을 상상하며 시로써 재현하고 있다. 시도 절망적인 참극 앞에서는 절규처럼 포효한다. 그 시퍼렇게 한이 맺힌 말들은 원혼들이 쏟아낸 절규라서 피맺힌 전언이다.

　　누가 너희에게 즉결처분의 권한을 주었느냐
　　여덟 명의 식솔을 거느리는 가장에게
　　흙을 일구는 가장 외롭고 가난한 농부에게

살뜰했던 윗마을 아랫마을 평화로운 이웃에게
누가 너희에게 손가락총을 겨누게 하였느냐
좌우로 줄을 세우도록 하였느냐

하늘이 갈기갈기 찢기는 소리가 들렸다
타다당 탕 탕 탕 탕탕

누가 너희에게
뼈와 살이 으스러지도록 몽둥이 자백을 강요했느냐
죽어 버린 시신과 무슨 내통을 했다고 자백을 하란 말이냐

서슬이 퍼런 주암초등학교 운동장
부역자들에게 흩뿌려진 파란 잉크
아버지의 흰 무명옷이 죄인의 수의囚衣가 되었다

푸드덕 푸드덕 푸드덕
북망산천을 떠도는 파란 새 한 마리
푸른 수의囚衣를 입고 젖은 날개를 털며
구천을 떠도는 혼이 되어 차디찬 별이 되었구나

시퍼렇게 부릅뜬 밤하늘의 푸른 눈동자들이
푸른 혈관을 찢고 터져 나오는 피의 은하수들이
으드득으드득 이를 가는 통한의 아우성들이
저렇게 날카롭게 빛나고 있구나

　　　　　　　　　　　　－〈여순의 푸른 눈동자〉 전문

희뿌옇게 감싼 섬들 사이로 비치는 섬들을 따라 뱃머리를 따라가다

보면 파도가 잔잔하다 때론 격하게 곧추서곤 한다. 그러다 잦아지듯 조용할라 치면 파도소리에 실려 한 맺힌 노랫소리가 들려왔다. 강경아 시인의 〈여순의 푸른 눈동자〉를 통해 과거의 시간을 되짚어 가면 숨 막히는 1948년 10월 19일 '여순 사건'과 만나게 된다. 당시 여수 신월리에 주둔 중인 14연대 군 일부가 제주 4·3 토벌 파견을 반대하며 일으킨 무장봉기에서 비롯된다. 그 과정에서 이승만 정권의 권력 유지를 위한 무자비한 토벌이 감행되면서 무고한 양민이 학살되었다. 혐의자를 분리하면서 많은 양민이 좌익사상에 연루된 누명을 쓰고 죽음을 맞았다. 유가족들은 수십 년이 지난 지금까지 불온한 연좌제에 묶여 창살 없는 감옥살이를 살아왔다. 억울하게 죽은 시아비와 자식의 원혼보다 더한 고통에도 하소연할 곳 하나 없는 세월을 살아온 '여순 사건'이 낳은 또 다른 피해자들이다. 그들은 국가에 의해 '빨갱이'란 부역자로 마치 '주홍글씨'처럼 낙인찍힌 삶을 살게 된다. 그들은 대한민국 국민이 아닌 듯 생목숨만 겨우 부지하며 살아온 것이다. '여순'의 희생자인 그들만의 진실을 강경아 시인은 끄집어내고 있다. "누가 너희들에게 즉결처분의 권한을 주었느냐/ 여덟 명의 식솔을 거느리는 가장에게/ 흙을 일구는 가장 외롭고 가난한 농부에게/ 살뜰했던 뒷마을 아랫마을 평화로운 이웃에게/ 누가 너희에게 손가락총을 겨누게 하였느냐/ 좌우로 줄을 세우도록 하였느냐"라며 당시 학살 현장에 있었던 실제 상황을 재현해 서술하고 있다. 그들은 항거 한 번 해 보지도 못한 채 죽음을 맞이했고 그것으로 끝나지 않았다. 주변의 남은 사람들을 잡아다 죽은 자와 모의한 것을 불라며 줄줄이 사지로 몰아넣던 "서슬 퍼런 주암초등학교 운동장/ 부역자들에게 흩뿌려진 파란 잉크/ 아버지의 흰 무명옷이 죄인의 수의囚衣가 되었다"는 유가족의 슬픔 가득한 증언을 받아 적고 있다. 그런 것을 훤히 알고 있어 그랬을까? 비통해서 진한 슬픔을 담고 있는 듯 바다 한가운데 솟은 '애기섬'도 속이 타들어 가기는 매한가지다.

    햇살도 비껴가는 어둠뿐인 이곳에
    핏빛 노을만 저 하늘을 할퀴고 있구나
    손 흔들어 줄 사람도 없이

    집채만 한 파고를 넘어서고
    저 은빛 물결을 따라 흘러가면

    당신을 만날 수 있을까
    당신을 찾을 수 있을까

    눈을 가리고, 입을 막고
    동포를 잃고 역사를 지우고
    창백한 폐허가 되어 버린 심해 속으로
    손발 꽁꽁 묶어 수장해 버렸구나

    —날 더러 어찌 살라고 혼자 가오
    흰 모시 손수건을 적시는 침묵의 말들
    출렁거리는 당신의 옷자락을 붙잡아볼까
    갈매기 떼만 허공을 맴돌며 끼룩끼룩
    못다 한 상엿소리만 바다 위를 떠도네
    주거니 받거니 통곡의 파도 소리만
    울부짖으며 손을 흔드네

손을 흔드네

- 〈애기섬〉 전문

애기섬 학살 사건에 대한 진실을 시적 발화로 보여준다. 여수 지역도 한국전쟁이 일어나자 시 외곽 율촌, 소라, 삼일, 쌍봉의 '보도연맹원'들을 여수경찰서 무덕관에 집결시킨 후에 경남 남해 남단에 있는 애기섬으로 끌고 가 총살한 후 수장하였으며, 이외에도 남면, 화정면, 삼산면의 섬 지역은 주변 무인도나 바다에서 처형 후 수장하였다. 당시 애기섬 희생자는 약 120명 이내로 추정된다. 그런 애기섬을 찾아가기까지는 많은 세월이 흘러서야 가능했다. 슬픔조차 마음대로 표현할 수 없는 무서운 세상이었다. 억울함이 푸른 바다를 닮아 가슴에 맺힌 슬픔이 배어나올 것 같은 세월을 살아왔다. 그 아픔은 지금도 진행 중이라서 바다처럼 잠잠했다 어느 순간 격한 파랑으로 일어나곤 했다. 재갈 물린 세월 속에서 아무 말도 못하고 그저 '애기섬'이 있는 바다만 바라보며 무심한 세상을 탓하고 살아온 유가족들이다. 그 유가족의 가슴에 한으로 맺힌 1948년 10월로 인해 화근이 된 죽음이기에 온통 비통함과 절망뿐인 세상이었다. 하늘처럼 믿고 살던 지아비가 어느 순간 진압군의 손에 의해 꽁꽁 묶여 저토록 깊은 바다 속에 수장되어 비참한 죽음을 당한 것이다. 뱃머리에 서서 망망한 바다를 바라보며 그날 "햇살도 비껴가는 어둠뿐인 이곳에/ 핏빛 노을만 저 하늘을 할퀴고 있구나/ 손 흔들어 줄 사람도 없이" 죽어간 남편을 애타게 불러 봐도 죽은 자는 말이 없다. 삼엄한 세월 동안 못 다한 진실을 누군가는 올바로 기록해야 한다. 그 사명을 부여받은 사람이 시인들이다. 과거를 뒤돌아보며 잘못된 역사를 바로잡자는 데 있다.

보리쌀 두 말, 고무신과 비료도 준다며
너도나도 서명하라는 이장의 말에
괜찮을 거라고 별일 있겠냐고
마을 청년들과 농민들이 불려 나와
보도연맹에 가입하라고 부추기더니
좌익이 뭔지, 사상이 뭔지도 모르는
무고한 사람들이 빨갱이가 되어
마구잡이로 잡혀가는구나

아득히 멀고도 먼 고향을 앞에 두고
푸른 물결들도 발버둥을 치며 막아서는데
총소리 빗발치는 소치도 앞바다
거대한 무덤 속으로 떨어지는
맨발의 꽃잎들

눈을 감으면 다시 만날 수 있을까
삶이 죽음만도 못하다던 절규들이
푸른 칼날이 되어 용오름을 만들고
엄마섬 애기섬이 껴안고 울던 날
저 바람은 기억하리
반공 간첩이 새겨진 홍안호 뱃길 뒤로
하늘 높이 펄럭거리는 무표정한 태극기를
저 바람은 기억하리

- 〈저 바람은 기억하리〉 전문

〈저 바람은 기억하리〉라는 시는 보도연맹[4] 사건으로 여수 지역에서 자행된 만행을 환기하고 있다. 아무렇지 않다고 그저 도장 한 번만 찍으면 되는 거라고 "보리쌀 두 말, 고무신과 비료도 준다며/ 너도나도 서명하라는 이장의 말에/ 괜찮을 거라고 별일 있겠냐고/ 마을 청년들과 농민들이 불려 나와/ 보도연맹에 가입하라고 부추기더니/ 좌익이 뭔지, 사상이 뭔지도 모르는/ 무고한 사람들이 빨갱이가 되어/ 마구잡이로 잡혀가는구나"라며 사악하다 못해 통탄을 금치 못할 억울한 우리의 이웃과 아버지와 아들이 어머니가 당한 역사를 말하고 있다. 70여 년 전에 이승만 자유당 정부가 계획적으로 주도하고 자행한 만행을 쉬쉬하며 지금에 이른 것이다. 아무리 감춰도 묻힐 수 없는 억울함은 유가족들의 진실을 향한 외침과 기억을 지울 수 없다. 아직도 그날의 일들이 어제처럼 선명해 잊을 수 없는 '소치도(애기섬)' 학살을 세상에 알리려 한다. 여수 관내에서 소집한 10여 명의 보도연맹원들을 소치도로 끌어다 집단 수장을 한 학살을 시적으로 발화한 것이다. "반공 방첩이 새겨진 홍안호 뱃길 뒤로/ 하늘 높이 펄럭거리는 무표정한 태극기를/ 저 바람은 기억하리"라며 국가를 상징한 태극기와 국민을 지키라는 군인들에 의해 죄 없는 사람들을 죽음으로 내몰기 위해 끌고 가는 저 상황은 무엇인가를 생각하게 된다. 결국 국가와 국민의 의무와 권리를 되묻고 있다. 강경아 시인의 시편에 흐르고 있는 암울했던 과거 역사 전반을 들여다보며 깨어 있어야만 하는 민중 의식과 시대 인식을

---

4) 보도연맹 사건 : 좌익인사 교화 및 전향을 목적으로 1949년 조직된 단체로 무고한 사람들을 전향시킨다는 목적 하에 가입을 시켰다. 사상적 낙인이 찍힌 사람들을 대상으로 하였고, 거의 강제적이었으며, 지역별 할당제가 있어 사상범이 아닌 경우에도 등록되는 경우가 많았다. 추후 이들은 사상에 대한 무차별 검속檢束과 즉결처분을 단행했고 집단학살도 서슴지 않았다.

보여준다. 시인이 생각하는 인식의 세계는 지엽적인 것이 아니라 역사를 아우르는 과거까지를 포함한다. 우리가 살아가는 시대에서 주체적 삶 속에서 일어나는 제반 사건들에 대한 옳고 그름의 시비를 생각하고 그에 대한 인간적인 고뇌를 반성하게 한다.

　　어머니, 가마니에 돌돌 말아 지게에 지고 가는 저것은 뭐예요
　　저건 네발 달린 검은 머리 짐승이란다 나서지 마라고 그렇게 일렀는데 쯧쯧쯧 그런데 어머니, 걸을 때마다 터덜터덜 흔들리며 움직이는 것이 꼭 사람 발가락 같아 보여요 자세히 보렴 그건 뿔 달린 짐승의 아홉 개의 꼬리가 바람에 흔들리는 거란다 또 어디선가 애끓는 울음소리도 들려요 무서워요 어머니, 애야 무슨 소리니 넌 아직 울음소리와 웃음소리를 구별하지 못하는구나 사악한 소굴의 무리들을 쫓아내는 영웅들의 유쾌한 웃음소리잖니 참혹해진 무질서를 바로 잡기 위해선 죽여도 괜찮은 '벌거벗은 생명' 들이라고 늘 아버지께서 강조하셨지 곧 우리는 자유해방의 깃발을 올려 축배의 노래를 부를 거란다 그러니 사유는 금물이다 다시 벽을 바라보겠니 동굴 밖은 너무 위험해

　　어머니, 저 작은 문구멍으로 뚫어지게 보고야 말았어요 무엇을 보았다는 말이니 순간 눈이 너무 부셔 눈앞이 캄캄했지만 저는 분명 봤어요 수많은 사람들이 굴비처럼 묶여 끌려가 총살당하고 그 위로 채 덮지 못한 흙 사이로 핏물이 흘러내렸어요 죽음의 공포는 어떠한 숨소리도 저항을 필요치 않았어요 강철 같은 무표정들이 데굴데굴 그건 또 무슨 소리니 네가 본 건 실체가 없는 허상이란다 일종의 인두겁을 쓴 짐승들의 생존게임 같은 거지 조용히 입을 다물고 있으면 좋겠구나 현상을 의심하고 너의 무의식을 조종하는 그 배후를 어서 말해 주겠니 어머니, 저는 이젠 믿지 않아요 '동족상잔 반대 미군철수, 자주민족통일' 민중의 피로 쓴 글귀가 빨갱이의 그림자란 말인가요 별 이상한 소리를 다 하는구나 이젠 그만, 약 먹을 시간이란다 어서 꿀꺽하고 삼키겠니 한숨 자고 나면 다 잊혀질 거야

둥. 둥. 둥
어머니, 어디선가 심장을 내리치는 북소리가 들려와요 어머니는 들리지 않나요
- 강경아, 〈동굴 우화〉 전문(《제1회 여순 10·19 문학상 수상 작품집》에서)

   강경아 시인은 〈동굴 우화〉를 통해 우리의 지난 역사(여순 항쟁)가 얼마나 혹독하게 진실을 은폐하여 왔고 국민을 우매하게 다뤘는가를 플라톤의 '동굴 우화'를 빌어 묻고 있다. 플라톤의 대화편에 나온 소크라테스의 문답처럼 '여순 사건'이라는 시대 인식을 반박하면서 결국은 아포리아적 모순을 깨닫게 하는 우화를 현재화한다. 이 시를 이해하기 위해 우선 플라톤이 말한 '동굴 우화'를 간략하게 알아볼 필요가 있다. 플라톤이 말한 '동굴' 입구에는 횃불이 있어 동굴 안을 환하게 비추고 있다. 그 '동굴' 안에 갇힌 죄수들은 밧줄로 묶여 있어 절대 뒤를 돌아볼 수 없기에 등 뒤에서 활활 타오르는 횃불의 존재를 알 수 없다. 그들은 오로지 동굴 벽만 응시하며 평생을 살게 된다. 그들과 횃불 사이에 있는 경계(담벼락) 바깥에는 많은 사람들이 왕래하며 세상 돌아가는 이야기로 종일 북적대지만, 죄수들은 그것에 대한 진실을 알지 못한다. 어느 날 죄수가 동굴 속을 탈출해 바깥 실상을 보고 말았다. 불행히도 다시 잡혀 끌려오게 되고 동굴 속 죄수들에게 바깥 진실을 말해주지만, 아무도 믿지 않는다. 강경아 시인은 플라톤이 말하고 있는 '동굴 우화'를 인용해 여순 항쟁 때 벌어진 집단적 광기를 시로써 환기하고 있다. 동굴에서 탈출한 죄수 중 하나가 바로 이 시 속의 화자인 것이다. 그 죄수는 동굴 안에 갇혀 있으면서 동굴 바깥에 대한 진실을 알기 위해 끊임없이 자기 갱신을 시도한다. 그런 현실에 대한 질문이 "어머니, 가마니에 돌돌 말아 지게에 지고 가는 저것은 뭐예요"라며 질문

하며 바깥 세상에 대한 호기심을 드러낸다. 화자가 던진 질문에 집요하게 진실을 숨기면서 화자를 다독이지만, 진실에 대한 열망은 쉽게 가라앉지 않는다. 그럴 때마다 어머니(이승만을 비롯한 미군정 관계자)는 "저건 네발 달린 검은 머리 짐승"으로 또는 "뿔 달린 짐승의 아홉 개의 꼬리가 바람에 흔들리는" 것으로 사람이 아니란 것을 강조하고 있다. 거기에서 더 나가 절망 속 비통한 울음소리를 "사악한 소굴의 무리들을 쫓아내는 영웅들의 유쾌한 웃음소리잖니 참혹해진 무질서를 바로잡기 위해선 죽여도 괜찮은 '벌거벗은 생명'들이라고" 매도하기를 서슴지 않는다. 결국 '벌거벗은 생명'은 어머니(이승만을 비롯한 미군정 관계자)로부터 버림받은 '민중(양민)'은 권력에 맞설 수 없는 약자일 수밖에 없다. 그들은 버림받은 자로 전락하고 더 처절한 처지에 내몰리고 만다는 호모사케르적인 삶의 최후는 죽음이다. 화자는 "그러니 사유는 금물이다 다시 벽을 바라보겠니 동굴 밖은 너무 위험해"라며 회유하는 어머니의 말을 거부한다.

"어머니, 저 작은 문구멍으로 뚫어지게 보고야 말았어요"라며 "순간 눈이 너무 부셔 눈앞이 캄캄했지만 저는 분명 봤어요 수많은 사람들이 굴비처럼 묶여 끌려가 총살당하고 그 위로 채 덮지 못한 흙 사이로 핏물이 흘러내렸어요 죽음의 공포는 어떠한 숨소리도 저항을 필요치 않았어요 강철 같은 무표정들이 데굴데굴" 말을 이어가려 하지만, 당황한 어머니는 "그건 또 무슨 소리니 네가 본 건 실체가 없는 허상이란다 일종의 인두겁을 쓴 짐승들의 생존게임 같은 거지 조용히 입을 다물고 있으면 좋겠구나 현상을 의심하고 너의 무의식을 조종하는 그 배후를 어서 말해 주겠니"라며 '여순'에 대한 진실을 입막음하려 했다. 진실은 시간문제이지 드러나고 만다는 화자의 전언은 우리가 가져야 할 시대 의식이다. 동굴 안에 갇힌 죄수의 시선이 아닌 동굴 바깥으로 탈출한 죄수의 깨어 있는 각성이 우리가 가져야 할 의무란 것을 말한다. 강경아 시인은 잘못된 권력의 감시는 우리가 추구하는 자유민주주의 근간을 지키는 절대 인식이란 것을 주문한다.

어머니의 무명 치맛자락이 펄럭여요
펼쳐지는 치맛자락을 끌어당기며
한 겹 두 겹 포개고 또 포개지는 꽃잎들
질시할 것 같은 어둠을 꽁꽁 묶어 두고
좁다란 씨방 속 문고리를 걸어 잠가요

―이리 오너라 아가야

어린 막내딸이 울며 달려들어 오고
놀란 두 아들도 뒤따라 와락 안기고
젖을 물려 갓난아이의 울음을 막고
더 깊은 치마폭 속으로 꼭꼭 숨어요

탕탕탕 타다당 탕탕탕!

흰 무명 치맛자락이 붉게 물이 들면
봉분처럼 봉긋해지는 다래열매가 맺혀요
솜 다래처럼 송이송이 뭉쳐지는 눈망울
애끓는 곡소리로 눈물마저 메말라 버리면
숫눈처럼 창백해진 당신의 얼굴이 떠올라요
딱딱하게 말라버린 꼬투리 뚫고

> 터져 나오는 비명처럼
> 열두 발 단단한 탄피를 장착한
> 슬픈 주검의 꽃
> ─강경아, 〈무명꽃〉 전문(《제1회 여순 10·19 문학상 수상작품집》에서)

우리가 그동안 알지 못했던 1948년 '여순 10·19 사건'의 학살 장면을 시적으로 형상화한 당시 상황을 유추해 보자. '무명꽃'은 목화에서 솜을 얻기 위해 핀 다래꽃을 가리킨다. 다래꽃인 '무명꽃'이 피고 열매가 맺혀 익게 되면 열매 속이 벌어지면서 그 안에서 솜이 하얗게 부풀어 오른다. '무명꽃'으로 대변되는 "어머니의 무명 치맛자락이 펄럭여요"라는 이미지는 하얗다는 의미이면서 순백이 지향하는 무 오염된 상태를 나타낸다. 결국 '무명꽃'으로 대상화된 사람들은 사상적으로 좌익이나 빨갱이라고 단정하여 죽음으로 내몰렸지만, 그와는 무관한 양민이란 것을 말해 준다. 그런 사람을 몰아다 학살하는 장면을 연상하게 하는 "펼쳐지는 치맛자락을 끌어당기며/ 한 겹 두 겹 포개고 또 포개지는 꽃잎들/ 질식할 것 같은 어둠을 꽁꽁 묶어 두고/ 좁다란 씨방 속 문고리를 걸어 잠가요"라며 참혹한 당시의 상황을 시적으로 보여주고 있다.

그런 상황을 목격한 딸아이와 어린 아들이 달라붙어 어머니의 치맛자락 속으로 파고드는데 그에 아랑곳하지 않고 기어이 가슴에 총탄이 꽂히고 만다. 어머니의 죽음을 목격한 아이의 눈빛으로 기억되는 그날을 타자의 눈빛으로 생생하게 재현하고 있다. 그 모습은 단순한 죽음이 아니라 집단학살이란 점이다. 그런 학살이 이뤄지는 과정에서 노약자나 어린아이를 가리지 않고 집행되었다는 데 있다. 그런 상황에서 인권 운운한다는 그 자체가 무의미한 것이다. 몸에서 뿜어져 나온 핏발로 "흰 무명 치맛자락이 붉게 물이 들면/ 봉분처럼 봉긋해지는 다래 열매가 맺혀요"라며 하얀 무명천을 적시며 죽어가는 사람들! 그 사람들은 살아서는 꽃이 될 수 없다. 죽어서야 "딱딱하게 말라 버린 꼬투리 뚫고/ 터져 나오는 비명처럼/ 열두 발 단단한 탄피를 장착한/ 슬픈 주검의 꽃"이 될 수 있었다. 그들이 묻힌 곳을 자신의 손으로 만드는 죽음 놀이란 것이 있다. 스스로 죽어 묻힐 구덩이를 파는 비참한 지경에 놓인 사람들을 상상해 보시라. 인간이 그리도 잔인할 수 있는가를 묻고 있다.

> 흙의 살점을 도려내는 삽자루 소리
> 커다란 구덩이를 파고 또 파고
> 차곡차곡 쌓이고 또 쌓이고
> 당신이 묻힐 무덤인 줄도 모르고
> 옮기고 또 옮기다 줄줄이
> 또 쓰러지고, 쓰러지고, 던져지고
> 점점 더 커지는 구덩이
> 캄캄한 입속으로
> 비명 하나 뒤엉키지 않는,
> 여기는 죽음의 플랫폼
>
> - 손이 곱고 배운 놈들은 좌익이다
> - 젊은 놈들은 씨를 말려라
> 기름때 묻은 손, 짧은 머리, 군용팬티
> - 모두 14연대 반란자, 빨갱이들이다

             - 부역자를 색출하라
               - 강경아, 〈구릉 놀이터〉 부분(《제1회 여순 10·19 문학상 수상작품집》에서)

 아무것도 모르고 흉내를 내며 놀던 아이 때처럼 구덩이를 파고 그 안에 떨어져 죽는 시늉까지 진짜처럼 놀이하며 놀았던 추억이 소싯적 한두 번은 있을 것이다. 강경아 시인은 그 추억을 더듬는 것이 아니라 '여순 10·19 사건' 시에 자행된 학살 장면을 환기하고 있다. 학살 현장에서 "흙의 살점을 도려내는 삽자루 소리/ 커다란 구덩이를 파고 또 파고/ 차곡차곡 쌓이고 또 쌓이고/ 당신이 묻힐 무덤인 줄도 모르고/ 옮기고 또 옮기다 줄줄이/ 또 쓰러지고, 쓰러지고, 던져지고/ 점점 더 커지는 구덩이"를 다시 파고 그 구덩이에 구덩이를 판자가 다시 묻히는 모습을 재현하고 있다. 산자를 죽여 그렇게 매장하는 일을 그 당시 토벌군이 자행했던 것이 사실이다. 그곳에서 학살당한 사람들의 죄란 것도 허황하기 그지없는 것으로 그야말로 간단명료하여 외관상 몇 가지 조건만 맞아떨어지면 여차 없이 붙들어다 족치면 그만인 무법천지의 세상이었다. 그들이 맘대로 판단할 수 있는 조건이란 것을 살펴보면 "—손이 곱고 배운 놈들은 좌익이다/ —젊은 놈들은 씨를 말려라/ 기름때 묻은 손, 짧은 머리, 군용팬티/ —모두 14연대 반란자, 빨갱이들이다/ —부역자를 색출하라"는 데 혈안이 된 진압군들은 무차별적으로 양민들에 대한 검속을 실시한다. 자신들이 어떤 이유로 죽어야 하는지 영문도 모른 채 잡혀갔고 몇 마디의 질문에 섣불리 대답이 잘못되면 순간에 사지로 내몰려 죽어간 것이다.

       그넘들은 다 디져부러야제 암만, 생사람을 잡아서 다 죽여불었응께 열아홉밖에 안 묵었는디 대가 끊길까봐 사정한께 오빠 대신 누이동상을 끄시고 가 총살시키분거 아니것소잉 눈이 핵 도라가불제 살아남은 오빠는 그 억겁의 죄책감을 어찌 감당하것소잉 제 정신에 살 수가 없제 낮에는 태극기를 챙기고 밤에는 인공기를 챙기갖고 총부리를 겨누면 어느 편에 서야허는지 잘 내밀어야제 안그믄 그냥 쏴 죽이고 불을 질러분게 환장할 노릇이제 다 타 불어서 누가 누군지 어찌 알것소잉 다 엉겨붙어갖고 시상에 울도 못했어라 손가락질할까봐잉 빨갱이가 아니라고허믄 때려서 죽여불고 시인을 해도 총살해부니께 그냥 다 죽는 거제 그란디 울엄니는 시커먼 송장 속에서 구리 가락지가 번뜩이갖고 찾고 울아부지는 어째 발목이 덜 타갖고 그걸 보고 찾았응게 을메나 다행인가잉 말도 마시오잉 그리 원통의 세월을 살았어라

조사받으러만 가는 줄만 알았제 그 길이 황천길인지 어찌 알았것소잉 내가 못 죽어서 살았제 서럽고 분한 맴을 누구한티 말도 못허고, 그리 모질고 질긴 시상을 살았어라 그란디 내 가족은 그리 보고 자븐디 꿈에도 안 나타나 그리 안 나타나 맴이 맴이 아니제 열두 살 시상 천지에 고아가 돼부렀어 그리 가지고 작은 집에 얹혀서 사는디 그나마 멕이고 재워주니께 다행이제 핵교는 무신, 손발이 트도록 나락이나 훑고 품앗이로 맨날 일이나 하러 다녀야제 어디 말이나 붙일 동무 하나 있을까잉 배는 고파 죽것는디 뱃가죽은 달라붙어갖고 밥은커녕 무밥에 무만 훑어 주고 주걱에 밥풀때기만 간신히 띠서 눈칫밥 먹으며 살았제 그 설은 시상을 살았어라

- 강경아, 〈동백의 증언〉 부분(《제1회 여순 10·19 문학상 수상작품집》에서)

〈동백의 증언〉은 1연과 2연으로 시의 형식을 빌려 한 맺힌 지난 세월을 한풀이하듯 쏟아내는 절규를 녹취한 증언록을 인용한 것이다. 화자가 살았던 환경은 구례 산동으로 산세가 깊은 곳이다. 강경아 시인은 실재한 사건에 대한 전말을 전언으로 시적 발화를 시작한다. 먼저 1연에서는 억울하게 당한 사람의 가슴에 맺힌 한을 문장으로 끄집어

내는 데 집중한다. "열아홉밖에 안 묵었는디 대가 끊길까봐 사정한께 오빠 대신 누이동상을 끄시고 가 총살 시키분거 아니것소잉 눈이 핵 도라가불제 살아남은 오빠는 그 억겁의 죄책감을 어찌 감당하것소잉 제 정신에 살 수가 없제"라며 강경한 어투로 그동안 억눌려온 속내를 화자를 통해 발설토록 한다. 그 이유는 너무도 분명한 것으로 화자의 기억 속에 선명하게 각인된 당시의 참상이 허구가 아니란 것으로 진실을 담보하려는 것이다. 위 내용 속 전언은 실재한 실화로 구례 산동에서 발생한 '산동애가' 속 백부전(본명 백순례)의 삶이기 때문이다. 그 사실은 백순례의 조카 백정규의 또 다른 구술이 있었는데 거기에도 같은 내용 일부가 있어 인용한다. "백부님(백부전의 오빠)이 끌려가서 죽게 되었는데, 고모님(백순례)이 말하기를, 그래도 집안을 이을 아들 하나는 있어야 할 거 아니냐. 나까지는 죽어도 좋으니까 막내오빠만은 살려 달라 애원을 해가지고, 사실은 우리가(백정규 등) 여기 있습니다." 라는 증언 속 사연과 일치한다. 아무런 저항도 할 수 없는 상황에 놓인 사람들의 하루하루가 그야말로 죽음을 이고 사는 것과 마찬가지였다. 어느 장단에 춤을 춰야 할지 여차하면 빨갱이라고 몰아 죽이고 아니라고 해도 죽이고 마는 일을 당한 것이다.

  2연은 또 다른 당시 실재한 사건을 시적으로 환기시킨다. '여순 10·19 사건' 이후 일부 여수 14연대에서 봉기한 군 병력 일부가 산으로 숨어들게 된다. 그들을 가리켜 진압군은 빨치산이니 빨갱이로 그도 아니면 반란군으로 명명해 불렀다. 그들이 산을 근거지 삼아 빨치산 활동을 했기 때문이다. 그로 인해 으슥한 밤이 되면 그들은 민가로 내려와 식량과 생필품을 강탈해 갔다. 이승만 정권은 그들을 토벌하려고 군인과 경찰관을 대거 투입한다. 낮에는 토벌군(군과 경찰관)이 들이닥쳐 마을 주민들에 대한 수색과 검속을 병행했고, 밤이면 그들(산으로 숨어든 봉기군, 빨치산)이 산에서 내려와 주민들을 위협했다는 것을 알 수 있다. "낮에는 태극기를 챙기고 밤에는 인공기를 챙기갖고 총부리를 겨누면 어느 편에 서야허는지 잘 내밀어야제 안그믄 그냥 쏴 죽이고 불을 질러분게 환장할 노릇이제 다 타 불어서 누가 누군지 어찌 알 것소잉 다 엉겨붙어갖고 시상에 울도 못했어라 손가락질할까봐잉 빨갱이가 아니라고허믄 때려서 죽여불고 시인을 해도 총살해부니께 그냥 다 죽는 거제 그란디 울엄니는 시커먼 송장 속에서 구리 가락지가 번뜩이갖고 찾고 울아부지는 어째 발목이 덜 타갖고 그걸 보고 찾았응게 을메나 다행인가잉 말도 마시오잉 그리 원통의 세월을 살았어라"라며 수십 년이 지난 그 당시의 상황을 상세히 발언하고 있다. 어차피 시적 발화는 부분적인 사실을 형상화해 공감적인 효과를 극대화하는 데 있다. 이 사건은 순천의 '신전마을' 집단학살 사건으로 그 마을에 부상당한 14세 빨치산 소년이 들어오면서 시작된다. 마을 사람들이 낯선 소년을 치료해 주면서 발단이 되어 마을 사람들 22명이 한날한시에 떼죽음을 당하게 된다. 진압군에 의해 시신마저 불태워져 대부분 시신 확인이 어려운 상황이 되어 버렸다. 다행히 '구리 가락지'와 불에 타다 남은 시신 일부로 신원을 특정하는 정도에 그치고 만다. 강경아 시인은 시를 통해 신원 회복이 되지 못한 희생자들에 대한 안타까움을 전하고 있다. 조금이나마 진실에 다가갈 수 있길 바라는 마음을 소망한다.

여순 10·19의 시적 재현
- 이인호 《손가락총》에서

　사실 너무나 참혹한 상처로 남은 여수와 순천 지역의 문제를 문학적으로 상징화를 얼마나 잘하였는가를 심사한다는 것은 적절치 않다고 본다. 오히려 문학의 작품성보다 그동안 '여순 10·19'의 심각하게 억압된 본질을 얼마나 진지하게 접근하였는가에 대한 고려가 우선이다. 거기에 일부나마 밝혀진 진실을 많은 사람들에게 얼마큼 효과적으로 공감을 확산하여 전달할 수 있는가에 최선을 두어야 한다고 보는 입장이다. 간혹 너무 문학적으로 치우쳐 본말이 전도되는 사례들을 보며 과연 그런 선정이 꼭 필요했는가를 스스로에게 질문하곤 했다. 그런 것이 결코 바람직하지 않다는 쪽에 가깝다. 그런데 이인호 시인의 '여순' 관련 작품들을 면밀하게 살펴본 바 어느 정도 기대를 충족한 것으로 이해했다. 어차피 그런 행사를 통해 선정된 시지만, 그래도 '여순 10·19'의 진실을 알리는 데 역할을 할 것이라는 기대여서 살펴보기로 하였다.

　　산 속에 햇빛 한 줌
　　그림자가 누운 자리

> 막을 수 없는 일들이 하룻밤 새
> 무심한 버섯처럼 돋아납니다
>
> 무서워지는 습관과 돌이킬 수 없는 본능으로 번지는 포자, 오래전 민둥산이 었을 때 산을 밀어 버린 거미줄의 예비검속과 덫을 놓은 집단학살로 번식을 위해 산 것보단 죽은 것에 기생하는 법에 익숙해졌습니다.
>
> 사라져서 자라지 않는 귀를 막으면 구멍 난 엉치뼈가 차가울 때까지 흘러내린 피가 습기보다 먼저 버섯을 키웠고, 창백하게 돋아나는 줄기에선 건조한 화약 냄새가 납니다
>
> — 〈접힌 산〉 부분 《손가락총》[5]

언어의 상상력을 상징적인 의미로 깊이 이해만 하려 한다면 실재한 '여순 10·19 사건'에 대한 인식 자체가 모호하게 된다. 그저 사실대로 담담하게 번져오는 담론적 시의를 통해 '여순'과 관계된 함의를 연상하며 추론推論해 가는 것이 더 많은 진실에 다가갈 수 있는 것이다. "산 속에 햇빛 한 줌/ 그림자가 누운 자리"란 표현은 해의 위치에 따라 변화되는 현상으로 느낀 감정을 표현한 것으로 딱히 이상하게 생각할 이유는 없다. 하지만, "그림자가 누운 자리"가 의미하는 것의 지점은 확연한 과거의 한 지점을 가리킨다면 언어가 전하고 있는 의미의 무게감은 달라진다. 화자가 시적 저의를 다분히 담고 있다는 것과 의도한 바가 분명하게 있다는 것이다. 풍경 속 농담濃淡으로 드러낸 지형 반사가 질곡에 갇힌 과거적 암울한 죽음과 연관되어 있고 바라보는 비감한 심

---

5) 《여순 10·19 평화인권문학상 수상 작품집》

정의 환기를 유도한다. 어둠의 전조 단계인 '그림자'가 서서히 짙어져 어느 순간엔 온통 어둠뿐인 시점에 도달한다면 '그림자'가 갖는 의미는 무색해지고 만다. 이제 작은 그림자는 어디에도 없고 칠흑 같은 어둠뿐인 것으로 화자도 어둠에 내재되어 있는 기억만을 생각하게 된다. 그 안에서 꿈틀대던 욕망들과 엄습해 오는 적의에 찬 살기가 설운 사람들의 등을 향하고 있다. 아무리 어둠이 깊다 한들 언젠가는 새벽은 오는 법이다. 서서히 드러나는 과거('여순 사건')를 상기하면서 화자는 말을 시작하려 한다. "무서워지는 습관과 돌이킬 수 없는 본능으로 번지는 포자, 오래전 민둥산이었을 때 산을 밀어 버린 거미줄의 예비검속과 덫을 놓은 집단학살로 번식을 위해 산 것보단 죽은 것에 기생하는 법에 익숙해졌습니다." 그것을 목격한 공포의 시간은 서서히 익숙해져 가는 일상처럼 관계없는 사람들의 관심에서도 희미해져 간 것이다. 하지만 피해 당사자일 수밖에 없는 그런 상황을 늦게나마 인식한 화자는 스스로 각성한다. 그 혹독한 자유당 정부의 1948년 제주 4·3과 '여순 10·19'를 뒤돌아볼 때 '공포'라는 포자가 무한 증식으로 번져 나가 광포한 광기를 만들어냈다. 이 세상에 존재조차 하지 않은 '빨갱이'라며 대척점에 '우익'이라는 진영을 세운 것이다. 그렇게 낙인된 삶은 무차별적으로 차단 응징되어야 할 대상자로 내몰렸다. 한번 누군가에 의해 불온한 사람으로 규정되어 버리면 빠져나올 수 없는 죽음의 나락으로 던져져 버린 것이다. 그러기 전 한 사회 공동체에서 잘 관계하던 사람도 한순간에 불순한 사람이 되는 것은 시간문제였다. 운 좋게 살아남았다 해도 접촉해선 안 될 불가촉인으로 전락해 버리고 만다. 생때같은 사람을 쉽사리 죽여도 되는 참혹한 일들이 다반사였던 시절이 실제로 존재했었다. 피해자가 억울함을 호소하면 반공을 내세운 국가 권력은 가차 없이 불이익을 가하던 우리가 알지 못한 실화들을 숨겨왔다. 그것의 아픔은 쉽게 사라질 수 없는 것으로 디아스포라적 항쟁력으로 끈질기게 되살아나 불쑥불쑥 진실을 묻곤 한다. "사라져서 자라지 않는 귀를 막으면 구멍 난 엉치뼈가 차가울 때까지 흘러내린 피가 습기보다 먼저 버섯을 키웠고, 창백하게 돋아나는 줄기에선 건조한 화약 냄새"를 통해 진실을 기억하도록 한다. 죽어 사라지지 않은 표본들의 삶은 그림자처럼 아직도 살아 있어 간혹 접힌 산의 모습으로 나타나기도 한다는 시적 상상력은 현재까지 이어지는 굴곡진 왜곡의 현대사를 상기시키고 있다.

주, 죽음이 자, 잘 이해되, 됩니다
초오, 총을 들면 주, 죽거나 죽이거나
오, 온 세상이 저, 전쟁인데
말처럼 살아야 사아, 살기라도 하지

내 앞에서 사, 살아 있는 건
아, 아이나 어른이나 다
저어, 누, 눈빛으로 총을 들면
저어, 소, 손아귀로 총을 들면

불 꺼진 막사에서 누굴 믿을 수 있지 내가 쏘지 않으면 내가 죽을 텐데 누군가 두고 간 죽음은 목적 없이 켜질 텐데

다아, 다행입니다

내가 살아서
그, 그게 나쁩니까
주, 죽이라고
아, 안그러면 너, 너희도 하, 한패라고
저질러버린 건 느, 늘 숨어 있습니다.
그래서 부, 불을 질렀습니다

시체를, 시체가 살던 집을
저지른 것이 숨어 있어서
다 태웠는데
저지른 나도 탈 줄 알았는데
숨은 게 아니라
말로 가슴에 남은
여전한
저 저 불씨

- 〈숨은 불씨가 남아서_진압군의 말〉 전문

　잘못된 지시를 왜곡하지 못하고 곧이곧대로 수행하면서 자꾸만 커져가는 가책의 불씨를 안고 산다. 잊을 만하면 파동처럼 진정되지 않고 가슴을 뒤흔드는 '진압군의 말'이 이명처럼 울려온다. 자신의 속말조차 온전하게 발성하는 데 어려움이 큰 사람에게 그저 하라는 대로 할 수밖에 없었던 당시 상황을 나름대로 재구성한 행동에 기인한 심리를 엿보게 한다. 들어 보면 아주 단순한 이분법적인 사고를 할 수밖에 없었던 당시는 '죽음'은 그저 나에게도 나 이외의 사람에게도 명료한 것으로 "초오, 총을 들면 주, 죽거나 죽이거나/ 오, 온 세상이 저, 전쟁인데/ 말처럼 살아야 사아, 살기라도 하지"라는 합리적인 항변이다.

결국 총을 쥐어 주면 누군가는 기계적으로 작동하는 죽음 충동기제를 자동 부연하고 있다. 마치 잘 다룰 수 있도록 만들어진 자동화된 기계처럼 말이다. 여기에서 더 소름 돋는 것은 눈으로 판단할 수 없는 살인 충동이란 것도 인간 본성과는 또 다른 상황으로 전개된다는 것을 합당한 이유로 설명하고 있다. "내 앞에서 사, 살아 있는 건/ 아, 아이나 어른이나 다/ 저어, 누, 눈빛으로 총을 들면/ 저어, 소, 손아귀로 총을 들면" 어쩔 수 없이 누군가를 죽여야 살아남을 수 있다는 강박에 사로잡힌다는 심정적 전언을 확인시켜 준다. 여기에서 물러설 수 없는 공포스런 분위기도 무지막지한 행동 실천을 강요하는 수단이 된다는 것을 말해 준다. 죽이지 않으면 그 순간 똑같은 한패거리로 낙인되어 죽음을 맞아야하는 긴박한 상황이었다는 진술과 그들을 죽이고서도 추가된 범행을 도발해야 하는 비이성적 행위를 서슴지 않았던 진압군의 말은 계속 이어진다. 그 집에 방금 전 살아 있던 그 사람의 "시체를, 시체가 살던 집을/ 저지른 것이 숨어 있어서/ 다 태웠는데/ 저지른 나도 탈 줄 알았는데/ 숨은 게 아니라/ 말로 가슴에 남은/ 여전한/ 저 저 불씨"는 불타 없어지지도 않는 진압군의 가슴속 트라우마로 생을 소진할 것이다. 뒤늦게야 자신의 과오와 인간적인 후회 속에서 자신을 되돌아보는 회한의 말들을 쏟아내고 있다. 텅 빈 시간 속에 잦아든 공허감은 슬픔 같은 고독을 곁에 두려한다. 그것의 속내는 너무도 사무친 이승의 한 때 벌어졌던 처절한 광경을 맞대야만 가능한 말들이기 때문이다.

휘청이는 간짓대 들면
먼 데서 다가오던 발소리

풀어 헤친 노을 하나
똑, 부러뜨리면
소쿠리에 가지런히 담던 이녁

무서리 내리는 가을엔
쪽 진 머리가 자꾸 풀려요
쑥부쟁이 노란 미소 지어
대목 장날만 기다렸지요

멧비둘기 가까이 오지 못하고
격자무늬 핏빛에 잠긴 마을

알 수 없이 검게 탄 시신들 사이

황황한 어둠에 간짓대가 꽂힌 듯
마주 본 그건
이녁의 비녀

타다 만 눈이라도 남아
차라리 다행입니다

이녁 주려 몰래 숨긴 홍시는
어쩌겠어요
두고두고 잘 마른 노을이나 되려나

— 〈추석 없는 마을_눈 감지 못한 말〉 전문

이인호 시인의 상상력으로 발화한 시적 정황은 1948년 '여순 10·19

사건'으로 촉발한 민간인 학살 사건을 실화로 하고 있다. 그 시점은 외져 한갓진 산촌 마을이 다들 그렇듯 여느 마을과 다름없는 풍경을 보여준다. 붉게 물들어 오는 저녁 무렵이면 먼 데 나간 지아비가 일을 마치고 들어오는 발소리가 저벅저벅 집으로 걸어오는 소리 들려오던 때쯤이면 설레 반길 마음 바빠져 "풀어 헤친 노을 하나/ 똑, 부러뜨리면/ 소쿠리에 가지런히 담던 이녘"과의 하루를 마무리하는 해후가 가슴 가쁜 사랑으로 이어지고 마음 짠하게 다가오는 '이녘'의 정갈한 머리가 겨울 채비로 고단한 하루를 견디지 못하고 "무서리 내리는 가을엔/ 쪽진 머리가 자꾸 풀려요/ 쑥부쟁이 노란 미소 지어/ 대목 장날만 기다렸지요"라는 지아비의 지극한 사랑의 선물로 건네진 비녀였다. 그런 행복도 오래지 않아 들이닥친 진압군의 무차별적인 폭거로 한 순간에 마을은 불타버렸고 사람들은 죽임을 당하고 만다. 그 시신들을 모아 불태워졌고 타다 남은 시신과 흔적들 중 "황황한 어둠에 간짓대가 꽂힌 듯 마주 본 그건/ 이녘의 비녀"였다는 처절한 산자의 증언이 비극의 실체와 슬픔의 크기를 전언하고 있다.

> 겨울이 오고 있어요 나무는 하얀 속삭임으로 산안개를 흘려보냅니다 오래 머물러 있다 보면 안개도 옷처럼 느껴집니다 두고 온 집의 방향이 떠오를 때 뿌리가 조여 와 무릎은 자라지 않습니다 살고 싶습니다 속삭이면 마른 가지만 자꾸 눈을 찌릅니다
>
> — 〈발, 목, 숨_빨치산의 말〉 부분

빨치산은 우리 역사 속에서 특별한 존재로 실재한 사람들을 칭하는 말로 통용되어 왔다. 그렇게 호칭된 그들도 우리와 다르지 않은 같은

사람임은 분명하다. 지리산으로 숨어든 빨치산의 시작은 '여순 10·19 사건'으로 여수와 순천에서 진압군에 쫓기면서 일부가 산으로 숨어 은신하게 된다. 이후 각각의 이유로 입산을 통해 빨치산 대열에 합류하여 살아남기 위한 보급 투쟁에 나서 민가로 내려와 약탈과 살상을 자행하며 일부 청년들을 끌고 가 빨치산에 합류토록 강요하기도 하였다. 그런 빨치산을 토벌한다는 명분으로 군경 진압군은 공세를 강화했고 어느 순간부터 진압군에 쫓기는 신세가 된다. 그 과정에서 복잡해진 심사는 언제 닥칠지 모를 죽음에 대한 공포감이었을 것이고 그 고뇌는 상당했을 것이다. 마침 헐벗은 그들에게 겨울은 죽음의 시간으로 다가왔다. 나무도 하얗게 훌훌 벗어 버린 산이다. 그 산으로 흘러드는 산안개가 무심하게 속살을 에워싸며 벌거벗은 살갗을 훑고 지나간다. 겨울 추위의 반복에 내몰린 빨치산에게 혹독한 추위도 견딜만해졌다는 것은 온몸이 얼어서 마비된 채 감각마저 느낄 수 없을 정도로 건강이 악화되었다는 역설이다. 의식이 혼미해지면서 "두고 온 집의 방향이 떠오를 때 뿌리가 조여 와 무릎은 자라지 않습니다 살고 싶습니다 속삭이면 마른 가지만 자꾸 눈을 찌릅니다"라며 눈앞에 어른거린 환영이 현실인가 꿈인가 혼란스럽기만 하다. 그래도 목숨은 질긴 것이어서 살아남겠다는 악착이 투지를 불사른다. 최대한 깊숙한 산으로 들어가야 살수 있다는 강박은 "들어가면 초점이 흐려지는 숲의 움막/ 엉성한 뼈대만 얼기설기 엮어/ 숨을 수 있을까/ 묽은 죽 한 사발로/ 차라리 멀리 갔더라면/ 안개는 산을 돌아보지 않았을까"라며 죽음 앞에서도 살겠다는 피난 의식을 강화하며 자아비판적 반성을 토로한다. 더 비참한 것은 본래의 이루고자 한 살기 좋은 사람 사는 세상에 대한 이념은 사라지고 이제 남은 것은 오로지 신체 구조에서 가장 중요한 목'숨'이 그냥 먹어야 산다는 '목'만 최후로 남아 버렸다. 마지막까지 헐떡이며 살아 있는 것의 본질은 먹어야 산다는 것으로 죽음을 초월할 수 있는 최후의 선택이자 목표란 것을 "발도 없이 목으로/ 숨도 없이 목"이란 것을 확인하게 된다.

담장은 낮고
검은 머리들은 그보다 조금 높았습니다
담장 안에선
손 묶인 채 서 있는 남자들의 이마가 보였습니다

조금 높고 조금 안인 곳
논두렁 사이에 숨어 버린 낟알처럼
찾진 못해도 있으만 줘도 좋은 사람들

담장의 그늘은 눈앞에 아른거리고
외로운 섬에서 밀려난 피 묻은 파도로
사내는 밀려나지 않으려 들의 영역을 떠났습니다

가을을 지나 봄으로
봄에서 다시 가을로
오늘 우린 풍경이 아름답다고 했고

다행히 살아남은 사내는 마당에 앉아
쓸모도 없는 낫을 갑니다

담장을 좀 낮춰도 좋겠다는 말에
쓰잘데기 없어야
담보다 많은 풍경은
쓰잘데기 없어야

가슴을 들키지 않으려는 둥글게 만 등
낯을 가는 사내는 웅크리고 있습니다.

사람들 잠든 새벽녘이면
쓰것쓰걱
담보다 높은 풍경 잘라내는 소리 들려옵니다

— 〈쓰잘데기 없어야_살아남은 이의 말〉 전문

  이인호 시인의 시적 발화가 함의한 저의를 탄탄히 받쳐 주는 시 전문이 오래토록 여운으로 남았다. 좀 더 여순 평화 문학상이 갖는 취지에 맞는 서사적 범주를 담고 있어 근접한 시라고 본 까닭이다. 여기에서 주목한 시어는 아무래도 '여순 10·19 사건'이 갖고 있는 참혹한 인권유린에 있어 그 암울한 기억을 과다 노출하지 않으면서 '담장'의 높이를 통해 70여 년이 지난 1948년의 당시의 주체적 삶을 거세당한 사람들의 심리를 잘 묘사하고 있다. 운 좋게 천운으로 살아남은 안도감에서 해방되지 못한 채 평생을 긴장감으로 일관한 노출 기피증세인 폐쇄성을 고스란히 재현하고 있다. 언제든지 끌려갈 수 있다는 피해망상적 공황 증세는 현실에 대한 불안감으로 자위 수단으로 도구화 하면서 언제든지 '여순 10·19 사건' 같은 암울한 역사는 재발할 수 있다는 불안으로 인해 대인 기피로 이어진 것이다. 그때 터득한 유일한 생존 방

범은 '있어도 없는 것'처럼 사는 것이 최선이라는 것을 온몸으로 깨달은 것이다. 그 당시의 심정은 "조금 높고 조금 안인 곳/ 논두렁 사이에 숨어 버린 낟알처럼/ 찾진 못해도 있만 줘도 좋은 사람들"로 존재하는 것이 최선이라고 생각했지만, 그것마저 불안해져 "사내는 밀려나지 않으려 들의 영역을 떠"야만 했다. 생존을 위한 도피는 현실 속 많은 사람들의 이목에서 벗어나는 것뿐임을 깨달은 것이다. 주변의 모든 사람들로부터 도피해 숨어들어 살면서도 항상 조심한 습성은 등마저 굽어 구부정한 자세로 언제나 가슴 깊은 속내를 들키지 않겠다는 비밀스런 삶의 유지가 절묘한 방편이 된 것이다. 이제 사내는 추수가 끝난 가을 바깥 아름다운 풍경이 담장 안을 넘어오는 걸 보면서 "담장을 좀 낮춰도 좋겠다는 말에/ 쓰잘데기 없어야/ 담보다 많은 풍경은/ 쓰잘데기 없어야"라며 바깥 풍경을 향한 가슴 복닥이는 충동에도 "사람들 잠든 새벽녘이면/ 쓰것쓰걱/ 담보다 높은 풍경 잘라" 버리기라도 하려는 듯 낫을 갈고 있다. 모진 세월 강박한 심연 속의 고통은 아직도 세상을 믿지 못하겠다는 시적 진정으로 다가오면서 굴곡진 현대사의 비애를 각인해 준다.

    동생은 오지 않는 저녁을 펴
    동근 벽을 훑었다
    출구가 아니라 벽을 보면
    날카롭게 튀어나온 돌기
    벽에도 상처가 있구나
    떨어져 나온 것들은 전부 어디로 숨었지

아버지는 터널을 닮은 방 하나를 만들기 위해 바위덩이를 내리쳤고
어머니는 조각난 조약돌을 모아 마른 우물을 메웠다

산을 떠난 도시에서도 산을 벗어나지 못해
방에 누우면 산과 한통속일 거라는 이유로
터널을 지나가기만 하고
돌아오지 못한 사람들이 가끔 보여
막아버린 우물이 넘치면 어쩌지

손가락질 하나로 가슴에 구멍이 뚫린 날

남은 손들은 깨진 바위를 모아
부서지는 허공의 무덤을 만들었다고

터널은 지나가지 말자
그 안에 그대로 있는 게 좋아

연탄불 꺼진 새벽
벽을 더듬던 어머니의 손에선
비릿한 돌가루가 흘러내렸고

출구의 빛 따라 생각하지 않기로 했다

- 〈마래터널〉 전문

상처는 시간이 지나서도 온전히 치유되지 않는 특성이 있다. 하물며 역사의 상처는 더더욱 치유되기가 쉽지 않은 구조적인 사회 문제로 남아 고질처럼 고착화되기도 한다. 그 이면에 존재한 정치적인 계산법도

치밀하게 내상되어 있어 쉽게 지난 과오를 청산하거나 치유하는 데 있어 국가적인 회복을 위한 노력은 매우 더디게 이뤄질 수밖에 없다. 이인호 시인이 화자를 통해 전언하는 시의 전문도 마찬가지로 실재한 당시의 비참한 광경에 준거하고 있다. 이 시에서 나름의 시적 변용이 개입되었다 해도 본질적인 당시 충격적인 학살에 대한 후유증으로 70여 년의 시간이 지나서도 작동하고 있는 굴곡진 역사를 담아내고 있다. 마래터널은 일본의 침탈 시기에 건설된 군사용 터널로 현재에 이르고 있다. 해방 이후 마래터널은 운송을 위한 도로로 편입되어 활용되다 여순 10·19 사건 이후 불온한 누명을 씌워 끌려온 사람들을 학살한 장소로 활용된다. 그곳으로 끌려간 사람은 다시는 이 세상으로 귀환하지 못했고 그 저녁의 풍경 속 침묵 같은 시간을 비집고 나온 "동생은 오지 않는 저녁을 펴/ 둥근 벽을 훑었다/ 출구가 아니라 벽을 보면/ 날카롭게 튀어나온 돌기/ 벽에도 상처가 있구나/ 떨어져 나온 것들은 전부 어디로 숨었지"라며 대답 없는 형을 호명하고 있다. 가슴에다 묻은 아들을 위해 아버지와 어머니는 마음속에 무덤을 만들었다. 죽은 자들과는 상관없다는 다르다는 표현은 행동으로 보여줘야 했고 차마 물을 수 없는 마래터널 속을 맘 놓고 찾지 못했다는 한탄마저 자괴스럽다. 속울음 같은 세월을 고통으로 보낸 유가족들이다. 누구에게도 손가락질 받을 일이 없었을 아들이 어느 순간 남이 내민 '손가락총'에 끌려가 주검이 되어 던져진 마래터널 안 허공 같은 무덤에 "남은 손들은 깨진 바위를 모아/ 부서지는 허공의 무덤을 만들었다고// 터널은 지나가지 말자/ 그 안에 그대로 있는 게 좋아// 연탄불 꺼진 새벽/ 벽을 더듬던 어머니의 손에선/ 비릿한 돌가루가 흘러내렸고" 남의 눈을 피해 다녀온 어머니의 비밀을 목도해 버린 동생이다. 더는 말이 없는 침묵은 아직도 마래터널 안을 빠져나오지 못한 채 그 안에 갇혀 있다. 아직도 어머니의 손에 비릿하게 묻어 있을 돌가루는 더 많은 세월이 지난다 해도 우리가 어루만져야 할 무덤 속 혼백을 위한 위로란 것을 잊어서는 안 된다.

　1948년 10월 19일 여수에서 발생한 '여순 사건'의 암울한 역사는 무정하게도 치유되지 않는 상처를 안은 채 참으로 많은 세월을 참혹한 치부를 더께처럼 덮어 버렸다.

제2부

여순의 진실

핏빛 동백이 핀 그날
- 나종영·정성권·김청미·김영아

  그들의 눈으로 보았던 세상은 그저 맑고 아름다운 것들이었다. 모든 것이 단조롭던 시절이라 보이는 것 그대로가 마음이 되던 시절이었다. 그런 아이들을 어른들은 철이 없다거나 어린 마음을 일컬어 동심이라 했다. 눈 뜨고 일어나 보고 듣고 쏘다니는 것이 놀이가 되던 세상이었다. 고사리손이라 해서 다들 예쁘다며 말하던 내 손을 본다. 그 곱던 손가락에 더 예쁘라고 봉숭아 꽃물 들여 주시던 아버지의 눈빛이 어린 손을 바라본다. 그 아름다운 추억을 간직한 손가락이 원망스러울 때가 많다. 잘못 가리킨 손가락에 소중한 사람 목숨이 사라질 줄은 아무도 몰랐다. 손가락질 한 사람도 시킨 대로 안하면 당장 당신 목숨이 위태롭다는 겁박에 놀라 그리 했을 것이다. 좋은 사람 목숨 앗아갈 때 죽기 살기로 손사래 쳐서 가로막지 못했던가 후회해도 속죄할 길이 없어 가슴에 멍만 더 짙다.

여수에 가면
숨결처럼 다가오는 나의 오랜
첫사랑이 있지
그것이 첫사랑인지 외사랑인지

동백숲 날아다니는 동박새는 알까?

여수에 가면 갯내음처럼 밀려오는
나의 오랜 첫사랑
그것이 서툰 사랑이었는지
피다 말고 져 버린
서글픈 동백꽃잎이었는지

동백꽃 지는 여수 밤바다에는
늘 퍼덕이는 핏빛 비늘 냄새가 났어
멀리 해무海霧 속에서 뱃고동 소리가 들려오고

어느 눈 내리는 겨울밤에는
부치지 못한 편지가 시가 되기도 하고
답장 없는 전보가 눈물샘이 되기도 했지

자산공원 차디찬 돌계단에서 내려다보는
오동도 시누대 숲 그늘에는
먼 섬을 돌아 나오는 바람소리가
호곡號哭처럼 들려왔어

종고산 너머 미평 쪽에는 포탄 터지는 소리
만성리 길목 마래터널에는
거적에 덮인 생사람의 신음소리
신월리 해안절벽 철조망에 찢기고
너부러진 아우성 소리

여수에 가면

여수라는 아름다운 이름이
한순간에 혁명처럼 온몸에 퍼지는
나의 첫사랑이 있어

산다화 피는 해안통을 넋 놓고 걷다 보면
다시는 빠져나오기 힘든 병모가지
입구에서 서성이기도 했어

여수에 가면
물색 고운 여수에 가면
아름다움보다 더 슬픈
나의 오랜 첫사랑을 생각하고
꽃비 내리는 밤바다 별빛 야경보다
더 절절한

어시장 앞 목로집 술청에
코를 처박고
나는 밤새워 여수라는
반백년 애인에게 흠뻑 젖어버리곤 했지

날마다 가슴속에 맺혀 피고 지는
붉은 동백꽃
끝나지 않는 오랜 역사, 나의 첫사랑
그립고 그리운 여수

― 나종영, 〈여수〉 전문(《순천작가회의 시낭송집 2023》)

　사람은 때론 멍을 때리며 막연하게 눈길을 보내는 경우가 있다. 그 시선이 닿은 곳은 서글프게 아득해졌다. 그 시선이 포물선을 내려 닿는 곳이 마음 가는 곳이다. 여수 푸른 밤바다라고 노랫가락이 되기도 했던 해안선이 아름다운 여수다. 여수를 상징하는 오동도 동백숲에서 피어나는 붉은 동백꽃을 그냥 허투루 볼 수 없어 착잡해졌다. 누군가를 사랑한다며 깊숙한 속내를 담아 핀 동백꽃이라면, 화자가 그리워하던 '첫사랑'을 떠올리는 것은 당연한 것이다. 그 사랑마저 세월 무색해진 지금, 둘 다 사랑한 것인지 아니면 홀로 사랑한 외사랑인가를 따져보는 것마저 부질없어 그냥 흔한 사랑이었다고 말하고 싶다. 훅 잊을 만하면 떠밀려온 바다 냄새가 짭조름하게 코끝을 스칠 때면 더 아련해지는 바다 냄새가 잊었던 기억을 자극했다. 저 해안을 보듬고 나온 그녀의 핏빛 가슴속 말 못해서 더는 이뤄지지 못한 "나의 오랜 첫사랑/ 그것이 서툰 사랑이었는지/ 피다 말고 져 버린/ 서글픈 동백꽃잎이었는지" 곰곰이 생각나게 하는 '여수'다. 그 '여수'를 끼고도는 바다를 보며 밀려온 파도에 "핏빛 비늘 냄새"를 맡을 때면 부치지 못한 편지를 써 내려갔다는 화자다. 뱃고동 소리에 들려오는 절명 같은 아픔이 된 '사랑'의 주체를 떠올린다. "부치지 못한 시"처럼 "답장 없는 전보"를 기다리는 마음으로 살아온 세월이 한두 해가 아니었다. 간절해져야 들을 수 있는 사랑한다는 말 대신 "오동도 시누대 숲 그늘에는/ 먼 섬을 돌아 나오는 바람소리가/ 호곡號哭처럼 들려왔"다는 가슴에 비극으로 기억되는 "종고산 너머 미평 쪽에는 포탄 터지는 소리/ 만성리 길목 마래터널에는/ 거적에 덮인 생사람의 신음소리/ 신월리 해안절벽 철조망에 찢기고/ 너부러진 아우성 소리"뿐, 아직도 여수 푸른 바다에는 전하지 못한 지독한 세월의 시간이 처절하게 묻혀있다. 그 혹독한 '여순 10·19'를 가슴으로 보듬고 있는 화자다. 이제라도 불러내 못다 이룬 아픈 사랑을 말해 줘야 한다.

구례 산동 마을
한날한시 할아버지 아버지 당숙 고모
온 동네 떼제사 지내는 산수유 마을

봄이 오면 산수유 피고 생강나무도 피어
천지간 노란 빛깔이 뒤덮었지만
만복대 넘어 지리산 들어간 사람들
끝내 오지 않았다
꿈꾸던 그런 세상도 오지 않았다

얼음 계곡 물가에 처박혔던 한 시절
잘 있거라 산동아 너를 두고 나는 간다
열아홉 처녀가 머리채 끌려가며 불렀던
산동애가[1] 아직도 사무치고
산수유 꽃담길 따라 불어오는
대숲 바람소리에 또 한 세월이 그렇게 갔다

해마다 온 산에 산수유 진달래 피어
어둑새벽 지리산 산허리에 등불을 켜고
맨 처음 산으로 가던 사내들이 살던
구례 산동

---

[1] '산동애가'는 1948년 여순 사건 때 입산한 좌익 군인과 군경이 대치하면서 발생된 비극의 실화이다. 극심한 이념 대립 당시 전남 구례군 산동면 상관마을에 살던 19살 나이의 백부전이 집안의 대를 잇기 위해 오빠 대신 끌려가 처형되기 직전 불렀다는 비통한 시 노래다.

> 노랗게 가슴 부푼 이 환장할 봄
>
> — 나종영, 〈산동〉 부분 (《사람의 깊이 18호》)

지리산을 에돌아가는 길목에 '산동'이 있다. 예로부터 길목이란 요지를 뜻한다. 지리산이 그랬고 지리산 자락에 붙어 '산동'이란 이름을 달았던 것도 다 이유가 있을 것이다. 험난한 역사의 소용돌이 속에서 지리산에 붙어 있는 산동이란 곳도 예외는 아니었다. 그렇거나 말거나 내색 않는 봄은 해마다 이유를 묻지 않고 그렇게 길목을 찾아들어 화신을 전한 뒤 스스로 이울어간다. 그래서일까? 그 꽃 같은 열아홉 살 백부전의 안타까운 죽음을 생각하며 더는 걷기가 힘들었는지 한참을 멈춰서 있다. '산동애가' 속 열아홉 살 처녀가 부른 비통한 노래 가락에 가슴을 아파하듯, 지리산 만복대 설산이 다 녹아내릴 때까지 남녘은 숨을 죽인다. 오월이 되어 노랗게 피기 시작한다는 산수유꽃, 그 꽃을 보러 갔지만 마냥 즐거울 수만 없다. 상처투성이인 길목을 들여다보며 곳곳에 핀 구례 산동 산수유꽃이 흐드러진 돌담길을 따라 걷는다. 어느 지점에 이르러 더는 나아갈 수가 없는 그곳, "구례 산동 마을/ 한날한시 할아버지 아버지 당숙 고모/ 온 동네 떼제사 지내는 산수유 마을"을 보게 된다. 노랗게 핀 산수유 꽃마저도 한 맺힌 영령을 조문하듯 조등弔燈이 환하다. 산수유꽃 흐드러져 좋은 봄날에 "만복대 넘어 지리산 들어간 사람/ 끝내 오지 않"아 떼제사를 지낸다는 구례 산동의 '산수유마을'은 아직도 아물지 못한 상처가 깊다. 1948년 여순 사건으로 지리산에 입산한 좌익 쪽에 선 군인에 대한 토벌 과정에서 무참하게 희생된 사람들이 있다. 산으로 들어가 빨치산이 되거나 부역자란 딱지가 붙은 사람들은 한 동네에 살던 친인척이었으니 말이다. 그토록 많은 사람들이 죽어갔지만 "꿈꾸던 세상도 오지 않"았고 오히려 사랑하는 오빠를 대신하여 "열아홉 처녀가 머리채 끌려가"며 불렀다던 "산동애가 아직도 사무치"는 그 노래를 생각하면 산수유 노란 꽃길을 마음 편히 걸을 수 없다. 지금도 봄마다 시인은 산수유꽃 봉오리 앞에서 그 영령들을 생각하며 눈물을 떨굴 것이다. 이제는 사람이 살 만한 세상 정말 이뤘다고 영령께 고하고 싶지만, 그렇지 못한 현실이 못내 죄스럽고 안타까웁다. 그래도 희망을 버릴 수 없다. 매번 찾아오는 봄처럼 화엄 세상은 노고단을 꽃으로 물들이며 산 능선을 오르고 있다.

동백꽃을 아름답다고만 할 수 없는 여수 오동도 시누대 숲 사이를 밀치고 건너오는 그리움을 비통한 아픔이라고 말해야 하는 이유가 있다.

돌로 봉숭아 꽃잎 팍팍 찍어서
손톱에 붙이고 꿈자리에 들었던 다음날
동네 친구들에게 뽐내던
빠알갛게 물든 예쁜 손가락

깨복쟁이 친구들과 공기놀이할 때
땅바닥에 있던 돌멩이 싹 쓰리 하고
으쓱하며 자랑스럽게 내밀던 손가락

가위 바위 보해서 이기면
아카시아 잎사귀
가운데 손가락으로 튕겨

계단 맨 위에 우뚝 서게 했던
호호 깔깔 소리 스며든 손가락

그 손가락이

1948년 10월
아이들의 웃음과 함성이 가득했을
초등학교 운동장에서
목숨줄을 끊는 총이 되다니

며칠을 굶었다고
밥 한 끼 내놓으라는 총부리 앞에서
밥 안 주겠다고 버티는 사람이 사람인가

맨날 형님 동생 하는
동네 이장이 앙 껏도 아닌께
이름 하나 적어주소 흐는 말에
못쓰것소 돌아서는
매정한 사람이 사람인가

억울해서 일어선 제주도 동포를
가서 총으로 쏴 죽여 버리라는데
그렇게 잔인한 짓은 못하겠다고
돌아서는 게 사람이제 사람이여

- 정성권, 〈손가락〉 전문(《순천작가회의 시낭송집 2023》)

아무래도 유년의 추억이 가장 오래가는 법이다. 그 당시 시골 아이들 놀이 문화라는 것이 무료하기 그지없는 것으로 기껏 해 볼 수 있는 거라고는 집 주변에 핀 봉숭아 꽃 따다 손톱에 물들여 달라고 졸라대는 것이 전부였을 하루도 금세 흘러가곤 했다. 예쁜 손 며칠은 조심조심 혹시나 잘못 될까 몸 사리는 그 마음 모를 리 없다. 그토록 순수한 아이들이라 다른 놀이를 찾아 한다는 것이 기껏해야 손등에 공깃돌 몇 개 올리는 재미로 한나절 보내는 것이 전부다. 좀 더 판이 커져 보았자 뭐 할 게 있나요? "가위 바위 보해서 이기면/ 아카시아 잎사귀/ 가운데 손가락으로 튕겨/ 계단 맨 위에 우뚝 서게 했던/ 호호 깔깔 소리 스며든 손가락" 놀이가 거기서 거기였던 시절이었다. 그저 깔깔대고 즐거워 비명 지를 때 과한 기분을 주체할 수 없어 누군가에게 간지럼 정도 장난질하던 손가락이었다. 집에서 학교에서 아버지도 전혀 가르쳐주지 않았지만, 손가락을 총처럼 시늉해 놀 수 있는 것은 신나는 일이었다. 그 '손가락'이 총이 되어 누군가를 죽일 수도 있다는 것을 나중에야 알았다. 그날도 그랬다 그냥 이장 성님이 찾아와 "이름 하나 적어주소 흐는 말에/ 못쓰것소 돌아서는/ 매정한 사람이 사람인가" 싶어 그런 사람 되기 싫어 덜컥 써 준 것이 올가미가 될 줄이야! 사람 짓거리 하려고 써 준 것이 무슨 죄가 될 거라고 상상이나 했겠는가? 되묻는 말에 뭐라 말을 해야 할까요?

    나비야
    여기는 머물 곳이 아니란다
    이곳은 반역의 땅, 꿈을 잃어버린 땅
    혁명을 꿈꾸다 유배를 온 선조들의 피
    그 반역의 피가 면면히 흘러

나도 모르게 복종을 거부하는 땅
누가 옳았고 무엇이 그른지 알지 못해도
동족의 가슴에 총, 칼을 겨눌 수 없어
피가 피를 부르는 악순환에 휘말려 버린 곳

그러나
우리는 그저 보통의 사람이었다
누군가 총, 칼을 들이대면
살기 위해, 살아남기 위해, 살아야 하기에
태극기든 인공기든 양손에 쥐고
번갈아 만세를 부를 수밖에 없는 양민
한 뙈기 밭이라도 땀 흘려 일구어
논에 물꼬 대듯 새끼 입에 밥 한 술 넣는 것이 보람인
보통의 아버지 보통의 어머니
그 아들이고 딸이었다

누군가의 손가락질로 빨갱이가 되어 있고
아픈 사람도 어거지로 데려가 빨갱이를 만들고
이웃에게 건넨 위로 한마디로 빨갱이가 되었다
억울한 사정을 말하면 반역이 되었고
입을 열어 진실을 말해도 반역이 되는
죽어서도 입을 닫을 수밖에 없었던
칠십년 세월

나비야
이곳에선 꽃에도 앉지 말아라
몸을 의지할 어떤 것도 없었던 땅

> 무고한 피로 물든 땅
> 반역의 역사가 조작되는 땅
> 그 땅 어디에 핀 꽃엔들
> 우리 피 흐르지 않겠느냐
> 그 피 되물려 반역의 후손이 되는
> 나비야 이곳은 아직 봄이 아니란다
> — 김청미, 〈나비야〉 전문(《순천작가회의 시낭송집 2023》)

　시 속에서 호명하고 있는 '나비'는 이 땅에 살지 못하고 영혼이 된 사람들을 상징한다. 그 '나비'를 불러 화자는 당신이 하고 싶어 한 속말을 대신 풀어내고 있다. 훨훨 나비처럼 날아 여기저기 기웃거리며 꽃을 찾아 나섰던 나비였다. 나비가 꽃을 찾아다닌 곳곳이 죽음의 길이란 것을 그들은 말해 주었지. '나비'는 아니라고 몸부림쳤지만, 그 길을 찾아 나선 것이 죄가 되는 것이라며 나비의 날개를 무참히 짓밟아 버렸지. 그 땅에 이제 '나비'는 살 수 없다는 곳임을 극도의 상징성으로 환기하고 있는 화자는 1948년 10월 19일 '여순 사건'을 떠올리고 있다. 한 순간에 반역의 땅으로 몰려 죽음의 땅이 되어 버린 여수와 순천을 '나비'를 통해 상기하고 있다. 도무지 뭐가 잘못인가 종잡을 수 없는 험악한 세상 "누군가 총, 칼을 들이대면/ 살기 위해, 살아남기 위해, 살아야 하기에/ 태극기든 인공기든 양손에 쥐고/ 번갈아 만세를 부를 수밖에 없는 양민/ 한 뙈기 밭이라도 땀 흘려 일구어/ 논에 물꼬 대듯 새끼 입에 밥 한 술 넣는 것이 보람인/ 보통의 아버지 보통의 어머니/ 그 아들이고 딸"로 아무것도 아니었다는 그냥 그저 하루 세끼 급급해 꽃을 쫓는 '나비' 같은 사람이었을 뿐이다. 평범함 사람이었을

뿐인 우리를 향한 손가락질로 '빨갱이'가 되어 버렸고, 아픈 이웃에게 손 좀 거들었다고 '빨갱이'가 되어 죽어야 하는 세상이었다. 그래놓고 천금 같은 생목숨 아무렇지 않게 짓밟아 버린 것이다. 그게 억울해 입을 열면 그것도 죄가 된다고, 당한 것을 말하고 다니면, 그것은 더 죽을죄라고 하는 세상을 살아왔다. 70여 년을 말도 못하게 연좌제란 족쇄를 채워 험악한 세상에 팽개쳐 놓은 것이다. 화자는 다시 '나비'를 불러 못 다한 말을 전하려 한다. 다시는 그 땅에 함부로 앉지도 말고 다시 섣불리 찾아오지 마라 아직도 그 땅은 반역의 땅 쉽사리 발붙일 수 없는 "나비야 이곳은 아직 봄이 아니란다"라며 그때나 지금이나 변하지 않는 세상을 에둘러 전하고 있다. 그 마음들이 그랬다. 당시 학교라곤 쉽사리 범접할 수 없는 마음속에 다들 애롭다는 장소였다. 그만큼 학교는 아무나 드나들던 곳이 아니었다.

운동장 넓어 좋다
너르고 환한 운동장이 서슬 푸른
반란자 색출 장소
손가락 가리키는 곳마다
메아리로 울려오는 총소리

신축공사장에서 발견된
암매장 유골들
텅 빈 두 눈 속에
감춰 버렸던 어둠의 세월

무슨 죄인지도 모른 채 층층이 쌓아 묻은 형제묘

가물가물 타는 선향, 막걸리 한 잔 따라 올리는데
잠자리 한 마리 날아와 운동화 끝에
미동도 없이 고개 숙이고 있다

여수가 살아온 역사 알고 나니
바다와 산, 들에 핀 꽃 함부로 꺾을 수 없다
어느 곳에 묻혀 있는지 알 수 없는 영혼
쑥부쟁이 달개비 맹감 마삭줄 진달래…
이름 모를 풀꽃으로도 피어나고 있으려니, 한恨

- 김영아, 〈꽃으로 피는 사연〉 전문《순천작가회의 시낭송집 2023》

   김영아 시인은 '여순 사건' 때 반란군에 협조하거나 그에 동조한 사람들을 색출한다며 학교로 사람들을 모이도록 했던 당시를 시로 재현하고 있다. 여수 종산 초등학교, 여수중학교 운동장에 학교 운동회날도 아닌데 사람들이 모여들고 있다. 웬일인가 싶어 불안한 눈빛으로 서로 눈치를 보면서 두세두세 했을 것이다. 그 당시 학교란 곳은 아무나 드나들 수 있는 곳은 아니다. 그렇다고 학교 운동장에 모여 안부나 묻고 하는 만남의 장소도 아니었다. 그 운동장에 들어선 순간 목숨을 노리는 죽음의 그림자가 곳곳에서 매섭게 노려보고 있었다. "반란자 색출 장소/ 손가락 가리키는 곳마다/ 메아리로 울려오는 총소리"에 사람들이 죽어났다. 난 아니라고 말 한마디 못한 채 끌려가 죽음에 내몰리고 말았다. 그렇게 당했지만, 암매장된 억울한 목숨들을 외면한 채 수십 년이 흘렀다. 죽어서도 말을 하고 싶은 원혼들이어서였을까?
   "신축공사장에서 발견된/ 암매장 유골들/ 텅 빈 두 눈 속에/ 감춰 버렸던 어둠의 세월"이 세상에 드러난 것이다. 그렇게 죽음을 덮어 버리려 했던 참혹한 집단학살 장소가 한두 곳이 아니란 것이다. 마래터널 안 '형제묘'를 비롯해 여수 산자락 음습한 곳 어딘가에 묻혀 있을 원혼들이 봄마다 봄꽃으로 피어나는가 싶어 화자는 마음이 쓰인다. 여수 땅 곳곳이 아픔이어서 그 땅에 피어나거나 자란 풀꽃들 하나하나가 가슴 아프게 눈에 밟힌다. 여수의 슬픈 역사를 알고 나면 더 아련해지는 슬픔이어서 "바다와 산, 들에 핀 꽃 함부로 꺾을 수 없다/ 어느 곳에 묻혀 있는지 알 수 없는 영혼/ 쑥부쟁이 달개비 맹감 마삭줄 진달래…" 이 땅에 피어난 꽃들은 그냥 풀꽃이 아니라는 화자의 마음처럼 우리가 살고 있는 세월의 위중함을 잊지 말아야 한다.

여순 진실의 의미언들
- 김지란·김수열·공현혜·조삼현·이병철

'여순 사건'으로 흔히 알려진 1948년 10월 19일 이후 6여 년 동안 여수와 순천을 인근 고흥, 벌교, 보성, 광양, 구례, 곡성 그리고 험한 산자락과 산을 파고든 작은 마을에 사는 사람들에게서 듣는 이야기는 믿기 힘들 만큼 고통스럽다. 그 사연은 지금껏 수없이 되풀이되어 필설을 다해 전했다. 마지막 숨을 곳은 더는 없어 지리산으로 숨어들었다. 그들이 자발적으로 입산한 빨치산의 시초다. 그 와중에 순천과 여수에서 벌어진 토벌군의 위력은 대단하여 토끼 사냥보다 더 쉬운 방법으로 반란군인에 협조한 좌익계의 사람을 찾는 데 혈안이 되었다. 몇 가지의 특색에 부합되면 어린 아이 덧셈보다 더 쉬운 답안을 줄줄이 풀어냈다. 결과는 양민이고 뭐고 잠깐의 부화뇌동한 사람도 가차 없이 두릅 엮듯 엮어 끌어다 골짜기로 으슥한 바닷가로 간단하게 총을 쏴 죽이거나 죽창으로 쳐 죽이거나 그것은 그때 분위기에 따라 하면 된 것이다. 그렇게 죽은 자는 하소연도 없고 억울하단 말을 할 수 없으니 남은 친척은 그냥 그들이 말한 대로 '빨갱이'가 되거나 '부역자'가 되거나 그게 중요하지 않았다. 그 사람들 잘 되고 못되고 죽거나 말거나 토벌군과는 상관도 없고 그저 많이 잡아 족쳤다는 실적만 올리면 그만이었다. 그렇게 당한 사람이 부지기수, 학살 현장도 부지기수, 하도 충격이 크면 아예 말문을 닫아 버린다. 묘비에 적을 말도 기가 막혀 아예 하얗게 냅다 둬 버렸다.

마래터널 지나 만성리 가는 길
여수의 아픈 역사를 알려주는
해설사의 발걸음을 따라가는데
통곡하듯 쏟아져 내리는 햇빛과
비릿한 바람이 심장을 파고든다

무수히 지나쳤던
바다가 보이는 마래터널 도로변
여순 사건 희생자 위령비가 있다

비석 뒷면에 새겨진
말줄임표 여섯 개의 묶음
여수 종산국민학교[2] 로 다 모이라는
군홧발에 못 이겨 끌려 나왔다가
머리 짧다고 미군 팬티 입었다고 죽이고
하다 안 되니 손가락총으로 찍은 뒤
부역자로 몰린 절망을 굴비처럼 엮어
끌려가 죽어가면서 서로를 위로한 그들
강요당한 침묵과 감춰온 말들을 새긴
아픈 통증의 세월을 말할 수 없다

---

2) 현 여수 중앙초등학교

> 해빙까지의 당도해야 할 긴 시간들
> 세상에 흘러넘치는 말들 속에서
> 이제야 통한 속 진실들을 듣는다
>
> 역사의 질곡을 맴돌던 영혼들이
> 시월 푸른 바다를 품은 여수 동백이
> 유난히 붉어 슬픈 절정이다
>
> — 김지란, 〈백비〉 전문(《해원의 노래》)

 억울하게 죽은 영령들의 한 맺힌 절규가 여수 푸른 바다의 파도가 들이칠 때마다 통곡처럼 들리는 곳이 절경 좋은 마래산 해안가다. 사람들은 해안가와 어우러진 풍경에 들떠 마래터널[3] 안을 구경삼아 지나다닌다. 그렇지만 그곳이 '여순 사건' 당시 많은 사람을 죽음에 이르게 한 학살지란 것을 안다면 숙연해질 것이다. 마래터널의 역사는 일본 강점기에 조성되면서부터다. 군사용으로 굴착한 바위 갱도를 해방 이후 '여순 사건'을 맞으면서 엉뚱하게 사람을 죽이는 학살터로 활용한 것이다. 불행한 세월을 침묵으로 지켜온 마래터널은 몇 년 전까지 도로로 활용되다 제2 마래터널이 개통되면서 관광도로로 사용되고 있다. 마래터널과 멀지 않은 만성리를 찾아와 레일 바이크를 타며 여가를 만끽하면서 사람들은 관광 명소로만 알고 있는 경우가 많다. 입구 안내 표지판에는 여순 희생자들의 묘역과 거기에 묻힌 원혼들의 사연을 기록하고 있다. 관심 있게 보지 않으면 그냥 지나치고 마는 것이어

---

[3] 마래터널 : 여수시 만흥동 마래산 아래 일본에 의해 조선의 노동자의 피와 땀으로 1926년에 뚫은 640m의 터널임. 대동아 전쟁 시 필요한 식량 공출을 위해 조성됨.

서 역사를 아는 만큼 깊이 있게 들여다볼 수 있다. 김지란 시인은 터널 안 '형제묘'에 세워진 '백비'를 통해 '여순' 희생자들의 가슴 아픈 사연과 역사의 오욕이 남긴 묘역을 찾아간 것이다. '형제묘'는 마래터널 안 '용골' 근처로 묘에 묻힌 원혼들은 '여순 사건' 때 "여수 종산국민학교로 다 모이라는/ 군홧발에 못 이겨 끌려 나왔다가/ 머리 짧다고 미군 팬티 입었다고 죽이고/ 하다 안 되니 손가락총으로 찍은 뒤/ 부역자로 몰린 절망을 굴비처럼 엮어/ 끌려가 죽어가면서 서로를 위로한 그들" 저항 한 번 못하고 끌려간 것이 죄라면 죄였다. 그들을 실은 트럭에는 장작더미와 밑불에 부을 기름통까지 실었지만, 영문도 몰랐을 그들이다. 죽창에 찔리고 총에 맞아 죽어가면서 서로를 위로하며 껴안고 죽어간 사람들이다. 원통하게 죽은 영령들을 위로하기 위해 훗날 시신을 수습해 묘역을 만들었다. 불탄 시신을 수습하면서 훼손이 심해 도저히 신원을 특정할 수 없어 한날 같은 시간에 죽은 사람들이라 해서 '형제묘'라 했다. 그 묘역에 세워진 "비석 뒷면에 새겨진/ 말줄임표 여섯 개의 묶음"을 보며 '백비'의 유래가 된다. 하도 원통하고 억울해서 말문이 막힌 심정을 그대로 표현한 것이리라. 시인은 "마래터널 지나 만성리 가는 길/ 여수의 아픈 역사를 알려주는/ 해설사의 발걸음을 따라가는데/ 통곡하듯 쏟아져 내리는 햇빛과/ 비릿한 바람이 심장을 파고든다"는 심정적 고통을 전하고 있다. 또한 집단학살을 통해 묻히면서 신원을 확인할 수 없게 된 경우가 다반사였다. 다행히 시신 중 발굴된 '흰 고무신'을 통해 희생자의 연고 확인이 가능했다니 슬프고 원통한 일이다.

1.
1949년 1월 3일
여수시 종산국민학교에 수용되었던 부역혐의자 125명은
만성리 깊은 계곡으로 끌려갔다. 새벽이었다

5명씩 총살당한 후에 다시 5명씩 장작더미에 눕혀져
5층으로 쌓은 시신 더미가 5개, 125명
층층겹겹 쌓아올린 5층탑 5개에 콜타르 부어 불을 태우고
행여 가족들이 찾을까 돌덩이 굴려 덮었고
살점 타는 냄새가 달포를 넘겼다

남은 유족들, 어찌해볼 도리가 없어
죽어서라도 형제처럼 지내라고 형제묘라 하였다.

2.
1950년 음력 칠월칠석날
모슬포 고구마창고에 임시 수용되었던 예비검속자 132명은
섯알오름 굴형으로 끌려갔다. 새벽이었다

신사동산 지나 죽음을 예감하자 신발 던져 길을 내고
새벽별처럼 와다다와다다 총성이 쏟아져 내리고
허둥지둥 찾아온 유족들에겐 가까이 오면 빨갱이라 윽박지르고
멜젓 썩는 냄새에 눈 돌아간 마을 개가 사람을 물어뜯고
머리통 하나에 남은 뼈 몇 개 대충 맞추어 봉분을 썼다

남은 유족들, 어찌해 볼 도리가 없어
한 조상 모시듯이 지내자고 백조일손이라 하였다
　　　　　　　　　　- 김수열, 〈데칼코마니 Ⅱ〉 전문《해원의 노래2》)

김수열 시인은 예상 밖의 사건에서 집단학살로 이어진 처참한 죽음을 듣게 된다. "1949년 1월 3일/ 여수시 종산국민학교에 수용되었던 부역혐의자 125명은/ 만성리 깊은 계곡으로 끌려갔다. 새벽이었다"와 "1950년 음력 칠월칠석날/ 모슬포 고구마창고에 임시 수용되었던 예비검속자 132명은/ 섯알오름 굴형으로 끌려갔다. 새벽이었다" 묘하게도 '여수 만성리'와 제주 모슬포 근처의 '섯알오름'은 사람들의 눈에 잘 띄지 않는 외진 곳이다. 그처럼 외진 두 곳에다 백여 명이 넘는 사람들을 끌어다 학살한 것이다. 김수열 시인은 섬뜩한 두 장소성이 던지고 있는 비극의 서사가 예사롭지 않았던 것이다.

우리가 살아온 시간은 한번 흘러가면 되돌릴 수 없다. 그러나 사람은 국가의 사주를 받아 광기에 휩싸이면 과거의 직, 간접 경험을 교본 삼아 더 악랄해져 간다. 김수열 시인은 제주도에 살면서 제주 4.3의 치욕과 굴종 같은 아픔을 누구보다 상세하게 알고 있다. 그런 시각에서 '여순 10·19'의 참상을 접하였을 때 그 마음은 더욱 참담한 것이다. '여순 10·19'의 계기가 된 '제주 4·3'으로 격화된 제주의 안정화를 위한 육지 응원부대로 여수 14연대가 지목되면서부터였다. 여수 14연대의 군 일부가 제주 파병으로 확정되면서 '여순 10·19'의 비극이 시작된 것이다.

'여순 10·19'와 '제주 4·3'의 발생 동기와 추후 진행 과정은 약간의 차이가 있다. 하지만, 국내 특정 지역이 소요에 휩쓸리면서 극심한 사회 혼란으로 치안 통제가 불가능했던 것에서 같다. 지역 안정화를 위한 대비책으로 국가 주도로 대대적인 군경을 동원 토벌대를 편성한 것도 닮았다. 여기에서 양 지역 모두 반공이란 프레임을 앞세워 토벌 작전 시에 부당한 인권침해에 대하여 정당성을 부여한다. 대표적인 국가 권력의 남용으로 '반공'을 앞세워 부역자를 색출하는 과정에서 잘못이 있다 해도 면죄부가 되었다. 그런 극심한 혼란을 틈타 무고한 양민들이 죽어 나갔다. 누군가의 보이지 않는 손가락으로 지목당한 순간 적법한 절차 없이 빨갱이가 되었고, 좌익으로 몰려 그 집안은 한순간에 풍비박산이 났다. 나라의 위정자들이 국민 존엄을 경시했을 때 벌어질 수 있는 극악성은 역사 속에 묻힌 비극 같은 참상에서 잘 보여준다. 김수열 시인은 과거의 두 지역에서 발생한 비극적인 사건을 '데칼코마니'를 통해 자유 민주주의의 소중함과 국민의식에 대한 경각심을 당부하고 있다. 역사는 언제든지 반복해서 과거의 사건보다 더 나쁜 방향으로 흘러갈 수 있다는 것까지 예비할 것을 말해 준다.

> 제비꽃이 사라졌다
> 민들레도 녹아 버렸다
> 진달래 잡는 약에 모두 확인 사살되었다
> 까마귀 노는 곳에 백로 가지 말라더니
> 백로 마을에 떼 지어 온 까마귀 쫓아 주지 않고
> 좌우로 막힌 벽에 갇혔다고 붉은 낙인찍혔다
> 그 시간 그곳에 있는 것이 죄가 되어 들꽃처럼 밟혔다
> 매국에서 애국으로 개명하거나
> 앞잡이에서 능력자로 개명한 핏줄 때문에
> 땅을 지킨 혈족이 죽어나간 나라
> 그래도 살아야지
> 가슴에서 가슴으로 대물림하는 것은 멍이 아니다
> 굴비처럼 엮여 떨어져 간 내 살점의 꽃물이다

생각 있는 사람은 무덤에도 향기 품은 꽃이 핀다니
꽃물을 흉터처럼 안고도 살아야지 살아야지,
백 년이 지나고 천년이 지나도록
붉은 물감 지우고 하얗게 돌아올 이름을 기다리며
당당하게 가다듬고 불러올 이름 기다리며 살아야지.
- 공현혜, 〈살아야지_ 10·19 항쟁의 핏줄이여〉 전문《〈91.01.8491, 反〉》

꽃의 식생 변화를 보면 주변 환경의 변화를 알 수 있다. 예전부터 보아 온 야생화들이 어느 순간 사라졌다는 것은 지형적인 토양의 극심한 오염이나 훼손에 의한 것을 알 수 있다. 공현혜 시인은 1948년 10월에 있었던 '여순 사건'으로 인해 흔한 '제비꽃'과 '민들레'가 사라지거나 녹아 없어졌다고 말한다. 그것의 또 다른 말은 제비꽃이나 민들레처럼 평범한 삶을 살아온 우리의 소중한 이웃 사람들이 극심한 고통을 받았음을 우회적으로 말한 것이다. 그저 이웃과 잘 어울리며 잘나지도 못했고 겨우 세끼 연명하며 오순도순 살던 사람들이었다. 그것도 '진달래'를 잡느라 그랬다는 것이다. 진달래는 봄을 맞아 붉어 화사한 꽃으로 생동의 기운이 충만한 토종 야생화다. 그 꽃이 붉어 진달래라면 그와 닮은 생각을 가진 사람도 아름다울 터인데 어느 순간 불길한 기운을 씌워 좌익이니 빨갱이니하며 같은 부류로 낙인되어 버린 것이다. 누군가의 손가락이 그 사람을 가리키면 가차 없이 좌익이 되어야 했다. 그 사람은 절대 아니라고 변명해도 통하지 않았고 결국은 죽음으로 내몰렸다. 그렇게 서로에게 손가락질을 해대며 죽기 살기로 맞서는 형국이 되었고, 힘 있는 쪽이 우세하다는 것은 정해진 법칙으로 그들의 뒷배는 대한민국의 실체인 이승만 정권이었다. 공현혜 시인도 과거의 아픈 진실들을 말하고 싶은 것이다. 아무리 그들을 가슴으로 보듬고 껴안아도 억울하게 당한 원통함과 유가족에게 씌워진 대물림의 족쇄는 쉽게 풀릴 수 없다는 것을 안타까워한다. 그렇기에 내심 그렇게 죽어간 사람들에 대한 진실과 신원 회복이 되어야 하고 그날을 위해 "백 년이 지나고 천년이 지나도록/ 붉은 물감 지우고 하얗게 돌아올 이름을 기다리며/ 당당하게 가다듬고 불러올 이름 기다리며 살아야지."라며 강한 의지를 내보인다.

    낫 놓고 ㄱ자도 모르는 아비는
    첩첩산골 농부였네
    좌익이란 말도 우익이란 말도 모르는
    무지렁이 농투성이였네

    해방 후 제주에서
    순이 삼촌이 죽고
    양민들이 떼로 죽고
    초가삼간 민가가 불타올랐네

    아비는 낫 놓고 기억 자도 모르지만
    순이 삼촌이 죽은 내력과
    저 불꽃 방화범이 누군지
    바람 통신을 듣고 알았네

    "허— 나라가 백성을 살려야지
    왜 죽여"
    이 한 마디 남기고 아비는

> 골짜기로 가셨네
> 그날
> 골짜기로 간 사람들 다 어디로 갔을까
> 하룻밤 사이에 깊은 산
> 골 하나가 산이 되었네
> 우리 아버지 골로 간 것이네
>
> — 조삼현, 〈골짜기로 간 사람들〉 전문《91.01.8491, 反》

'여순 사건' 그 자체가 모호한 언술로 두루뭉술하게 강제 봉합되어 우리들은 '사건'이란 말에 익숙해 있다. 과연 그럴까? 사람을 쉽게 잡아다 족치고 그것도 모자라 생때같은 목숨 눈 하나 깜빡하지 않고 파리 잡듯 때려죽인 일들이 '사건'이란 말로 치부될 수 있는가 생각해 봐야 한다. 어쩌다 한 번 일어난 실수가 아니기 때문이다. 최소한의 인권이나 국민 보호를 위한 군(국방경비대)의 사명을 너무 쉽게 망각한 것이 아닌가? 겨우 소작 붙여 목숨 연명하는 "낫 놓고 ㄱ자도 모르는 아비는/ 첩첩산골 농부였네/ 좌익이란 말도 우익이란 말도 모르는/ 무지렁이 농투성이"여서 고픈 배 허리띠 졸라가며 하루하루 살아가는 것이 급한 그들이다. 토벌군이 그들을 골짜기로 끌어다 빨갱이라며 집단 살상을 한 것이다. 무얼 알아야 좌익도 하고 우익도 하는 것이라고 본다면 도무지 그들은 일자무식으로 낫 놓고 기역자도 모르는 농사꾼이어서 땅 파는 일이 천직이었을 뿐이다. 이제라도 늦지 않은 것이 그동안 은폐된 역사의 진실을 소상히 밝혀 잘잘못을 가려 주는 것으로 국가에서 해 줘야 할 일을 조삼현 시인이 말해 준다.

붉디붉은 실개천 내려가는 아가
살구만 한 무릎으로 엉금엉금 기어가네
목마르면 얼음 젖꼭지 빨아먹고
울음으로 해달별 달래며 내려가네

저 아래 어매 젖 있네
무명저고리 까뒤집고 누워 있는 어매
우리 아가 우리 아가
파도에 밀려온 해초가 나폴거리네

아가는 어매 어매 방긋거리며
오종종한 네 발로 해변에다 별자리 옮겨 찍네
바람벽에 칠하던 그림 장난 옮겨 찍네

어매 젖내 달빛 되어 부풀면
핏물 찰박이는 무릎으로 젖 빨러 가네
어매 젖에 핀 동백꽃 꺾어주러 가네

바윗돌 넘어 가네 시체들 넘어 가네
도둑게들아 새빨간 동백꽃 물어뜯지 마라
파도가 종일 빨아 퉁퉁 불은 어매 젖

다 파헤쳐진 어매 젖
얼음기둥 녹아 눈물 흐르고
벼랑에 벚꽃 흐드러지도록 물고 빠네

아무도 울지 않은 종포

> 남실대는 푸른 머리카락에서
> 어매 어매 울음소리 쏟아지네
> 등대불빛이 바다에 하얀 젖을 물리네
> — 이병철, 〈어매 젖〉 전문(《제1회 여순 10·19 문학상 수상작품집》)

이병철 시인은 시의 하단에 이렇게 부기를 하고 있다. "1948년 10월, 제 2연대는 여수 사람들을 모아 놓고 빨치산 협력자를 색출하는 '손가락총' 심사를 했다. 협력자로 분류된 사람은 즉결 처형되었고, '부역혐의자'로 분류된 사람들도 오동도, 만성리 등으로 끌려가 학살되었다." 사실 이 말은 실제로 있었던 사실이지만, 여수 사람들은 쉬쉬하는 금기어로 가슴에 묻어 둔 채 살아왔다. 아픈 과거의 역사를 시를 통해 언급한 의도는 다른 데 있는 것이 아니다. '여순 10·19'에 대한 사실을 상기하면서 좀 더 그 실체를 알리고 공감하자는 데 있다. 이병철 시인은 '어매 젖'을 통해 '아가'의 비참한 당시 상황을 환기하고 있다. 한순간 어매를 잃어버린 갓난아기의 생존을 위한 몸부림이 얼마나 처절한 것이었는가를 말해 준다. 엄마 곁에서 울고 있는 아이가 다가갈 수 없는 엄마다. "저 아래 어매 젖 있네/ 무명저고리 까뒤집고 누워 있는 어매"는 이 세상에 더는 존재하는 사람이 아니었다. 하지만, 아가의 눈에는 언제든지 젖을 내어 줄 것 같은 어매였다. 갓난아기와 생이별한 어매가 끌려가 죽음을 맞이한 "아무도 울지 않은 종포/ 남실대는 푸른 머리카락에서/ 어매 어매 울음소리 쏟아지네/ 등대불빛이 바다에 하얀 젖을 물리네"라고 말한 시인은 한 많은 당시를 상기시키고 있다. 그 종포 해안가가 지금의 여수 낭만포차로 유명해진 곳이란 것을 아는 사람들은 많지 않다.

숲그늘을 용케 비집고 들어온 햇살에 눈이 쓰리다 졸음이 퀴퀴하게 변져가는 산속, 은어만한 가을빛이 바위틈으로 헤엄쳐 숨는다. 쪽잠을 자는 누이가 자꾸 뒤척이는 것도, 갓난아기 업은 순이 등이 덜덜 떨리는 것도 그림자극처럼 생생하다 무서운 꿈이 저들을 짓누를까 봐 일부러 농을 던진다 속삭이듯 뱉은 농담의 꼬리가 후들거린다

무성한 우듬지 사이로 피아골을 뒤덮은 까마귀 떼가 보인다 시커먼 날개 물결이 얼핏 순자강 같다 봄마다 더덕 캐던 자리에도 낙엽이 떨어지고 있을까 목구멍으로 뜨거운 콧물이 쑥 넘어간다 잠에서 깬 누이가 더께 낀 손으로 주먹밥을 먹는다 꽁꽁 뭉친 것을 삼키다 체할까 봐 등을 문질러 준다 싸목싸목 먹어라 싸목싸목

수통 부딪치는 소리가 맑게 퍼진다 군홧발들이 엎지른 어둠이 숲그늘 속으로 한 방울씩 떨어진다 겁을 집어먹은 누이가 딸꾹질을 한다 싸목싸목 먹으라고 안 했냐, 아기가 새근새근 숨꽃을 피워내고 어둠 속 눈망울들이 송아지마냥 끔벅거린다 마른 입들이 벌어진다 살려만 주씨요 살려만 주씨요

말간 하늘서 우박이 쏟아지는가…
아야 왜 그냐 밥 먹은 것이 체해부렀냐? 허연 눈 까뒤집고 고꾸라진 누이 품에서 피에 젖은 주먹밥이 굴러떨어진다 그걸 먹으려는 듯 입 벌린 채 엎드린 어매 눈에 새까만 구멍이 뚫려 있다 식구들이 앉았던 바윗돌마다 뻘건 내장이 펄떡거린다 뇌수가 흐드러지게 꽃핀 그늘, 탄약 냄새와 피비린내와 아기 울음이 서로를 팽팽히 밀어내는 싸움 중이다

힘겹게 눈꺼풀 들어 올리니 밥 짓는 냄새가 배추흰나비마냥 날아다닌다 누이가 제 동무와 손뼉을 치며 재잘거리고, 어매는 줄로 엮는 장닭을 데리고 장에 나선다 볕이 쨍쨍헌디 다들 좋은 데 가는갑서, 꿈결보다 환한 숲 속, 저기 지리

산 천왕봉에 걸린 감자 한 덩이 벌겋게 익어가고, 얼른 오랑께 손 흔드는 순이 등에서 갓난아기 벙긋거린다

- 이병철, 〈간문천변〉 전문《제1회 여순 10·19 문학상 수상작품집》)

    간문천변에서 벌어진 학살은 김인호 시인에 의해서도 실재한 사실로 다루어졌다. 간문천변은 구례 간전면에 위치한 곳으로 섬진강을 건너면 지리산과 구례 시내로 진입하기에 유리한 접근성을 갖고 있다. 그만큼 '여순 10·19' 이후 지리산 빨치산 토벌 과정에서 많은 사람들이 희생된 곳이다. 이병철 시인도 그런 과거의 아픔을 시적인 발화로 이뤄낸 것으로 추정할 수 있다. 아마 굶주린 빨치산들이 주먹밥으로 끼니를 때운 뒤 쪽잠을 청했을 것이다. 잠을 자면서 서로를 위해 경계를 소홀히 할 수 없다. 마치 겁먹은 눈망울을 가진 노루처럼 예민해진 귀를 모로 세우며 요리조리 희번덕거렸을 것이다. 산속으로 숨어든 은둔지에서도 아기는 태어났다. 간혹 보채는 아이를 가슴으로 품으며 행여 토벌군에 들킬세라 한시도 긴장을 늦출 수 없는 어매다. 아기의 어매이면서 손에 총을 든 채로 뜬눈 새운 밤을 보냈다. 눈을 떴으니 먹어야 하는 한 끼가 또 목구녕을 울컥하게 하는 시간이다. "잠에서 깬 누이가 더께 낀 손으로 주먹밥을 먹는다 꽁꽁 뭉친 것을 삼키다 체할까 봐 등을 문질러 준다 싸목싸목 먹어라 싸목싸목"이라 하는 말투가 서러움을 다독여 같은 식구라는 공동체로 결속하고 있다. 따뜻한 마음 한결같은 것은 산으로 들어온 뒤에도 크게 달라진 것이 없다. 온기 돌던 순간은 길지 않아 이내 죽음이 들이닥치고 만다. 한 끼의 주먹밥이 사자 밥이 되어 버린 "허연 눈 까뒤집고 고꾸라진 누이 품에서 피에 젖

은 주먹밥이 굴러떨어진다 그걸 먹으려는 듯 입 벌린 채 엎드린 어매 눈에 새까만 구멍이 뚫려 있다 식구들이 앉았던 바윗돌마다 뻘건 내장이 펄떡거린다 뇌수가 흐드러지게 꽃핀 그늘, 탄약 냄새와 피비린내와 아기 울음"이 교차하면서 이승의 행복은 그렇게 끝나고 만다. "힘겹게 눈꺼풀 들어 올리니 밥 짓는 냄새가 배추흰나비마냥 날아다닌다 누이가 제 동무와 손뼉을 치며 재잘거리고, 어매는 줄로 엮는 장닭을 데리고 장에 나선다 볕이 쨍쨍헌디 다들 좋은 데 가는갑서, 꿈결보다 환한 숲 속, 저기 지리산 천왕봉에 걸린 감자 한 덩이 벌겋게 익어가고, 얼른 오랑께 손 흔드는 순이 등에서 갓난아기 벙긋거린다" 죽어가면서야 그토록 보고 싶던 예전 살갑기만 한 정경이 눈앞에 어른거린다. 이병철 시인의 감성적인 시적 화제에 대한 접근이 자칫 우려될 수도 있지만, 당시 산속으로 숨어든 사람들의 복잡한 심경을 우회적으로 표현한 것으로 이해하고자 했다.

1948년 10월 19일의 여수여! 순천이여!
- 오하린·정선호·표성배·김미승·김용국

망망한 바다 그 안에 수천 개의 섬이 돛배처럼 흔들리며 가물거리는 곳, 금빙이라도 바다로 뛰어들면 푸른 파도처럼 출렁이는 겨울 끝자락을 물고 저 홀로 붉게 물들어 동백꽃 피는 오동도에 닿을 것 같다. 여수 찾아왔다 동백꽃 구경하러 마음 들떠 바다를 낀 풍광에 반해 해안 절벽 따라 돌다보면 간간이 표지판 알림 글에 '여순 사건'[4] 이란 글이 눈에 들어온다. 그러려니 하고 가다 보면 군데군데 희생자들이 묻히거나 학살당한 곳이라는 섬뜩한 안내 글과 만난다. 1948년 10월 19일에 발발한 '여순 사건'의 역사 속에 묻힌 참담한 진실을 알고 나면 여수가 아름다운 곳만은 아니다. 진실이 조금씩 드러날 때마다 설마설마하였지만, 거짓으로 가려진 채 가뭇없이 세월이 흘러 버렸다. 까닭 없이 죽어간 사람의 사무친 원한은 깊었지만, 정권이 바뀔 때마다 나 몰라라 하는 무정한 70여 년이 그렇게 지나갔다. 1948년 10월 19일에 발발한 '여순 사건'을 되돌아보면 해방을 맞아 미 군정 하에 격심한 사회

---

[4] 여순 사건은 1948년 10월 19일 여수 신월리에 주둔 중인 제 14연대 국방경비대 소속 군인 일부가 제주 토벌군 파병을 반대하며 일으킨 사건임. 이 당시 반란군과 정부군에 의해 무고한 시민들이 죽음을 당함.

혼란이 야기된다. 그런 와중에 좌우 극심한 대립과 갈등이 사회 혼란을 부추기게 된다.

  삼천리금수강산 팔도가 거덜 나기 직전 가뭄과 기근에 배고픈 민중들 우선 먹어야 살지, 거기에 해방되어 일제 강압 통치 끝장냈다고 좋아들 했지만, 나라 두 동강으로 잘려 남과 북이 나뉘고 한쪽은 소련이 한쪽은 미군이 들어와 국제적인 투기판이 되어 버린다. 제주도가 단독 정부 반대를 외치며 좌우 대립이 극심하더니 기어이 1948년 4·3 사건이 발발하고 수세에 몰려 위급해진 제주 경찰, 육지에서 응원 경찰 투입해도 거세진 저항에 견딜 수 없고 악화일로 치달았고 미군정 묵인 하에 국방경비대 병력까지 긴급 투입한다. 제주도민의 저항은 더 거세지고 결국 육지에서 응원군이 들어가야 하는 상황이 발생된다. 그중 선발 예정된 제주 파병 병력이 여수 신월리에 주둔 중인 14연대 소속으로 확정된다. 제주도 파병 파견 반대를 외치던 군내 일부가 반란을 일으켜 순식간에 여수와 순천을 점거해 버린다. 이후 정부군은 토벌 작전을 전개하여 여수와 순천을 탈환한다. 이후 잔류한 반란군과 협조한 부역자를 색출하는 과정에서 선량한 민중들이 좌익으로 몰려 무고하게 죽임을 당한다. 그 희생자가 상당수에 달하고 당시 집계가 정확히 이뤄지지 않았지만, 2,000~5,000 정도로 추정하고 있다. 늦게나마 '여순 사건'의 진실을 밝히려는 노력이 진전되다 2020년에 '여순 사건 특별법'이 국회에서 통과되면서 국민적 관심으로 역사 재인식의 계기를 마련한다. 하지만, 국민적 관심이 전부만은 아니다. 진실로 그들이 원하는 것은 가슴에 맺힌 억울함을 해소하여 잘못된 과거를 반성하고 억울한 사람들에 대한 신원을 회복하는 데 있다. 해마다 붉은 동백은 변함없이 피고 지지만, 통한의 세월은 아무런 말이 없다. 여기에 수록한 시는 실재한 사실을 녹취한 상황을 시적으로 형상화한 것이다.

남편 잃고
아들 잃고
퇴적층처럼 쌓인 한, 가슴에 묻고
추운 겨울밤에도
저고리를 벗은 채 창문을 열어놓고 주무시던 어머니

시시때때로 경찰서에 불려가 생동백나무 몽둥이로 맞고 돌아
온 날이면
밤새 끙끙 앓는 소리가 내 잠을 깨우고
어머니 온몸에서는 붉은 동백이 피었다
꽃이 지면 다시, 또다시 어머니를 불러 동백꽃을 피우던 그 사람들
어머니는 한 많은 동백꽃이었다

동백을 그렇게도 꽃피우던 어머니는
끝내 웃음 한 번 웃어 보지 못하고 쓸쓸하던 눈 감으셨다

내 나이 네 살 때, 아버지가 총살당했다는데
아무리 기억하려 해도 기억할 수 없는데
빨갱이 딸이라고 도장을 찍어
파출소에서는 수시로 불러 감시하고 따라다녔다

나 죽기 전에 억울한 누명이라도 벗겨줄 수 있다면
울 아버지 이름에 찍힌 붉은 도장 깨끗하게 지워 줄 수 있다면
해마다 동백꽃 피는 계절이 와도

나 서럽지 않으리

온몸에 동백꽃만 피우며 살다 간 어머니, 그 동백꽃을 눈물로
바라보지 않으리.
- 오하린, 〈동백꽃 피는 어머니〉 전문《《내일이면 산벚꽃 환해지겠다》》

〈동백꽃 피는 어머니〉는 '여순 10·19'[5] 의 역사적 진실 속에서 잊힌 채 치유되지 못한 아픔을 담고 있다. 참고로 오하린 시인은 '여순 10·19 연구소'에서 당시의 참혹한 국가 폭력의 실상을 알리기 위한 연구 활동에 전념하고 있다. 그 아픔은 많은 사람에게 잊힌 채 국가에 의해 자행된 피해 유가족의 기억에만 머물 것을 강요해 왔다. 이 시는 살아남은 피해자의 육성을 녹취한 자료에 근거한 사실이다. "남편도, 아들도 잃은 어머니"는 그날 이후 잠을 이룰 수 없는 고통에 시달렸다. 이 정도면 사람으로 온전히 살아갈 수 없을 정도의 만신창이로 정신을 차린다 해도 치명적인 트라우마를 앓게 된다. "남편 잃고/ 아들 잃고" 홀로 남겨진 어머니에게 딸린 네 살배기 딸은 이유도 모른 채 손가락질 당하며 험한 세상을 살았다. 반공 이데올로기가 극심한 사회 주류인 체제에서 당시 아버지가 좌익으로 몰려 죽었다면 연좌제에 꼼짝할 수 없이 목숨줄을 옥죄었다. 실제로 아버지가 좌익 활동을 한 것도 아닌데 누명에 의한 것이라면 너무 억울하지 않겠는가? "남편 잃고/ 아들 잃고/ 퇴적층처럼 쌓인 한, 가슴에 묻고/ 추운 겨울밤에도/ 저고리를 벗은 채 창문을 열어놓고 주무시던 어머니"였다. 남편을 사지로 보

---

[5] 1948년 10월 19일 여수 제14연대 군 일부가 제주 파병에 반대하며 봉기한 '여순 사건'을 말함.

낸 뒤 죄책감에 시달렸을 것이고 살아남은 아내는 차마 당신의 몸 따 숩게 하겠다고 옷을 챙겨 입지 못하겠단 마음이었다. 하늘같이 믿고 살아온 남편과 자식을 하루아침에 잃은 것도 원통한데 "시시때때로 경찰서에 불려가 생동백나무 몽둥이로 맞고 돌아/ 온 날이면/ 밤새 끙끙 앓는 소리가 내 잠을 깨우고/ 어머니 온몸에서는 붉은 동백이 피었다"는 한 많은 시절을 증언하고 있다. 거기다 네 살 때 아버지가 총살당했는데 어린아이가 아버지 평소 하시던 일을 어찌 기억하겠는가? 어머니와 마찬가지로 빨갱이 딸이라며 파출소에 수시로 불려가 아는 것을 대라며 윽박 당한 일들을 겪으며 살아온 세월이었다. 그렇게 보낸 세월이 하도 억울한 어머니의 소원은 제발 '내 지아비가, 내 자식 놈이 빨갱이가 아니란 것을' 국가가 나서서 풀어달라는 간절함이 포원이 되었다. 죽은 어머니 대신 딸이 외치는 말도 '우리 아버지와 오빠가 빨갱이가 아니었다는 말' 한마디만 해 달라는 것뿐이다. 하늘 한 번 제대로 쳐다볼 수 없는 세월을 살아야 했던 기구한 운명의 한 많은 "울 아버지 이름에 찍힌 붉은 도장 깨끗하게 지워 줄 수 있다면/ 해마다 동백꽃 피는 계절이 와도/ 나 서럽지 않으리"라며 구구절절 이어진다.

순정한 목숨이 하나, 둘 사라졌다
오늘 자고 나면 아랫녘 친구가 없어지고
또 하루를 자고 나면 웃녘 친구가 없어지고

좀처럼 이해할 수 없는 부재 앞에서
말을 할 수 없었던 사람들은
깊은 밤이면 풍금 소리로 울었다

> 수모와 치욕의 위태로운 삶 속에서
> 숨죽여 불러야 했던 이름들은
> 이듬해 철 따라 들꽃으로 피어났다
>
> 얼레지, 노루귀, 바람꽃, 개망초, 물봉선, 구절초, 쑥부쟁이
> 그 순한 꽃들이 환하게 피어 바람에 흔들렸다
> - 오하린, 〈숨 죽여 부르던 이름들〉 전문(《내일이면 산벚꽃 환해지겠다》)

그렇게 꽃 같은 사람들이 하나둘씩 사라질 때에도 우리는 아픈 그들을 잊고 지냈다. 그럴 때마다 〈숨죽여 부르던 이름들〉에서처럼 아름다운 사람들의 "순정한 목숨이 하나, 둘 사라졌다/ 오늘 자고 나면 아랫녘 친구가 없어지고/ 또 하루를 자고 나면 웃던 친구가 없어"졌다며 가슴 아픈 현실을 전한다. 그들의 삶이 그러했듯 불안에 떠는 마음처럼 모퉁이에 겨우 의지해 간신히 살아남았지만, 사람들 눈에 띄기도 전 "얼레지, 노루귀, 바람꽃, 개망초, 물봉선, 구절초, 쑥부쟁이/ 그 순한 꽃들이 환하게 피어 바람에 흔들렸"는데 이내 사라지고 말았다며 짧게 끝나버린 꽃들의 시간을 안타까워한다. 그렇게 사라져간 '여순 10·19' 피해 원혼들의 한 맺힌 절규를 화자는 속속들이 가슴에 새기고 있다. 고된 세상 잘못 만나 허망하게 스러져간 피해 원혼들이 우리의 곁을 맴돌고 있다. 다시 불러도 돌아올 수 없는 영혼이지만, 꽃처럼 하나씩 소중한 이름으로 그들을 불러 줘야 한다.

> 아버지는 효곡 사람들 틈에 굴비처럼 끌려가셨다지
> 그날은 작은 집에서 불에 타죽은 소고기를 먹고 내려오는 길이었대

경찰들이 몰려와도 죄 없으니 숨을 일도 없어 효곡마을 길을 버젓이 내려오
다 끌려가신 아버지

끝내 아버지는 핏빛 주검이 되어 돌아왔어
그렇게도 추운 날, 따듯한 방에 들어갈 수가 없었어
뻣뻣해진 아버지의 죽음이 무서웠어
아버지의 떳떳한 웃음도, 얼굴을 쓰다듬어주던 손길도 차디차기만 했어

친척들은 아버지를 메고 산으로 가고
할아버지, 할머니는 망부석처럼 움직임도 없는데
두꺼비처럼 배만 불룩한 어머니는 아버지 주검이 있던 자리에서
데굴데굴 뒹굴며 울었어

―중략―

할아버지 오부작오부작 큰 묏동 옆을 파서
동생 눕히고 돌덩이 한 개로 눌러 돌무덤을 만들어줬어
그때 돌이 동생 배를 눌러 창자가 나오는 것을
내 힘으로 어찌 할 수 없어
눈을 딱 감고 산을 내려오고 말았어
아직도 내 마음에 그 애가 걸려 있어

그때 내 나이 열세 살
아버지의 죽음도, 손수 묻은 동생의 죽음도 슬퍼할 시간이 없었어
퉁퉁 부은 어머니와 마룻장 속에 숨어 사는 오라버니를 위해
장돌뱅이가 되어 가족의 생계를 책임져야 했어
동네 아이들이 장돌뱅아, 장돌뱅아 놀렸어도 나 기죽지 않고

> 장을 돌며 나물과 곡식을 팔아 살았어
> 내가 기운 차려야 가족이 산다는 것을 일찍 깨달았어
> - 오하린, 〈나는 장돌뱅이 13살 순이였다〉 부분(《내일이면 산벚꽃 환해지겠다》)

〈나는 장돌뱅이 13살 순이였다〉에서 아름다운 꽃들은 지독하게 짓눌려도 끈질기게 살아 다시 피어났다. 그토록 징헌 세상이 뭐가 좋다고 속창아리도 없는 듯 죽어도 쳐 죽여도 끈질기게 살아남아 봄이면 피어나 사람 속을 긁어 놓았다. 13살 장돌뱅이 순이도 그렇게 살아남은 독한 꽃이었다. 아버지는 이유도 없이 끌려가 죽임 당하고 애 들어선 어머니 충격에 사산아 낳아 정신이 나가 버린 뒤 '13살 순이'의 혹독한 삶이 드세게 시작되었다. 그 땅을 뜨지 못하고 모질게 버티며 살아온 시간을 함께 되새기며 오하린 시인은 당신의 아픈 가슴을 어루만진다. 지독한 팔자를 타고난 듯 생애 전부를 국가 폭력에 짓눌려 지금껏 모진 세상을 살아온 것이다. '여순 10·19'의 상처는 지독한 생애의 비수가 온몸을 상처투성이로 만들어놓아 성한 데가 없다. 넋두리 같은 당신(13살 순이)의 말을 미욱한 마음으로나마 대신하여 오하린 시인은 '당신은 아무 잘못한 것이 없었어요'라고 말해 준다. "그때 내 나이 열세 살/ 아버지의 죽음도, 손수 묻은 동생의 죽음도 슬퍼할 시간이 없었어/ 퉁퉁 부은 어머니와 마룻장 속에 숨어사는 오라버니"를 위해 장돌뱅이의 고단한 삶과 그날의 참혹함을 세상에 조심스럽게 꺼내 놓고 있다. 세상이 버리듯 방치한 열세 살 순이는 그럴수록 더 독한 마음으로 끈질기게 살아 버텨왔다.

마래터널 입구에 여순 사건 희생자들의
합동묘지가 있고 위령비가 세워져 있다
일제강점기 강제징용자들이 만든 터널 안 걸으며
한국전쟁 전, 후로 희생된 730여 건의
양민학살사건과 수십만 희생자들을 되새겼다

이승만 정부는 이념과 생각이 다른 이들을
무작정 죽였다
친일분자들을 제대로 청산하지도 않았으며
정부, 군인과 경찰의 요직에 등용했다
그들은 정부의 지시에 충실하게 양민들 죽였다

살아남은 유족들은 혹독한 군사정부에서
희생자들의 추모를 못하고 숨죽이며 살았다
연좌제로 관청에 등용되지 못했으며
통한과 질곡의 세월을 살았다

1987년 민주화가 되고 나서야 사건들 밝혀져
조금은 명예회복이 되고 배상도 있으나
아직 명예회복도 되지 않는 사건들 많다,
아직도 그들 희생을 인정하지 않는 이 있다

터널 안 걸으며 다시는 이 땅에서
이념으로 사람들 죽이거나 가두지 않으려면
힘과 지혜를 모아야 해야 함을 가슴에 새겼다

어둡고 기나긴 터널을 지나 바다에 이르러

정의와 평화의 노래를 크게 불렀다

* 전남 여수시의 마래산을 통과하는 터널.
- 정선호, 〈마래터널*에 마음을 새기다〉 전문(《해원의 노래》)[6]

여수 시내가 반란군에 의해 1948년 10월 19일부터 27일까지 점령당한 상태에 놓이고 만다. 이런 상황을 예의 주시하던 대한민국 이승만 정부도 가만히 있지 않았다. 각 지역에서 증원된 4,000여 병력으로 여수와 순천을 에워싸 토벌 작전을 펼친다. 화력과 수적으로 우세한 정부군에 의해 27일에는 여수와 순천 전 지역이 탈환된다. 이후 여수 및 순천 인근에서 잔류 반란군과 협조한 부역자 색출이 전면적으로 진행된다. 그 과정에서 무고한 시민들이 단순한 문답으로 반란군이나 부역자로 몰려 공터에 격리된다. 그들을 사람들 눈을 피해 학교 운동장에서 해안가의 절벽 등 인적이 드문 골짜기로 끌고 간다. 그렇게 죽음으로 몰아간 학살터 일부분이 조금씩 드러나게 된다. 그런 곳 중 하나가 마래터널이다. 그 당시 마래터널은 여수 외곽에 자리 잡고 있어 사람들 눈에 잘 띄지 않아 시신을 유기할 수 있는 최적의 장소로 본 것이다. 이렇게 국가 권력을 동원해 자행된 만행을 수십 년 동안 은폐하면서 세상을 속여 온 것이다. 정선호 시인도 여순 희생자 묘역이 있는 마래터널 안을 다녀온 뒤 보고 느낀 감상적 소회를 적고 있다. '여순 사건'을 진압하면서 이승만 정권 보호를 위한 수단으로 이용되었고 "한

---
6) 2021년 '여순 10·19 항쟁' 74주년 추념 창작집 《해원의 노래》에 수록된 시를 참조한 것임을 밝힌다.

국전쟁 전, 후로 희생된 730여 건의/ 양민학살사건과 수십만 희생자들을 되새겼다/ 이승만 정부는 이념과 생각이 다른 이들을/ 무작정 죽였다/ 친일분자들을 제대로 청산하지도 않았으며/ 정부, 군인과 경찰의 요직에 등용"한 원죄를 피해가기 위해 '여순 사건'을 악용한 것이다. 그들은 희생된 민중을 무조건 좌익인 빨갱이로 낙인해 버리면 그만인 반공 이데올로기를 최대한 활용한다. 속수무책 당할 수밖에 없는 무고한 시민과 유가족들은 지난 세월 동안 숨 한 번 제대로 쉬지 못한 채 꽁꽁 숨어 살아왔다. 마래터널 안은 지금껏 역사의 고통을 간직한 침묵만 감돌고 있다. 시대가 바뀌었다 해도 진실을 보는 눈과 마음은 같다. 그렇게 억울하게 죽은 그들의 진실을 외면할 수 없다.

> 할아버지 제사상에 오른 조기 살 발라 먹다 아버지 목에 가시가 걸렸다 침을 삼킬 때마다 따끔거리는 목 때문에 밤 내내 잠 한숨 자지 못했다는 아버지는 말수가 더 줄었다 박힌 가시야 뽑아 버리면 될 일이지만 어찌 말문을 막는 것이 생선 가시뿐이겠는가 꼭 목에 가시가 걸리지 않아도 목을 움츠리고 산 질곡의 세월, 날카로운 가시에 찔린 가슴속 아직도 지워내지 못한 선혈 자국 선명하다
> - 표성배, 〈그날 이후_여순 10·19〉《그날 이후》한국작가회의, 순천대학교 10·19 연구소 엮음)

살며 생각 못한 일들이 벌어진다. 엉뚱한 말 몇 마디 잘못 건넸다가 본전은 고사하고 되돌아 온 설화舌禍로 곤욕을 치른 경우도 있다. 할아버지 제사상에 오른 조기를 먹다 그만 아버지가 목에 가시가 걸린 것이다. 그 불편은 쉽게 해소되지 않고 밤 내내 사람을 힘들게 한 것이다. 가만 생각해 보니 그 작은 가시에도 온통 신경이 곤두서고 꼼짝을

할 수 없는 데 문득 여순 당시 곤욕을 치룬 일들로 평생을 힘들게 살아온 사람들은 어떠했을까 생각이 든다. 그분들의 가슴속 핏빛으로 물든 상처는 도저히 치유될 수 없는 천형과도 같은 것이 아니겠는가? '그날 이후'라고 하지만, 벌써 76년이 흘러 버린 것이다. 긴 고통의 세월을 화자는 가슴으로 가늠해 본다.

포슬한 흙가슴 풀어헤치고
봄 햇살에 수줍은 듯 얼굴 붉히는
지리산 둘레길에서 만난 얼레지,

지리산 깊은 산골
열여섯 콩각시*, 열일곱 키다리 신랑
알콩달콩 신접살림 너무 뜨거웠나
화인처럼 새겨진 사랑

빨갱이가 뭔지 파랭이가 뭔지
수상한 바람 불어와
지리산 팔뚝에 채워놓은 불온한 완장 하나
사랑의 불쏘시개 되어

입산한 열일곱 키다리 신랑 찾아
지리산 아흔아홉 골짜기를 메아리로 떠돌던
그녀, '망실공비'
그예 서러운 이름 하나 얻었다

열세 해 동안,

그녀가 찾아 헤맨 것은 무엇이었을까
생리혈 쏟은 붉디붉은 철쭉은 아니고
돌 틈에 찢겨 너덜너덜 해진
타다 만 그리움 한 조각

다음 생에는 더도 말고 덜도 말고
지리산 싸리봉 아래 바람난 처녀 꽃,
얼레지나 되어!

* 정순덕 : 1950~1963년까지 13년 동안 지리산에서 빨치산으로 활동하다 생포되었던 여자. 신혼시절 입산한 남편을 찾아 산으로 들어갔다. 지리산 최후의 빨치산 '망실공비'로 알려져 있다.

- 김미승, 〈지리산 얼레지〉 전문《해원의 노래》

경남 산청 지리산 산자락에서 태어나 자라면서 눈 속으로 쏙 들어온 청년 성석근을 사랑했던 게 전부인 "열여섯 콩각시, 열일곱 키다리 신랑/ 알콩달콩 신접살림 너무 뜨거웠나/ 화인처럼 새겨진 사랑"이 전부인 최후의 파르티잔(빨치산) 정순덕의 일대기인 생애를 제재題材로 한 시다. 둘의 사랑은 깊어져 이내 결혼을 하였고, 얼마 뒤 6.25가 터져 북한군이 산청까지 내려오면서 살기 위해 남편 성석근은 부역에 협조한다. 이후 국군의 진압이 시작되자 부역한 것에 대한 처벌이 두려워 지리산에 거점을 둔 인민 유격대에 자원 입산하고 만다. 정순덕은 애타도록 사랑한 부군을 찾아 지리산으로 들어갔고, 다행히 그 둘은 만나 얼마간 해후의 시간을 가질 수 있었다. 그 시간은 길지 않았고 전투 중 남편 '성석근'은 전사하고 만다. 이후 하산을 거부하며 유격대에 잔류 빨치산 활동을 수행한다. 사랑하는 지아비를 쫓아 들어가기 전 정순덕은 "빨갱이가 뭔지 파랭이가 뭔지"도 몰랐던 순박한 여인이었건만 험악한 시대가 붉은 색깔로 가슴을 물들였다. 지리산에서 13년 동안 빨치산으로 활동하면서 죽었는지 살았는지조차 정확히 알지 못해 막연하게 생존해 있을 것으로 추정한 토벌 대상에 '망실공비'로 이름을 올렸다는 최후의 빨치산 정순덕의 파란 많은 일생이다. 일설에 의하면 지리산 내원골에서 생포되었다는 설도 있다. 그것보다 화자는 정순덕의 삶이 의미하는 바를 묻고 있다. "열세 해 동안,/ 그녀가 찾아 헤맨 것은 무엇이었을까"라고. 못다 이룬 안타까운 사랑을 연민하면서 다음 생에 혹시 태어나거든 "생리혈 쏟은 붉디붉은 철쭉은 아니고/ 돌 틈에 찢겨 너덜너덜 해진/ 타다 만 그리움 한 조각/ 다음 생에는 더도 말고 덜도 말고/ 지리산 싸리봉 아래 바람난 처녀 꽃,/ 얼레지나 되어!"라며 꽃처럼 살지 못하고 애처롭게 지고 만 정순덕의 안타까운 생을 내세로 기원하고 있다. 시대가 금지한 사상이 사람을 변하게 했고 이데올로기라는 이분법은 무참하게 사람을 내치면서 참혹한 삶을 마감하도록 강제한 것이다.

꽃같이 젊은 죄 없는 우리 아부지를 왜 죽였으께라 잉?
아부지 없이 세상을 산 엄니는 억시기였어라.
혼자 아부지 몫까지 함시롱 골병이 다 들었지라.
날이 궂으면 끙끙끙 앓았어라.
나는 부부가 뭣인지도 잘 모르는 엄니 앞에서
아내 사랑도 자식 사랑도 맘껏 못했어라.
역사는 반복된 단디 아부지 없는 아들을 다시는 만들고 싶지 않은께 여기서 그 몹쓸 사슬을 탁 끊어 불고 싶소.
내가 빨간 것은 피뿐인디 빨갱이 새끼라고해서
뭣인지도 모르고 쥐 죽은 듯이 살았는디
인자 봉께 빨갱이는 평등하자는 왼손이고
안 빨갱이는 자유롭자는 오른손이니 서로 짝이어라.
아부지, 죄 없이 몽뎅이 맞음서 얼마나 무서웠소?
느닷없이 총 맞아 쓰러짐서 얼마나 억울하셨소?
아부지, 나도 금방 아부지 계신 하늘로 돌아가믄
우리 아부지 보듬고 엉-엉-막 울고 싶소

- 김용국, 〈나는 아부지를 배우요〉 부분《해원의 노래2》)

이 시는 화자가 겪은 녹취를 겸해 남긴 자서일 것이다. 이 이야기는 문맥을 살펴보면 '여순 10·19'가 터지면서 빨갱이로 몰려 갖은 폭력을 당하다 결국에는 죽임을 당한 아버지에 관한 주변의 전언 일부를 옮기고 있다. 그렇게 빨갱이로 몰려 죽음을 맞은 아버지 없는 삶을 살아오면서 주변의 괄시와 핍박은 대단했을 것이다. 평생 족쇄가 되었을 연좌제란 것으로 인해 언제 제대로 허리 한 번 펴고 세상을 바라봤겠는가? 홀어머니 밑에서 자란 아기가 어른이 되어서도 아버지에 대한 그리움은 절절하다. 한 번도 본 적 없는 아버지였으니 아버지의 역할이 무엇인가를 자식을 키워가며 조금씩 알아간다. 아버지의 역할은 지극한 자식 사랑이란 것을 깨닫고 나니 더 그리워진다. 그러면서 아버지가 죽음에 이른 과정을 어머니로부터 전해 들었기에 "꽃같이 젊은 죄 없는 우리 아부지를 왜 죽였으께라 잉?"하며 세상에 대한 원망을 쏟아내고 만다. 그 몹쓸 세상만 만나지 않았더라면 하는 아쉬움을 토로한다. "아부지 없이 세상을 산 엄니는 억시기였어라./ 혼자 아부지 몫까지 함시롱 골병이 다 들었지라./ 날이 궂으면 끙끙끙 앓았어라."라며 하늘에 계신 아버지께 어머니의 고통스런 생을 아뢰고 있다. 분명한 것은 아버지는 '빨갱이'로 몰려 죽었다는 것과 그로 인해 "내가 빨간 것은 피뿐인디 빨갱이 새끼라고해서/ 뭣인지도 모르고 쥐 죽은 듯이 살았"다는 한 많은 세월을 독백처럼 되뇐다. 아버지의 죽음이 더 억울한 것은 "아부지, 죄 없이 몽뎅이 맞음서 얼마나 무서웠소?/ 느닷없이 총 맞아 쓰러짐서 얼마나 억울하셨소?"라며 아버지의 죄 없음을 다시 세상에 고하고 있다. 지금까지 말 한마디 못한 채 살아왔지만 다행인 것은 그 당시 아이였던 화자가 지독한 세월을 견딘 이야기를 글로 써 풀어내고 있다. 더는 막연하게 세월을 흘러 보낼 수 없다.

말도 못하고 살아온 징헌 세월
- 이지담·오선덕·윤석홍·김영란·강민경

일제강점기에서 해방만 되면 살 만한 세상 오는 것은 당연한 것이고, 우리가 만든 나라에서 잘살 줄 알았지요 다들. 그러나 세상은 그렇게 좋게만 흘러가지 않았다. 상상도 못한 일들이 여수와 순천에서 벌어진 것이다. 잘 살던 동네 형 동생과 오순도순 피붙이라고 붙어살던 친척들이 한 다리 건너면 삼촌 아재고 선배라 형, 동생하고 지내던 소읍 순천과 여수에서 소꿉놀이 때 배운 손가락총이 그렇게 무서운 줄 그때 알았다. 조그만 방에서 누우면 서로 부대끼던 사람들이 사라진 빈방은 쓸쓸한 것이다. 그러나 생때같은 사람들이 누군가에 의해 억울하게 죽어 사라졌다면 분노가 치밀 것이다. 거기에 억울하고 분통하단 말도 함부로 내뱉지 못한 세상에서 공포에 떨면서 혼자 빈방에 누워 있다면 얼마나 처참하겠는가?

빈방엔
아버지도, 어머니도, 형제자매도 없이
혼자였다

손가락 받을 일 하나 없는
아버지를 죽인 자들이 발 뻗고 사는 세상
방 문고리는 밖에서 잠겨
소리는 밖으로 나가지 못했다

떡애기가 노파가 되어
빈방에서 서러운 시간을 지나오는 동안

이제 말해도 된다고
말해보라며 방문을 열어
손을 잡아주었지만

손가락질하던 손들은 다 어디로 갔는가?

생애 처음으로 햇살 아래 서 있는 이 기분
눈을 뜰 수 없다
그렇지만 밝힐 것은 밝혀 두고 건너가야 할 것이다

죽어서도 끝날 일이 아니다
이제 시작이다

– 이지담, 〈빈방〉 전문(《그날 이후》)[7]

   적막강산에 홀로 던져진 채 핏덩이로 남았으니 천애고아나 다름없다. 타고난 팔자가 박복해도 그렇게 기구할 수 있겠는가? 한순간 집안이 멸문지화 당해 겨우 살아남아 '떡애기'라 불린 아이다. 왕조 시대

---

7) 한국작가회의 · 순천대학교 10 · 19 연구소에서 2023년 엮음.

반역죄나 역모에 가담한 것도 아닌데 이 무슨 날벼락이란 말인가? 지난밤 이 작은 방에서 엄마와 아버지 그리고 형제자매들이 오순도순 재롱에 겨워 흐뭇한 얼굴에 다들 온기 가득했었는데 핏덩이 같은 네 살 아이만 덩그러니 홀로 내던져진 것이다. 누가 그랬을까? 이 가족을 이토록 처참하게 짓밟은 자 누구인가? "손가락 받을 일 하나 없는/ 아버지를 죽인 자들이 발 뻗고 사는 세상"을 누가 만들었는가? "떡애기가 노파가 되어/ 빈방에서 서러운 시간을 지나오는 동안" 귀밑머리 하얘지다 못해 구십 노파가 되었으니 밀려오는 서러움과 한이 얼마나 깊었겠는가? 더는 사람 할 짓 아닌 '여순 10·19'같은 참화가 이 땅에 없어야 한다.

일천구백사십팔년 시월 십구일

시계의 초침 소리가 심장 속으로 들어왔다
그렇게 모든 시간과 날들이 흘렀다

뱉어낼 수 없었던 슬픔은 녹지 않는 얼음 되어
수많은 날을 가슴에서 가슴으로만 전해야 했다

조금만 있으면, 부르면 달려올 사람 있을 것 같았는데
조금만 가면, 옛집으로 돌아갈 수 있을 것 같았는데

끝이 보이지 않는 길 위, 서 있는 젖은 날개의 새들
숨죽여 불러야 했던 가슴속 묻어둔 이름, 얼굴

맑은 바람이 불어오기를 기다렸다
기약 없는 날들만 무심히 흘렀다

한 번쯤 목 터지라 부르고 싶은 이름
한순간이라도 귀 기울여주는 사람 있으면 함께 부르고 싶었다

이제 말하고 싶다
한때 우리가 이 이름 부르며 살았었다는 것을
지금도 가슴에 묻고 사는 사람들 있다는 것을
- 오선덕, 〈소리쳐 부르고 싶다_여순 10·19 항쟁을 기리며〉 전문
《91.01.8491, 反》) [8]

    오선덕 시인은 "일천구백사십팔년 시월 십구일"을 통해 진실을 향한 불변의 의미항인 이 시가 지시하는 지점을 명확히 알려주고 있다. 단순히 한 시점을 말하고 있는 것이 아니라 묻혀 지워져 가는 잘못된 역사를 소환하고 있다. 흔히들 '여순반란사건'으로 교과서를 통해 배워 알던 그 당시를 다시 살펴보자는 데 있다. 시인은 그때를 생각하며 긴박한 상황에서 시계의 초침 소리까지 들리는 듯한 강박감에 빠져든다. 허망하게도 아픈 70여 년의 시간은 너무나 빠르게 흘러갔고, 그 기억은 가해자의 행위를 묵인한 채 망각되어 왔다. 그 반대편 피해자 측에서는 죽음보다 더한 고통을 감당하며 처절하게 살아야 했다. 어느 한 순간도 잊을 수 없던 당한 자의 고통은 죽음과도 같은 것이었다. 한결같이 생시처럼 어른거리는 그리움은 애써 참아도 해소되지 않았다.

---
8) 한국작가회의 · 순천대학교 10 · 19 연구소에서 2022년 엮음.

"조금만 있으면, 부르면 달려올 사람 있을 것 같았는데/ 조금만 가면, 옛집으로 돌아갈 수 있을 것 같았는데// 끝이 보이지 않는 길 위, 서 있는 젖은 날개의 새들/ 숨죽여 불러야 했던 가슴속 묻어둔 이름, 얼굴"이 금방이라도 앞에 나타날 것만 같은 애틋함은 더 깊은 슬픔이 되곤 했다. 어쩔 도리 없이 받아든 천형 같은 고통을 견뎌야 했다. 언젠가 좋은 세상이 오겠지 하는 바람으로 그날을 기다렸지만, 좋은 시절은 쉽게 오지 않았고 그냥 기다리기만 하면 오는 것이 아니었다. 장막을 두른 하늘처럼 주변 사람들도 쉬쉬하는 나날이었다. '여순 사건' 언급 자체를 금기시하던 아픈 역사는 참으로 길고 오래 지속되었다. 변할 수 없는 세상을 살며 절망 같은 명줄을 재촉한다 해도 사람 맘대로 할 수 있는 것도 아닌 것이 원망스러울 뿐이다. 눈 떠 살아 있을 것 같아 언젠가 그날이 온다면 "한 번쯤 목 터지라 부르고 싶은 이름/ 한순간이라도 귀 기울여주는 사람 있으면 함께 부르고 싶었다// 이제 말하고 싶다/ 한때 우리가 이 이름 부르며 살았었다는 것을/ 지금도 가슴에 묻고 사는 사람들 있다는 것을" 세상은 알아야 한다. 그 하늘 아래 간곡한 마음으로 여직껏 소리 한번 지르지 못한 채 살아온 사람들이 있다는 것을 잊어서는 안 된다.

> 여순 사건이 일어난 지 70여 년이 되었다는
> 그해 가을 산천은 붉게 물들어 가고
> 파란 하늘에 항쟁이라 쓰고 싶다
> 누구는 사건이라 해야 하고
> 누구는 반란이라 해야 하고
> 이분법이 난무하는 가운데에도

여수의 상처는 조금씩 아물어가고
여수수산시장 좌판이 좌파로 읽히는 아침
저항의 목소리가 울려 퍼지던
신월동 14연대엔 대기업 깃발이 나부끼고
높은 굴뚝만이 우리를 굽어보고 있다
미쳐 날뛰는 토벌대는 불바다를 만들고
핏줄 같은 형제를 죽음으로 내몰았다
칼에 찔리고 총탄에 쓰러져 뒹구는 죽음들은
맑고 푸른 남해바다 모자섬이 보이는
음습한 산 아래 세워진 위령비에 모여
…
새겨진 그 진실이 규명되길 간절히 기도했다
마래터널을 지나며
의문이 의문을 남기고
기억은 나지 않는다는
진실을 숨기고 조작한 역사는
곧 드러나리라 굳게 믿으며
여수의 피눈물을 닦아 주어야 한다
노을처럼 붉어지는 해 질 무렵
쓸쓸한 바람 하나 지고 떠나왔다
'7일간의 항명, 70년의 아픔'
여순 사건의 눈물은 누가 닦아 주는지

- 윤석홍, 〈여순 사건의 눈물은〉 전문《91.01.8491, 反》)

    윤석홍 시인은 1948년 10월 19일 '여순 사건'에 대한 소망을 함께 하자고 한다. 흘러간 세월의 아픔도 아픔이지만, 그 아픔의 세월을 해소해 줄 수 있는 일을 누가 해 주어야 하는가를 묻고 있다. 긴 세월 동안 묻고 또 묻고 혹여 진실이 드러날까 봐 감추고 또 감추고를 반복한 대한민국의 수레바퀴는 여기까지 굴러왔다. 하지만, 시간이 문제이지 삐걱된 수레바퀴는 언젠가 빠지고 뒹굴 수밖에 없다. 이승만 정권은 그들을 칭할 때 반란군이라 했고 당연한 것처럼 당시의 실상을 정확히 규명하지 않은 채 '여순 반란'으로 규정하고 말았다. 그것도 여의치 않자 부대 내에서 벌어진 불상사처럼 단순한 사건으로 치부하여 '여순 사건'으로 왜곡했다. 이제 오랜 세월이 지나 '반란'보다 '사건'보다 총체적으로 벌어진 진상을 살펴볼 때 '여순 항쟁'이 맞다는 인식이 일반적인 것 같다. 어떻게 통칭을 하던 중요한 것은 사람 생목숨을 너무 쉽게 앗아가 버린 국가 폭력의 참혹한 역사가 실재했다는 것에 있다. '여순 사건'이 발발했던 여수 신월동(신월리)엔 현재 모 대기업이 자리 잡아 접근마저 쉽지 않다. 경계마저 삼엄한 그곳을 들러 그날의 기억을 멀리서 유추했을 것이다. 영내를 뛰쳐나온 군인들의 군홧발소리의 소란을 몰아 여기저기 울렸을 총성과 그들을 반란군으로 낙인찍어 국가 권력을 반석에 올리고자 했을 기회주의가 교차한다. 재빠르게 토벌을 명분으로 여수와 순천 지역으로 파병된 군, 경의 광포한 광기는 극심해져 양민들이 무참히 죽음을 맞게 된다. 그들이 굴비처럼 엮여 끌려와 집단학살을 당한 마래터널 안 학살지에서 시인은 "여수의 피눈물을 닦아 주어야 한다/ 노을처럼 붉어지는 해 질 무렵/ 쓸쓸한 바람 하나 지고 떠나왔다/ '7일간의 항명, 70년의 아픔'"의 긴 고통의 세월 이제는 눈물을 닦아 줘야 할 때라는 것을 부연하고 있다.

눈동자에 감도는 그림자
무섭다는 말을 해서 무서웠던 때가 있었지
벽은 벽이라서 더듬거리고
후들거리는 입술을 깨물고 뜀박질해야 할 때
천장에서 떨어지는 물방울
등골에 배인 오싹한 비린내

만성리로 몍을 감으러 갈 때만 해도
산 너머 들 지나 나무 이름 부르고
개나리 제비꽃 읊으며 오르던 양지마을
눈물 흘리며 기어오르는 담쟁이는
죄 없는 사람들이 터널을 지났다고 증언한다
바다가 보이는 절벽으로
떨어지는 꽃잎들
생생한 제 발을 두고도
수레에 실려 가던 형제들의 시간을 되새기며
늙은 소나무 한 쌍
터널 속으로 햇빛을 끌어 모은다

아, 여순, 10·19
　　- 김영란, 〈마래터널을 지나며〉 전문(《사랑은 물오리나무를 타고 온다》)

　우린 많은 곳을 찾아다니며 알지 못한 세상과 만난다. 아무 생각 없이 찾아갔던 장소를 둘러보다 자신도 모르게 기시감에 소름이 돋는 때가 있다. 화자가 찾아간 마래터널은 예부터 아이들이 놀기 좋은 장소였을 것이다. 마래산 작은 계곡에서 물이 흘러내렸고 여름이면 작은 웅덩이가 있어 "만성리로 멱을 감으러 갈 때만 해도/ 산 너머 들 지나 나무 이름 부르고/ 개나리 제비꽃 읊으며 오르던 양지마을" 근처에 있었을 마래터널이다. 그런데 1948년 '여순 사건'이 발발한 이후 그곳에서 자행된 엄청난 살상을 알고부터 환상은 깨지고 만다. 그곳에서 끌려온 사람들을 산채로 불을 질러 시신이 몇 날을 불탔다는 증언을 들은 것이다. 그들이 고통에 몸부림치며 서로 엉켜 도저히 시신을 수습을 할 수 없었다고 한다. 그래서 생각해 낸 것이 그곳에서 한날한시에 죽은 사람들이니 서로를 형제처럼 생각하라는 마음을 담아 형제묘라 이름을 붙인 봉분이 만들어졌다. 이제 그 혹독한 세월 많은 양민의 목숨을 죽음으로 몰아갔지만, 아직도 마래터널 안의 참혹한 학살터에는 햇살이 들지 않는다. 그들이 묻힌 봉분을 바라보는 세상은 달라진 것이 없다. 무엇이 잘못되었는가를 반성하고 아픔을 어루만져 한 맺힌 원혼들의 억울한 아픔을 해원해 줘야 한다. 화자는 아직도 어둡고 음산하기만 한 마래터널 안의 비극으로 남은 '여순 10·19'를 가슴으로 생각하고 있다.

무자년 그해 가을
척추 마디마디 뚫고 간
차가운 총알 자국
거꾸러진 시체 더미
칼 마이던스 기자가 찍은
보도사진을 본다면
살이 떨리고 눈살이 찌푸려져
더 이상 책장을 넘기지 못할 것이오

가마니로 덮어 논 송장 옆에서
아낙의 무명 흰옷이
울부짖는다 넋을 잃고 통곡한다
빨갱이라는 무시무시한 족쇄를 채우고
선량한 제 사람들을 학살한다
이념의 늑대탈을 쓰고 저지른
광란의 시간
피로 얼룩진 어두운 폭압의 시간
해방 이후 파렴치한 자들을 몰아내고
외세에 굴복하지 않는
좋은 세상을 만들고자 들불처럼
일어선 뜨거운 열망을
무참히 짓밟는다
무자비한 그해 겨울
붉은 피 선연한 골짜기에
서둘러 눈이 내리고
권력에 눈먼 자들의 죄악을
소리 없이 덮어버린다
눈앞에서 아비와 어미와 형제를 잃은
어린아이들 가슴을 할퀴고
그 후로도 오랫동안
몸서리치는 광풍이
얼굴을 달리하고 몰아친다

- 강민경, 〈덮어버린 시간〉전문(순천작가회의 여순 시낭송 2024년)

'여순'의 억울한 아픔은 진실을 발설해선 안 되는 금기의 대상이었다. 그 지독한 세월은 1948년 10월 19일 이후 최근까지 대한민국에서는 지속되었다. 조금씩 진실 말하기를 거듭하면서 벗겨진 많은 일들이 사실이었음이 증명되었다. 그 당시의 많은 자료는 반공이데올로기에 전위 역할을 한 언론이나 권력의 방침대로 각색한 문장들로 도배되었을 것이다. 가장 진실에 가까운 진상은 족쇄를 채워 말을 할 수 없게 하였고, 좌익이나 빨갱이로 몰려 죽은 사람의 가슴에 묻혀 버렸다. 그 참상을 두 눈을 뜨고 당한 유가족들도 연좌제란 신분에 얽혀 어디에다 억울함을 말할 수 있는 곳이 없었다. 그런 참상을 외신 기자 '칼 마이던스'가 찍은 "무자년 그해 가을/ 척추 마디마디 뚫고 간/ 차가운 총알 자국/ 거꾸러진 시체 더미/ 칼 마이던스 기자가 찍은/ 보도사진을 본다면/ 살이 떨리고 눈살이 찌푸려져/ 더 이상 책장을 넘기지 못할 것이오/ 가마니로 덮어논 송장 옆에서/ 아낙의 무명 흰옷이/ 울부짖는다/ 넋을 잃고 통곡한" 모습이 바랜 몇 장의 사진으로 남아 그날을 증언하고 있다. 몇 장의 사진들이 대한민국 이승만 정권의 반민족적인 만행과 정권의 안위를 위해서는 무엇이든 할 수 있다는 위정자들의 실상을 증언하고 있다. 수십 년이 흘러서도 변하지 않는 오늘을 반성하게 하는 시간들을 되돌려 놓은 강민경의 시 한 편은 칼 마이던스 기자가 말하려 한 진실을 되새기게 한다.

여수·순천 사람들이 반란을 일으켰다고?
- 이규석·경종호·박몽구·석연경

국사 시간에 '여순반란사건'이라고 61년생 필자인 나는 선생님이 가르친 대로 외웠다. 고등학교 교과서에 그리 실렸고 사실이 그랬다. 아무것도 모른 필자는 그냥 여수와 순천 사람들이 엄청난 반란에 가담하여 난리가 난 줄 알았다. 그렇게 수십 년을 '여순 사건'에 대해 알려고 하지도 않았다. 그래도 사는 것에 불편한 것 없었고 그냥 내 자식 잘 키우고 그러면 그만이었다. 그러다 나이 한참 더 들어서야 세상일에 관심을 가지게 됐고 그러다 80년 광주의 진실과 1948년 제주 4·3을 조금씩 알게 되었다. 참으로 미안하고 죄송한 삶을 살았다. 제주도가 4·3으로 인해 혼란이 극심해져 여수에 주둔 중인 14연대 군 병력 일부를 제주로 파병하려 하면서 군의 동요가 시작된 듯하다. 동족의 가슴에 총을 겨눌 수 없다며 파병을 반대하고 항명에 동참한 것으로 군대 내부의 문제였었다. 이도 저도 안 되니 여수와 순천으로 튀쳐나왔고 관공서를 접수하면서 과격해진 군인들(항명에 참여한 군인)이 친일경찰과 지역 인사들에게 폭력과 살상을 벌인 것이다. 위기의식을 느낀 대한민국 이승만 정부는 토벌대를 편성하여 여수 순천으로 내려 보냈다. 만약에 그 당시 여수와 순천에 군경을 투입하되 반란에 참가한 군인들과 좌익계와 부역자를 신중하게 분리하는 데 있어 합법적인 절차를 통해 이뤄졌다면 하는 아쉬움이 크다. 그러나 대한민국 정부는 반란군이 여수와 순천에서 행한 참혹한 살상과 광기를 능가하는 토벌 작전을 감행한다. 이후 여수와 순천에 사는 사람은 사람이 아니었다. 여차하면 생때같은 목숨이 사라지곤 했다.

1948. 10. 19
나라를 지켜야 할 군인이
죄 없는 국민을 죽일 수 없는 것
이것이 죄가 되었던 이데올로기 세상

내가 왜 죽어야 하는가
그 이유도 없어
손가락총에 지목되어
억울하고 원통한 누명만 남았다

꽃들도 계절 따라 지천으로 피고
새소리 물소리도 자유로운 지금
연좌제에 발목 묶인 통한의 세월
총칼보다 더 무서운
멍에도 이런 멍에는 없을 것이다

희생된 목숨들 숨기고 지운다고
무죄가 되는 것은 아니다
정직하게 흐르는 동천이 저 맑은 물이
거짓말할 수 없는 증언이다

> 이 땅 산골짜기마다
> 가슴 아픈 사연 없는 꽃 어디 있으랴
> 해마다 지리산 백운산에도
> 진한 선홍빛 진달래가 증언하고 있다
> 여수 순천은 반란이 아니라고
> 먼저 명예 회복이 화합의 길이라고
> - 이규석, 〈여수 순천은 반란이 아니다〉 전문《그날 이후》
> 순천대학교 10·19 연구소 엮음)

  화자는 지금껏 잘못된 역사의 이름을 바꾸자 말한다. 대한민국의 이름으로 지어 붙인 '여순반란사건'이 아무리 살펴봐도 잘못되었다는 것이다. 앞서 말한 대로 여수에 주둔한 14연대 군 병영 내에서 발생한 항명 사건이 여수와 순천으로 확산되면서 전혀 예상치 못한 참사인 것이다. 그렇지만, 반란에 참여한 군인들이 내건 명분도 군인정신으로 판단한다면 당연한 국민 보호에 합당한 것이다. 그런 명분으로 반란을 주동한 군인들이 여수와 순천에 암약한 좌익 인사들과 연계해 벌인 결과인 것이다. 그렇다면 그들을 단죄하되 정당한 절차를 통해 선량한 시민들을 분리하는 노력이 선행되었어야 했다. '여순'에서 벌어진 광범위한 혼란에 국가적인 수습을 위해 양민들을 우선 분리하여 지역 안정을 위한 적극적인 노력이 있었어야 했다. 그들은 그렇게 하지 않았다. 가장 쉬운 토끼몰이식으로 사람들을 잡아다 놓고 손가락총으로 생목숨 잡고 그도 모자라 "연좌제에 발목 묶인 통한의 세월/ 총칼보다 더 무서운/ 멍에도 이런 멍에는 없을 것이다" 이제라도 잘못한 것 속

시원히 내려놓고 용서할 사람 용서하고 죄지은 사람 그에 상응하는 죗값 물어 '빨갱이' 아닌 사람 신원 회복시키고 "여수 순천은 반란이 아니라고/ 먼저 명예 회복이 화합의 길이라고" 말해 보자는 이야기를 귀가 아프도록 하고 있다.

    제주 오름의 동굴 속에서
    갓난아기의 입을 틀어막는
    어미, 그 어미의 손가락 틈으로 새어 나온 희미한 숨결이
    여수 앞바다에 다다라 거센 폭풍이 되었다지
    그해, 시월은

    어떤 웃음은
    눈을 뜨고 웃어야만 했지
    눈을 새파랗게 뜨고 웃어야 할 때
    찢어진 이름표처럼 날카로운 햇살 아래서도
    없는 달을 가리키며 부릅뜨고 웃어야만 할 때
    돌섬 단풍은
    심장을 내뱉으며 물들었다고
    돌덩이도, 바위들도 소스라쳤다지

    무너진 흙벽
    뼈대 같은 수수깡이 드러나고
    아무도 모르는 사람들이 줄을 지어
    흑백 사진처럼 박혀버린 시간의 틈에서
    동백꽃 피고동백꽃 지고동백꽃 지고동백꽃 피고
    그렇게 70년

> 그렇게, 그렇게 젖은 걸음이
> 청동탑 향해 지리산 오르네
> 흰옷 입은 사람들이
> 흰옷에 붉은 피 배인 언덕을 지나네
> 모르는 것은 죄가 아니라지만
> 알지 않으려 한 것은 죄가 되는 것이라고
> 억새밭 지나네
> 억새꽃 피고 억새꽃 지고 억새꽃 지고 억새꽃 피네
>
> 어떤 꽃도 문득, 피지않고 어떤 꽃도 문득, 지지 않고
> - 경종호, 〈모든 꽃은, 문득_여순 항쟁, 무명인에 바침〉 전문
> 《91.01.8491, 反》

    경종호 시인의 시적 발언도 귀담아 들어 보자. 1948년 10월 19일에 발발한 '여순 사건'에 대한 빌미가 되었던 "제주 오름의 동굴 속에서/ 갓난아기의 입을 틀어막는/ 어미, 그 어미의 손가락 틈으로 새어 나온 희미한 숨결이/ 여수 앞바다에 다다라 거센 폭풍이 되었다지/ 그 해, 시월은" 하면서 제주 4·3과 '여순 사건'의 연관성을 언급하고 있다. 다시 말하자면 제주 4·3 토벌대로 여수 14연대 군을 응원 파병한 것에 반대한다는 명분을 들어 군인들이 봉기한 이유를 표방했기 때문이다. 동족의 가슴에 총구를 겨눌 수 없다며 제주 파병 반대를 외치며 일부 군이 가담한 사건을 환기시킨다. 그렇게 촉발된 상황이 눈뜨고는 볼 수 없는 폭력으로 치달아 버린 여수와 순천이었다. 보지 않은 것도 보았다고 말해야만 하는 세상 "없는 달을 가리키며 부릅뜨고 웃어야만 할 때/ 돌섬 단풍은/ 심장을 내뱉으며 물들었다고/ 돌덩이도, 바

위들도 소스라쳤다지"라며 당시를 환기하고 있다. 감추고 또 감추었지만, 70여 년의 세월을 속여 왔어도 역사의 부끄러운 과거는 들춰질 수밖에 없는 현실이다. 죽음으로 박제되어 버린 소중한 사람들의 이름을 불러 본다. 다시 꽃으로 피어날 수 없는 원혼들처럼 "동백꽃 피고동백꽃 지고동백꽃 지고동백꽃 피고/ 그렇게 70년"이 야속하게 흘러갔다. 우리가 외면했던 역사를 "모르는 것은 죄가 아니라지만/ 알지 않으려 한 것은 죄가 되는 것이라고" 말하고 있다.

칠게 가족 겨울 채비하느라 바쁜
10월 와온 앞바다에 선다
밀물일 때는 파릇한 상구머리 갸웃거리던 갈대들
한바탕 뒤집으며 느끼던 파도 가라앉아
검푸른 갯벌 끝 모르게 드러나자
일제히 핏빛 창 되어 일어선다
칠게 꼬부라진 허리 되도록 다듬어
아버지의 등처럼 넓은 저 갯벌
가로채려고 눈독 들이는 사람들에게
빈손으로 한 뼘 내줄 수 없다고
허리를 곧추세워 핏대를 높인다

땀 흘려 일하지 않고
파도 일렁이는 저 바다를
온몸으로 참꽃 들어 올린 황토를
식민지에 기생하여 누려온 족속들에게
거저 내줄 수 없다고
팽팽하게 와온 바다 수평선을 긋는다

온몸을 핏빛 창에 실어
제국의 가슴 한복판으로 날아간 사람들
부활한 순천만 갈대밭
울음 그치게 해줄 해
미명 너머에 아직 숨어 있는가

떠오를 포구마저 빼앗긴 채
거친 남해 파도 타넘고 가
제주 오름 딛고 4·3 뜨거운 횃불로 타올랐는가

한여름 핏대 곧게 새운 채
질긴 울음 우는 순천만 갈대밭에서
아직 끝나지 않은
해방을 향한 뜨거운 불길을 본다
지리산 구천동 가파른 고개 넘어
서울 검푸른 하늘 너머
백두까지 닿는 깨끗한 새벽빛을 본다
— 박몽구, 〈순천만 갈대밭〉 전문(《91.01.8491, 反》)

"칠게 가족 겨울 채비하느라 바쁜/ 10월 와온 앞바다에 선다"는 그 곳에는 어김없이 작은 포구들이 들어서 있다. 그 안 긴장된 칠게 마냥 눈을 길게 빼어 잠든 작은 집들이 모여 마을을 이루며 바다에서 생계를 유지해 간다. 어부들의 뱃길 따라 드나드는 바다는 깊어졌다 서서히 얕아지며 굴곡지다 멀리 작은 해협으로 뱃길을 찾아 빠져나간다. 와온으로 지는 해는 마지막 하루를 붉게 물들이며 섬들 사이로 파고든다. 장엄한 놀빛을 타고 바닷물이 방방하게 차올랐다 빠져나가면 갯벌도 그제야 모습을 드러낸다. 박몽구 시인은 핏빛으로 물든 바다와 빠져나가는 노을을 바라보며 바다 속 갯벌의 민낯을 떠올린다. 서서히 움직이는 칠게 무리들과 우런우런 일렁이는 갈대숲 너머 이는 소란까지 오롯하게 들려오는 고요 너머의 치열한 생의 시간을 바라본다. 칠게가 눈 치켜뜨며 두 발 들어 영역을 지키려고 애를 쓰는 갯벌의 소란도 다 이유가 있는 거라고 생각한다. 땅의 족속이란 다들 같아서 우리도 저렇게 치열해져 제국주의에 맞서며 "식민지에 기생하여 누려온 족속들에게/ 거저 내줄 수 없다고/ 팽팽하게 와온 바다 수평선을 긋는" 것처럼 두 눈 부릅뜨던 시절을 회상한다. 일제 식민지였던 이 땅에서 해방된 이후 벌어진 제주 4·3과 '여순'을 떠올리고 있다. 지난 언젠가 저 갯벌 위로 드리웠던 긴 하루보다 더 지루했던 핏빛 노을이 흘러든 시간을 상기한다. 그날의 아픔을 기억하고 있는 와온은 아픈 역사를 고스란히 퇴적해 온 민중의 피가 묻은 갯벌이다. 그 앞에 서서 험난했던 여순의 시간과 제주 4·3의 시간과 일제 강점의 시간을 되돌아보며 남북의 분단으로 이어진 현실을 생각한다. "지리산 구천동 가파른 고개 넘어/ 서울 검푸른 하늘 너머/ 백두까지 닿는 깨끗한 새벽빛을 본다"며 언젠가는 다가올 그날을 염원하고 있다.

    연보라 등꽃이 피었네
    숨 가쁜 향기로 붉은 산을 덮으며

    죽이는 자와
    죽임당한 자
    빽빽한 골짜기

비명소리로 핏물이 흘러
초록 산을 적시고
잿빛 돌에 부딪혀
붉은 계곡물엔 사이렌 소리

피에 젖은 등나무가 몸을 비틀며
역사의 기둥을 타고 오른다
핏물은 다 짜내버리겠다는 듯
시간을 되돌리겠다는 듯
손가락을 푸르르 떨며
허공으로 팔을 뻗는다

보아라 들어라
빽빽한 골짜기 등꽃빛은
사람의 핏빛에 하늘빛이 스민 것임을

등꽃빛이 붉은 산을 온기로 물들인다
덩굴의 가지 끝에서
두근거리며 다가오는 향기가
햇빛 가득한 하늘로 번져간다
둥글고 환한 등꽃의 시간을 위해

연보라 등꽃이 피었네
숨 가쁜 향기로 붉은 산을 덮으며
　　　　　　- 석연경, 〈붉은 땅 등나무〉 전문(《91.01.8491, 反》)

산을 덮은 등꽃의 아름다움보다 "숨 가쁜 향기로 붉은 산을 덮으며"

라는 심정적인 동요가 일어 과거의 시간을 상기하고 있다. 그 사건과 연결되어 있는 심리적 기저는 석연경 시인이 가슴에 품고 있는 "죽이는 자와/ 죽임당한 자/ 빽빽한 골짜기/ 비명소리로 핏물이 흘러/ 초록 산을 적시고/ 잿빛 돌에 부딪혀/ 붉은 계곡물엔 사이렌 소리"가 환청처럼 울려 긴장된 마음을 드러낸다. 시인이 바라보고 있는 등나무의 뿌리가 내린 곳은 붉은 기운을 가득 품은 황토다. 황토는 은근하게 우리의 민중성으로 상징되어 인용되는 것을 볼 수 있다. 붉은 흙으로 환기하고 있는 죽음 그리고 핏빛으로 이어지는 황토가 시의 맥락을 부단히 교섭하고 있다. 연보라 등꽃에 뒤덮인 저 산 골짜기 어딘가에 깃든 죽음의 역사가 존재한다는 것을 내비친다. '피에 젖은 등나무', '역사'라는 서사로 "보아라 들어라/ 빽빽한 골짜기 등꽃빛은/ 사람의 핏빛에 하늘빛이 스민 것"으로 확장해 간다. 그 붉은 황토가 깃든 산 풍경은 다름 아닌 여수와 순천에서 자행된 1948년 10월 19일을 기점으로 벌어진 양민학살이 자행된 곳으로 엄연한 역사의 사실이다. 죽음의 시간을 뒤덮고 있는 그곳에 등꽃으로라도 위안이 되길 바라는 마음을 담고 있다.

여순! 가슴 아픈 세월
- 김도수·고명자·유지호·박철영

    통증은 신체 감각으로 인지된다. 그렇지만, 정신적인 충격은 통증이 아니라 이성적인 판단을 마비시킨다. 일종의 감각적 분별력이 무뎌져 무기력한 상태를 초래한다. 아무리 노력해도 아무것도 이룰 수 없는 세상살이라면 애착이 생길 리 없다. 그 증후를 발생시킨 충격의 근원이 거대 국가 권력에 의해 발생한 것이라면 이야기가 달라진다. 너무 광범위하게 이뤄져 회복이 쉽지 않은 상처라고 봐야 한다. 여기에서 말하고자 한 것은 1948년 10월 19일에 발생한 '여순 10·19'로 인해 현재까지도 치유되지 않은 피해자에 대한 트라우마인 증후를 말한다. 아무리 생각해 봐도 피해자의 아버지, 어머니, 형제자매들이 죄가 없는데 억울하게 죄인으로 몰아붙여 죽음을 당하거나 폐인이 될 정도의 폭력을 당한 것이다. 그나마 살아남은 사람도 성치 않거나 '빨갱이' 집안이라고 해서 할 만한 일을 찾다보면 연좌제가 발목을 붙잡아 버렸다. 천상 모든 것을 내려놓고 목구멍에 풀칠하기도 버거운 삶을 살아야 했다. 당한 자는 고통의 삶을 살아야 하는데 가해자는 살 만한 세상 복록을 누리고 산다면 그것 또한 매우 불공평한 것이다. 진실과 정의는 시대 상황에 따라 달라지지만, 최소한의 염치는 있어야 한다. 대한민국 헌법 전문을 옮겨 본다.

"유구한 역사와 전통에 빛나는 우리 대한국민은 3·1운동으로 건립된 대한민국 임시정부의 법통과 불의에 항거한 4·19 민주 이념을 계승하고, 조국의 민주개혁과 평화적 통일의 사명에 입각하여 정의·인도와 동포애로써 민족의 단결을 공고히 하고, 모든 사회적 폐습과 불의를 타파하며, 자율과 조화를 바탕으로 자유민주적 기본질서를 더욱 확고히 하여 정치·경제·사회·문화의 모든 영역에 있어서 각인의 기회를 균등히 하고, 능력을 최고도로 발휘하게 하며, 자유와 권리에 따르는 책임과 의무를 완수하게 하여, 안으로는 국민 생활의 균등한 향상을 기하고 밖으로는 항구적인 세계평화와 인류공영에 이바지함으로써 우리들과 우리들의 자손의 안전과 자유와 행복을 영원히 확보할 것을 다짐하면서 1948년 7월 12일에 제정되고 8차에 걸쳐 개정된 헌법을 이제 국회의 의결을 거쳐 국민투표에 의하여 개정한다."라고 했는데 인간의 존엄성을 보장하는 데 있어 현실과 괴리감이 있어선 안 된다는 주의 주장은 유효하다.

  지게 짊어지고 땔나무 하러 산으로 가던 젊은이에게
  물어볼 게 있으니 잠깐 지서로 가자고 했다
  새파란 청년이라는 게 동행 이유였다
  적색분자 색출 명단에 이름 석 자를 올리더니
  반죽음이 되도록 두들겨 패서 정신줄 놓게 하고
  반란군 선봉대 한 명 검거했노라 실적란에 적었다
  뼈 어그러진 시퍼런 멍 자국 위에 포승줄 묶어
  트럭에 태우고 싸리골 골짜기로 끌고 갔다
      - 김도수, 〈늙은 증언자의 노래〉 부분 《91.01.8491, 反》)

그 당시 지서라면 요즘으로 치면 경찰의 민생 치안을 맡은 파출소라고 보면 된다. 지역적으로 치안 유지를 위해 그럴 만한 곳에 설치된 지서라면 응당 불안한 주민들 보호에 최선을 다해야 했다. 하지만, 그런 고유한 임무보다 관내 주민들에 대한 염탐과 그도 안 되면 혐의자를 만들어 실적을 올리는 데 혈안이 된 듯하다. 일제 경찰이라는 잔재가 고스란히 유지되었을 순사인 그들에게 한 번 눈에 찍히면 십중팔구는 산송장이 되거나 죽음을 봐야 끝이 났다. 김도수 시인이 말하고 있는 '싸리골'에서 죽음을 맞은 청년도 그들이 놓은 덫에 여지없이 걸려들고 말았다. 그저 먹고 살기 위해 땔감을 하러 산에 오른 것이 죄가 된 것이다. 일단 씌워진 혐의에 '빨갱이'란 딱지가 붙으면 빠져나올 수가 없는 살생부나 다름없다. 산자락에 붙어사는 청년이 산에 가는 것은 당연한 것이고 확실한 혐의나 증거도 없이 막연한 추측으로 그들은 양민 보호보다 국가의 공권력으로 살인을 자행한 것이다.

"금메 겁나게 징헌 세상을 살았당게" 광복 후 만주에서 돌아온 아버지와 농사짓고 살았던 엄마의 고향은 지리산 가는 길목 곡성군입니다. "발랑군 온당께, 울음 뚝 그쳐라 잉" "발랑군이 잡으러 온당게" 엄마의 눈은 공포로 가득했고 쭉 빼문 혀를 내두르며 우리를 야단쳤습니다. 여순 항쟁 수십 년이 흘렀으나 반란군의 흔적은 엄마의 얼굴에서 지워지지 않았습니다

반란군, 빨갱이가 무슨 말인가 모른 채 쉬쉬했답니다. 완장 찬 사람들이 긴 죽창으로 아무데나 푹푹 쑤셔대며 마을을 돌아다닐 때 만주 좌익으로 의심받은 아버지는 10리 떨어진 상덕리 처갓집 마루 밑으로 땔감더미 속으로 매곡산 바위굴로 옮겨가며 몸을 숨겨야 했답니다. 여수 순천에서 쫓기던 사람들은 구례

를 지나 곡성에 들러 소금과 보리밥 한 덩이를 얻어 황급히 지리산 쪽으로 달아 났다 합니다 섬진강 너머에서 울려오는 따발총 소리, 비명소리에 엄마는 한동 안 말을 잃고 살았다 합니다

- 고명자, 〈늙은 증언자의 노래〉 부분《91.01.8491, 反》)

    아직도 70여 년 전 벌어진 살벌한 분위기를 그대로 전해 주는 "금메 겁나게 징헌 세상을 살았당게"라는 97세 어머니의 녹취록을 그대로 인용한 말이다. "만주에서 돌아온 아버지와 농사짓고 살았던 엄마의 고향은 지리산 가는 길목 곡성군"으로 그저 타국살이에서 돌아와 마음 편히 농사를 짓고 알콩달콩 살았을 것이다. 그때 마침 '여순반란사건' 이라 이름 붙여진 것이 터지면서 반란군에 대한 토벌작전이 시작되었 고 "여수 순천에서 쫓기던 사람들은 구례를 지나 곡성에 들러 소금과 보리밥 한 덩이를 얻어 황급히 지리산 쪽으로 달아났다 합니다 섬진강 너머에서 울려오는 따발총 소리, 비명소리에 엄마는 한동안 말을 잃고 살았다" 한다. 어머니의 고향인 '곡성군'은 섬진강 수계를 이룬 지리산 과 인접해 있다. 농사나 짓고 있는 남편이 해방 전 만주에서 좌익사상 에 연루된 것으로 의심하여 쫓기는 몸이 되어 버린 것이다. 사실 어머 니의 남편은 "반란군, 빨갱이가 무슨 말인가 모른 채 살았기에 쉬쉬" 하며 혹시 잡히기라도 하면 남편이 죽는다는 것은 뻔한 일이었다. 불 쑥 집을 찾아온 "완장 찬 사람들이 긴 죽창으로 아무데나 푹푹 쑤셔대 며 마을을 돌아다닐 때 만주 좌익으로 의심받은 아버지는 10리 떨어 진 상덕리 처갓집 마루 밑으로 땔감더미 속으로 매곡산 바위굴로 옮겨 가며 몸을 숨겨야 했다."는 어머니의 그 당시 심정은 그야말로 사느냐

죽느냐로 절박했다. 토벌군이 어찌 가만히 물러갔겠는가? 어머니에게 갖은 협박과 공포심을 가해 윽박지르며 반란군에 가담하거나 부역을 한 동네 사람들을 대라고 윽박질렀다. 그럴 때 "우리들은 발랑군이 아니랑께요" "시키는 대로 하는 무지렁이들이 아니란 말이요" "핏줄인디 무신 죄를 졌다고 고발을 하라 한다요"라며 살벌한 군경에 맞서 가족을 지켜낸 당시 장한 어머니였다. 그야말로 목숨을 건 당찬 저항으로 그들과 맞선 것이다. 그렇게라도 슬기롭게 대응해 가족을 무사히 건사했으니 하늘이 도운 것이다.

호기심 많던 우리들의 장환봉씨
1948년의 여수·순천 10·19 사건 때
봉기군이 어떤 말을 하는지 들었다는 이유만으로
철도처럼 반듯하게 살아온 삶을 송두리째 빼앗겼지요
반란군을 도왔다는 말 같지 않은 이유로
아내와 어린 두 딸을 두고 끝내 돌아오지 못했지요

철도원, 우리들의 장환봉씨
햇살이 눈부시도록 빛나던 날
죄목도, 심문도, 집행의 내용도 모른 채
마흔 여섯 명의 동료와 함께 처형되었지요
거대한 음모는 좌도 우도 아닌 그에게
진실을 움켜쥐려고 힘을 주면 줄수록
부서진 채 빠져나가는 모래처럼
소름이 돋도록 부역의 명패만 남았지요
내란죄로도 모자라 주검에 불까지 질러
시신도 찾을 수 없었지요, 철커덕철커덕

철도의 화음에 맞춰 가족에게
웃음을 만들어주기 위해 안간힘을 쓰던
우리들의 장환봉씨
자신의 길을 정직하게 달려온 철도원이었지요

- 유지호, 〈철도원, 우리들의 장환봉씨〉 부분(《제1회 여순 10·19 문학상 수상 작품집》)

　묵묵히 자신이 맡은 일에 최선을 다한 철도원 장환봉씨가 '여순 10·19' 때 억울한 누명을 쓰고 죽음으로 내몰리고 말았다. 불행은 여수 14연대 봉기군이 여수역을 거쳐 순천역으로 넘어오면서 시작된다. 이때 마침 근무 시간이라 어쩔 수 없이 여수 14연대 반란군이 하라는 대로 할 수밖에 없던 상황에 처한 것이다. 그 시간 근무인 관계로 기관차를 몰아야 했던 장환봉씨는 "1948년의 여수·순천 10·19 사건 때/ 봉기군이 어떤 말을 하는지 들었다는 이유만으로/ 철도처럼 반듯하게 살아온 삶을 송두리째 빼앗겼지요/ 반란군을 도왔다는 말 같지 않은 이유로" 토벌군에 부역자로 끌려가게 된다. 당연히 봉기군들이 열차에 탔고 그들이 내뱉는 말들을 듣고자 해서 들은 것이 아니라 그들끼리 나누는 대화 소리가 들리니 들었을 뿐이다. 억울한 죽음에 한 많은 세월을 살다 누명을 벗었다니 이런 경우는 그래도 나은 것이다. 아직껏 억울한 죽음에 대한 해명이나 누명을 벗지 못한 채 살아온 유가족들이 허다하기 때문이다. 이런저런 생각을 하며 섬진강 압록을 찾아갔다. 섬진강은 예나 지금이나 말없이 흘러간다. 그런데 세상은 거꾸로 역류하는 때가 종종 있었다.

샛강처럼 섬진강이 흘러내리다
보성강이 합수해 볼록해지기 시작한 곳
한갓진 갓길에 팔각정자 세워 놓고
사람들 불러 강폭 수심을 가늠하다 보면
수평보다 깊어진 눈빛들
가문 강을 건너는 가을부터
싸하게 불어 싸는 댓바람이
얕은 물길 도강하려 물수제비를 떠 보지만
쉽게 건널 수 없는 것들은 그대로
낮은 산 어스름이 되거나
그도 저도 아니면 나가떨어져
댓바람에 쓸려 비명도 되지 못한
생목숨을 내놓고서야
물길 따라 강으로 흘러들 수 있다
죽었다는 징표로 풀잎처럼 몸을 누여
눈을 감았던 사람들과
그 죽음을 확인하려 거듭 사살했을
지리산 빨치산 소탕작전의 경찰 공적비가
그곳에 서 있다가 야음을 타
생존한 빨치산 후예들이 내려와
총탄 세례를 퍼부었는지
비에 새겨진 공적들이 부서지곤 한다
누군가는 죽어도 공적에 오르고
누군가는 죽어서 원혼이 되는
그런 세상이 있었다는 데
전적비에 공적을 새긴 만큼
고통 받은 위로도 새긴다면

강물 더는 수런대지 않으리
- 박철영, 〈압록을 가다 보면〉 전문(《해원의 노래》 순천대학교 여순연구소 엮음)

강안을 유장하게 흘러가는 물길을 가로막는 작은 바위들을 본다. 저들이 과연 도도한 물길의 방향을 바꿀 수 있을까? 의문하며 필자의 졸저를 올리기로 했다. 앞서 말한 대로 시적인 의미가 특별한 것은 아니다. 섬진강은 순창과 남원에서 흘러와 구례 압록에서 보성강과 합수되어 서서히 강폭을 넓히며 하류로 흘러간다. 여기서부터 제대로 된 강의 모양을 갖춰 간다는 뜻이다. 강줄기는 조금씩 허리를 불려 지리산과는 제법 거리감을 두게 한다. 반대쪽으로 곡성 동리산을 따라 흘러나오는 보성강 줄기를 따라 한참을 들어가면 태안사가 나온다. 그만큼 험한 산들이 굽이굽이 능선을 이어 숲을 만들어 낸다. 그런 산세에 따라 '여순 사건' 때 여수와 순천을 벗어난 반란에 참여한 군인들이 숨어들던 곳이기도 했다. 그 지리산에서 토벌작전이 전개되었고 빨치산뿐만 아니라 군경들이 전투 중 많은 목숨을 잃었다. 그런 아픔을 담아 경찰 공적 전적비가 풍경 좋은 곳에 들어선 강가의 정자 초입을 차지하고 있다. 그런데 언젠가 비문에 새긴 글을 누군가 돌로 쪼았는지 훼손이 심각한 것이다. 그런 정황을 통해 아직도 우리 지역민의 '여순'에 대한 정서가 상당한 대립과 반목이 깊다는 것을 알았다. 그렇다면 그들에게 진정한 화해와 해원은 무엇이 선행되어야 하는가를 고민해 보았다. 그것은 지금이라도 잘못된 것은 과감히 인정하고 화해를 위한 조치가 가시적으로 있어야 한다고 보았다.

제3부

사람이 먼저

여수와 순천에도 백성들이 살았다
- 송태웅·서수경·안준철·이옥근

'여순 사건'에 관한 역사의 잘못과 성찰을 위한 시적 재현은 푸른 불빛으로 타오르고 있는 자유와 민주 세상을 열고 살기 좋은 삼천리금수강산을 보존하기 위한 봉화다. 봉화는 사람과 사람의 가슴으로 이어져 한양으로 서울로 역류하여 거세게 밀치고 올라가야 한다. 그것이 민의다. 이 땅에 살아가는 사람들의 마음과 마음이 눈과 눈이 서로를 응시하며 세상이 나아질 기미가 없다면 불같은 가슴속 봉홧불을 붙여 횃불을 들 일이다. 시인과 시인들이 지난 1948년 10월 19일 '여순 사건'에 대한 역사적 진실을 말하기 시작했다. 이것은 진실을 제대로 알리고 바로잡자는 시인 한 사람의 목소리가 아니다. 손바닥으로 해를 가릴 수는 없듯 참담한 역사를 덮을 수는 없다. 잘못된 것은 인정하고 통절하게 반성하여 참회하는 것뿐이다. 잘못된 역사를 바로 잡아야 다시는 이 땅에서 국가 폭력에 의한 참화가 발생하지 않는다.

    화엄사 데크길에서 자귀꽃을 보았다
    데크 위엔 꽃술들이 낭자히 떨어져 있었고
    이유 없이 다가온 허리앓이처럼
    콧등이 시큰해졌다

쌍봉낙타의 속눈썹 같은 꽃술들
1948년 10월에 몰아닥친
전남 동부의 죽음들

그것은 모든 부재와 악몽의 서곡이었다
하이칼라를 한 잘생긴 사내들과
흰 치마저고리를 입고
사라진 남편의 시신을 찾아 헤매는 아낙들

구한말에 한국에 온 영국여자 비숍도
한국 남자들이 중국과 일본 남자들에 비해
키도 크고 힘도 세다고 했다지

차라리 봉기군이나 토벌대가 됐다면
어느 날 갑자기 경찰서 뒷마당이나
섬진강 백사장에 끌려가서
아무 일도 없었던 것처럼
사라지는 일은 없었겠지
개처럼 죽지는 않았겠지

프란시스코 고야의 그림
1808년 5월 3일 마드리드 시민의 처형은
꼭 140년이 지나
한국에서 일어날 일을
예감한 그림이었을까

나무에 사뿐히 착륙해

> 이승을 누렸어야 할 꽃잎들
> 화엄사 데크길에서 만난 소름들
>
> —송태웅, 〈자귀꽃〉 전문(《91.01.8491. 反》)[1]

이 땅의 백성으로 태어나 묵묵히 살아온 시간을 생각하며 현재로부터 과거로 거슬러가며 심사가 깊어졌다. 지리산 화엄사 초입에서 다복다복 걸어 들어가며 주변을 둘러보다 이 산하와 이 백성으로 살며 고통스럽고 슬프지 않았던 때가 있었던가를 되묻는다. 이 땅을 밟다 보면 사방 곳곳 토벌 군·경과 빨치산이 서로를 겨눈 총구에서 빠져나온 탄환에 맞아 죽어가며 내지른 처절한 비명소리가 들리는 듯해서 귀가 슬프다. 무심코 걷다 문득 다가오는 생각들이 가슴 안으로 요동친다. 아팠던 과거 이 땅의 고통을 떠올리고 있다. 소름처럼 돋는 생각이 묘하게 번져 안타까운 죽음을 연상하고 있다. 그 죽음의 세월은 너무도 많이 흘러 쉽게 되돌릴 수도 없는 죽은 자의 기억이다. 빨리 잊고 싶어도 잊히지 않는 고통이 업보처럼 강하게 밀려온다. 다시는 그런 참담함이 되풀이되지 않는다면 당한자의 억울함과 풀잎처럼 쓰러져 간 슬픔을 유예할 수 있다. 하지만, 아직은 아니라며 송태웅 시인은 "화엄사 데크길에서 자귀꽃을 보았다/ 데크 위엔 꽃술들이 낭자히 떨어져 있었고/ 이유 없이 다가온 허리앓이처럼/ 콧등이 시큰해졌다"며 과거에 대한 참담함이 통증처럼 되살아나 심란해진 심정을 밝히고 있다. 움직일 때마다 이는 허리의 통증처럼 지리산은 몹시 아픈 산이다. 산길을 걸으며 그 증상은 더 심해질 수밖에 없고 기어이 더는 걸을 수 없

---

[1] 한국작가회의와 순천대학교 10·19 연구소에서 2022년 엮음.

다. 길 모퉁이에 앉아 망연한 표정으로 1948년 10월 19일 여순 항쟁이 벌어진 시간으로 회귀해 간다. 송태웅 시인은 젊고 고운 시절 세상이 아름답게만 보일 나이 때였을 무고하게 희생당한 사람들을 생각한다. "쌍봉낙타의 속눈썹 같은 꽃술들"을 가진 "하이칼라를 한 잘생긴 사내들"로 "흰 치마저고리를 입고/ 사라진 남편의 시신을 찾아 헤매는 아낙들"을 떠올리며 참으로 불행한 시대의 여인들로 가슴이 아프다. 그럴 바에야 "차라리 봉기군이나 토벌대가 됐다면/ 어느 날 갑자기 경찰서 뒷마당이나/ 섬진강 백사장에 끌려가서/ 아무 일도 없었던 것처럼/ 사라지는 일은 없었겠지/ 개처럼 죽지는 않았겠지"라며 그렇게도 못한 착하기만 한 사람들을 안타까워하고 있다. 마치 그들을 생각하며 기시감처럼 떠오른 "프란시스코 고야의 그림/ 1808년 5월 3일 마드리드 시민의 처형"이 한국에서도 꼭 일어날 것이라는 예감을 주문呪文으로 걸어 놓았던 것 같아 원망스럽기만 하다. 화자는 화엄사 데크길을 걷다 자귀꽃이 사뿐 내려앉을 때마다 지리산 자락에서 토벌(초토화)작전이라는 미명 하에 죽임을 당한 빨치산들도 아름다운 꽃처럼 생을 마감했어야 했는데 그렇지 못한 참혹사를 떠올리며 안타까워하고 있다. 그 마음의 끝자락을 자꾸만 건드리는 자귀꽃, 아직도 지상에서의 슬픔을 삭이며 봄철 한때를 빌어 평안을 염원하고 있다. 그런 기억의 한 모퉁이를 돌아설 때마다 안타깝게 떠오르는 기억들이 있다. 그것은 허구가 아니라 실재했던 과거란 것을 가슴 아파해야 한다.

올벼가 지천으로 익어
젖먹이 달래는 가슴처럼 늘어졌다

백월마을에 들이닥친 경찰의
거센 발자국 소리

해산의 고통을 겪는 암소도
항아리 엉덩이에 핀 만지꽃도
온 동네 사람들도
영문을 모른 채

굴비처럼 엮여
꿇어앉은 멈춰 버린 시간이었다

반란군에게 지카다비 신발 사다 줘
부역했다는 이유로 벌집 쑤셔 놓은 마을

소녀의 눈앞에서 아버지의 골은
힘없이 흘러내렸고,
오빠의 행방은 묘연했으며
친척, 이웃 30명의 제삿날은 한 날이다

너 나 할 것 없이 평생 살았던
서른 채의 집이 순식간에
불꽃 속으로 사라져 버렸다

하루아침이라도 사람을 안 죽이면
해장을 안 한다는 그놈

소녀의 기억 속 옛집은

따스한 노을 진 마당이 아니다

1948, 시월의 깜깜한 밤
지독하게 패인 어머니의 상처
무심한 세월뿐이다

- 서수경, 〈열네 살 소녀 숙하의 기억〉 전문《해원의 노래》

　계절적으로도 풍요한 가을이라 넉넉해진 시골 마을의 인심도 한껏 여유로워졌을 것이다. 한여름의 고된 농사일을 잘 넘긴 이후 곧 거둘 벼 수확을 눈앞에 두고 있는 "올벼가 지천으로 익어/ 짚믹이 딜래는 가슴처럼 늘어졌다"라며 풍요로운 농촌 풍경을 묘사하고 있다. 그토록 평화롭기만 한 마을이 상상도 못한 '여순 사건'의 소용돌이에 휩싸이고 만다. 조용하기만 한 농촌 마을에 들이닥친 경찰들이 동네 주민들을 한곳에 모이도록 한다. 그곳에서 가차 없는 불법 취조와 조사가 이뤄졌고 영문도 모른 채 동네 사람들은 한날한시에 무참히 살해되고 마을이 불타는 불행을 맞게 된다. 당시의 상황이 얼마나 참혹한 것이었는가는 열네 살 어린 소녀 '숙하'씨가 생생히 기억하고 있다. 어린 두 눈으로 그날의 야만스런 참상을 고스란히 목격해 버린 것이다. 눈을 의심할 정도로 상상할 수 없는 그날 "소녀의 눈앞에서 아버지의 골은/ 힘없이 흘러내렸고,/ 오빠의 행방은 묘연했으며/ 친척, 이웃 30명의 제삿날은 한 날이다"라며 평생 트라우마로 '숙하'씨와 어머니를 괴롭히고 있다. 하도 기가 막혀 이유란 것을 생각해 봐도 과연 그것이 죽을 정도의 잘못인가 도저히 납득할 수가 없다. 어거지로 이유를 갖다 붙인 것이 동네에 찾아온 "반란군에게 지카다비 신발 사다 줘/ 부역했다는 이유로 벌집 쑤셔 놓은 마을"이 되어 버린 것이다. 그토록 멀쩡한 사람들 잡아다 놓고 경찰관이란 사람이 할 말인가 묻고 싶다. "하루아침이라도 사람을 안 죽이면/ 해장을 안 한다는 그놈"은 평생 잊을 수 없는 사람이 아니라 악마인 것이다. 이승만 정권의 비호 하에 토벌군이란 완장을 찬 악마가 활개 치며 날뛰는 세상이 되어 버렸다. 열네 살 소녀 '숙하'가 기억하는 그 시간은 엄연한 진실로 피멍 든 가슴속 원한으로 잊을 수가 없다. 그런 행위를 유발한 국가 권력과 이후 정권이 몇 번을 바뀌었는데도 아무런 변화가 없다. 고스란히 그 고통은 피해자의 유가족이 감당해야 했고 침묵만을 강요했다. 사람은 답답하고 세상과 소통이 어려울 때 스스로 담을 쌓고 살아간다. 세상 사람이 다 무섭고 두려울 때 자신의 생각을 실현시킬 수 있는 상상 속 세계를 구축한다. 변화무쌍한 시대에 당신만이 아는 억울함을 풀어 놓곤 했던 어머니의 큐브는 어떤 모습일까?

큐브 속에 갇힌 어머니의 조각난 방
가지가지 생각들 허공을 떠돌다
모서리에 툭 턱 툭 턱
이른 아침부터 전화 너머로 들리는
철문 긁어대는 목소리

또, 또
그물에 가두어 둔 생각들 퍼덕거리는 걸까

한 번의 울대를 가진 가시나무 새가
움츠린 날개를 푸드덕 펼쳐

칠십사 년 전 그때를 다녀온 것일까?

아직도 해결되지 않은
서류 속 핏빛 같은 도장
그날 억울한 목숨들이
토해낸 각혈만 같다

고장 난 문고리처럼 안에서만
열 수 있는 방에는 그리다 만
붉은 부적들이 돌돌 말려 있다
육지가 바다 가운데로 뿔처럼 뻗어 나가며
슬픔의 밑둥을 울리는
기억이 새어 나오는 방은

아직도 어지럽혀 있는데

- 서수경, 〈기억의 해각海角〉 전문(《91.01.8491, 反》)

정육면체의 구조에서 면과 면이 맞대면 전혀 예상할 수 없던 새로운 형태의 공간이 완성된다. 그 형태를 큐브라 할 때 어머니가 살아온 세월이 독특한 공간 안에 존재한 것은 아닐까 헤아려 본다. 화자에게 기억되는 것은 어머니가 생애 동안 갇혀 있는 '방'이라는 삶의 모습을 떠올렸다. 그 안에 내장된 기억들이 큰 상처가 되어 마지막 생을 이어가는 기억으로 자꾸만 각인되면서 깊어지는 당시의 상황들이 매번 그날처럼 되돌려지는 것이다. 망각의 기억을 서서히 지워가는 것이 생의 순리라면 어머니는 그와 정반대의 기억을 재생하고 있다. "모서리에

툭 턱 툭 턱/ 이른 아침부터 전화 너머로 들리는/ 철문 긁어대는 목소리"는 그런 증상의 완화가 아니라 깊어진다는 데 있다. 그날도 그랬다. 긴급하게 이른 새벽을 가르며 급하게 밀어닥친 그 소리가 여전히 반복되면서 강박으로 조여 온 것이다. 무던한 세월을 자늑자늑 재워 두었지만, 어머니의 '방 안'에서 비집고 나오는 기억들이 지병처럼 도지곤 했다. 트라우마처럼 지독한 기억은 도저히 지워지지 않은 것이어서 노력도 소용이 없는 것일까? 마지막 혼신일 수 있는 "한 번의 울대를 가진 가시나무 새가/ 움츠린 날개를 푸드덕 펼쳐/ 칠십사 년 전 그때를 다녀온 것일까?" 화자는 기억에 남아 있는 어머니의 회한에 찬 생각을 가늠해 보지만, 헤아리기가 쉽지 않다. 방안에 마르지 않은 핏빛 비밀로 간직해 온 고통을 벽지처럼 도배해놓고는 시시때때로 기억을 되돌리고 있는 상상을 한다. 그런 진실마저 오랜 단절로 멀어져 알아볼 수 없는 "아직도 해결되지 않은/ 서류 속 핏빛 같은 도장/ 그날 억울한 목숨들이/ 토해낸 각혈만 같다"는 당신을 떠올린다. 어머니는 기억의 큐브를 오늘도 만지작거리며 "고장 난 문고리처럼 안에서만/ 열 수 있는 방에는 그리다 만/ 붉은 부적들이 돌돌 말려 있다"는 생전 그날을 간직하고 있다.

> 그해 시월 초닷새 날
> 승주군 상사면 서정리에 사는 조영두씨는
> 보리거름을 내고 집으로 돌아가던 길이었다.
> 마을 사람들 모두 논두렁으로 나오라는 소리가
> 확성기에서 쩌렁쩌렁 울려 퍼지자
> 냇가에서 빨래를 하고 있던 아내에게

"나 죄 없응께 괜찮을 거네."라고 한 것이
그의 마지막 말이 되었다.

마을 논 앞에는 상사지서에서 나온
경찰과 진압군 4명이 와 있었다.
그들은 아무 사람이나 앞으로 나오게 하여
마구잡이로 두들겨 팬 후
산사람과 내통한 사람을 지적하라고 했고
그에게 손가락질을 당한 사람들은
지서로 모두 연행되었다.

조선자씨 아버지 조영두씨는
할머니가 2년 동안 불공을 들여 얻은
손이 귀한 집안의 아들이었다.
아내가 임신 중이었고
가장으로서의 책임감에
좌익단체 가입 권유도 거절했지만
마을 사람의 손가락질에 의해 죽음을 당했다.

절대 아니다, 억울하다, 항변하다가
개머리판에 머리가 깨지고 실신한 그 다음날
"할머니가 애가 터지고 환장병이 났대요.
근디 경찰서 후문에서 덮어 논 것을 떠들어 봉께, 아버진 거여."
스물다섯 꽃다운 청춘이었다.
스무 살 꽃봉오리 젊디젊은 아내는
임신 4개월의 몸으로 남편을 잃었다.

　　　　　　　　　　 - 안준철, 〈엄마 가난〉 부분 《해원의 노래》

안준철 시인의 시적 진술은 여순 피해자들에게 녹취한 자료를 근거로 발현되었다. 피해 유가족들의 생생한 기억을 통해 구술된 내용을 하나도 빠짐없이 녹취하여 여순 항쟁 사료로 보존하려한 자료 중 일부다. 여기에서 연루되어 벌어진 피해자들의 사례를 심층적으로 따져 보지 않더라도 억울한 죽음이란 것은 삼척동자도 확신할 수 있다. 그저 젊다는 것과 누군가에게 손가락질로 지목된 것이 죽을 만큼의 죄가 되는 것이라고 소중한 목숨을 앗아갔다. 설령 죽음에 이를 정도의 중죄를 지었다 쳐도 목숨이 달린 문제라 그렇게 쉽게 판단될 절차가 아니다. 일개 지서에서 나온 경찰과 진압군 4명으로 그 마을을 찾아온 "그들은 아무 사람이나 앞으로 나오게 하여/ 마구잡이로 두들겨 팬 후/ 산사람과 내통한 사람을 지적하라고 했고/ 그에게 손가락질을 당한 사람들은/ 지서로 모두 연행되었다."라며 즉결 처분해 버린 극악무도한 짓을 자행한 것으로 당시 경찰과 진압군의 처사는 너무나 과도했던 것이 분명하다. 그렇게 당한 것도 억울한데 "절대 아니다, 억울하다, 항변하다가/ 개머리판에 머리가 깨지고 실신한 그 다음날/ "할머니가 애가 터지고 환장병이 났대요./ 근디 경찰서 후문에서 덮어 논 것을 떠들어 봉께, 아버진 거여."/ 스물다섯 꽃다운 청춘이었다./ 스무 살 꽃봉오리 젊디젊은 아내는/ 임신 4개월의 몸으로 남편을 잃었다."라며 폭력의 무자비함을 고발한다. 꽃 같은 아내가 꿈꾸었던 행복한 신혼은 여지없이 깨지고 만다. 당시 임신 4개월인 아내의 삶은 처절한 나락의 길로 내몰리고 말았다. 그것만이 문제가 아니라 유가족인 할머니를 불러다 "전기고문 고춧가루 물고문도 서슴지 않앗"다. 산송장이 되다시피 한 할머니, 아들의 무고함을 의연하게 주장하여 남은 다섯 식구를 살려낸다. 이후 '빨갱이' 집안이라는 따가운 눈총은 사는 매일이 그야말로 지옥 같아 처절한 것이다. 거기에 밥 한 끼를 책임져야 할 나날을 견디며 질긴 목숨을 이어온 것이다. 참담한 시절의 산 증인인 조선자씨는 열한 살 때 할머니의 강권으로 엄마가 재가를 하면서 할머니와 할아버지 손에 자라게 된다. 안준철 시인은 그런 상황을 사실적으로 전하고 있다. "야만의 역사로 인한 불행은/ 아버지 조병두씨의 죽음만으로 끝나지 않았다./ 아들을 먼저 앞세운 할머니는/ 위로와 애도 대신 모진 고문을 받았고/ 시어머니에게 등 떠밀려 개가한 엄마는" 가난에서 헤어나지도 못했다. 남편이라고 만난 사람의 경제적 무능으로 인해 17년 병수발과 어머니인 당신마저 '풍'이라는 병에 걸려 비참한 생을 마감한다. 고통은 연이어 온다고 했다. 조선자씨의 삶 그 자체가 이토록 처절하게 파괴된 시발점은 지독한 세월 나랏님 잘못 만난 것이 죄라면 죄다. 그 보상받을 수 없는 삶을, 한을 어떻게 풀어줘야 하는가를 함께 고뇌해야 한다. 우리는 해방 이후 국가의 잘못된 폭력이 무고한 사람들에게 가해졌을 때 행복했던 가족사를 비참하게 침몰시킨 것을 보아왔다. 그 고통은 대를 이은 가난으로 이어져 불행은 한 세대로 끝나지 않는다.

그날 저녁 여수 앞바다도
어둠을 몰고 저리 숨죽여 울었을까.
풀벌레 소리도 잠든 시간
핏기 잃은 달빛 아래
거센 바람은 신월리를 떠나
이웃 섬마을 돌산을 휘감고

율림리까지 소용돌이쳤다.

여드름 가득했던 홍안의 미소년
구순의 나이 넘어
긴 시간 속으로 사라진 이름을 불러 본다.
바람이 좌우로 어지럽게 불던 그날
스물여섯에 털썩 멈춰버린 사촌 형
툭툭 떨어져 꽃잎이 된 처남들
사람들은 침묵했지만 바다는 조용히 품었다.

아픔이 깊어 용기가 되었다
바람 그치는 날 돌아오리라.
나침반 없이 바다를 떠돌다
이제 바람 잠잠한 땅에 닻을 내리고
돌부리에 넘어진 지난 시간을 해체해
자신을 깁는다
슬픔의 자리에 새살을 돋운다.

― 이옥근, 〈바다의 기억〉 전문(《해원의 노래》)

시간은 과거의 잘못과 아픔을 기억에만 의존할 수 없어 기록으로 남겨야 한다. 오직 세월이라는 지난날의 혹독하게 당한 자의 기억은 고통 그 자체다. 이옥근 시인은 그날 바다로 내몰린 사람들의 비극적인 죽음을 떠올리고 있다. 처절하게 죽음을 맞이한 그 사람들이 바다에 수장되었던 "그날 저녁 여수 앞바다도/ 어둠을 몰고 저리 숨죽여 울었을까."라며 그날(1948년 10월 19일을 기점으로 닥쳐온 불행)을 상기하고 있다. 여수 14연대가 주둔했던 '신월리'가 바로 코앞인 돌산 '율림리' 사이로 여느 때와 다름없이 바다가 잔잔한 파도를 밀치고 들어왔다. 그런데 밀려온 것은 파도만이 아니었다. 밀려든 바다가 잔잔한 수면으로 속내를 숨긴 채 다가온 것이다. "여드름 가득했던 홍안의 미소년/ 구순의 나이 넘어/ 긴 시간 속으로 사라진 이름을 불러 본다./ 바람이 좌우로 어지럽게 불던 그날/ 스물여섯에 털썩 멈춰버린 사촌 형/ 툭툭 떨어져 꽃잎이 된 처남들/ 사람들은 침묵했지만 바다는 조용히 품었다."라며 이옥근 시인은 그날의 참상을 들어 알고 있다. 죽은 자는 말이 없고 다만 산자의 기억을 빌어 말해질 수밖에 없는 '여순 사건' 때 숙어간 사람들을 불러본다. 그토록 소중한 생명으로 이 땅에 태어난 홍안의 미소년과 사촌 형들을 다시 국가의 이름으로 해원해 줄 수는 없는 것인가를 묻고 있다. 지금껏 가해자는 말이 없다. 이제라도 국가의 이름으로 억울하게 죽어간 한 사람 한 사람의 이름을 불러줘야 한다. 가해자였던 대한민국이 나서 1948년 10월 19일 '여순 사건' 이후 벌어진 참상을 수많은 시인들이 나서 시로 재현하는 작업을 지속해야 한다. 그럴 때 언젠가는 진실된 역사를 참회하는 참회록을 쓸 수 있다.

'여순 사건'의 진실
- 김영숙·진창윤·주선미·권위상·서승현

    과연 진실을 말할 수 있을까? 그런 기회가 당신(증언인)에게 올 것인가 꿈엔들 생각이나 하였겠는가? 그러나 조곤조곤 이 세상을 등진 당신에게 살아생전 귀엣말로 속닥이듯 그런 때가 언젠가는 올 것입니다. 당신이 억울하게 당하면서 한 마디 항변도 못하고 떠난 그날의 진실을 세상에 들려줄 날 말입니다. 그토록 좋기만 했던 당신이 삶을 놓아 버린 그때를 가슴에서 한 번도 잊은 적 없었다는 유가족의 증언이 그랬습니다. 언젠가 진실을 세상에 알리겠다고 징한 목숨줄 놓지 않고 견뎌왔습니다. 남들은 '빨갱이' 집안이라며 손가락질하여도 당신은 그런 사람 아니란 것을 하늘도 알고 땅도 알고 있다고 항변하며 살아왔습니다. 아무리 그렇다 쳐도 하늘이 내린 생때같은 당신 목숨을 개, 돼지만도 못하게 죽일 수 있는 것인가를 그들에게 혼잣소리로 묻곤 했습니다. 당신이 못다 한 악다구니라도 써가며 세상에다 죄다 까발리며 알릴 때가 올 것이라고 독하게 버티며 살아왔습니다. 이제 징한 세월 다 흘려보내고 남은 것은 그리운 당신과 이 세상 남은 시간이 많지 않다는 두려움뿐입니다.

휘영청 보름달이 밝았던 추석 다음 날이었다
마을에 울려 퍼진 총성, 비명소리
어머니는 맨발에 고무신을 꺾어 신은 채
뛰쳐나갔다

총상 입어 치료해 준 반란군의 손가락총에
죽은 아들
뒤엉킨 시신들을 헤치고 피눈물로 마주했다

좌, 우, 이념이란 용어도 모르던 아들이
빨갱이란 낙인이 찍히고
70여 년의 그 긴 세월
유족들까지 빨갱이 사냥을 당했다
점 여섯 개, 말줄임표로 새겨 놓은
위령비의 눈물

—중략—

벗겨졌던 고무신
아직도 상처 자국이 선명한 어머니의 발에
검붉은 세월이 흘러내렸다

- 김영숙, 〈흰 고무신이 벗겨지던 날〉 부분《그날 이후》

그렇게 황망히 떠나간 당신에게 그동안 살아온 이야기며 아이들 지켜 온 이야기를 들려주고 싶습니다. 당신 떠나고서 마을엔 추석 명절이 없어졌다지요. 조그만 낯선 아이가 찾아왔고 불쌍해 인정 좀 베푼 것이 죽을죄가 되어 비명도 못 지른 채 죽임 당한 아버지 어머니를 기억합니다. 동네 많은 사람들 한꺼번에 죽임당하고 불태워져 도무지 당신을 찾을 수 없어 시신을 만지다 겨우 타고 남은 발가락을 보며 알았다고 합니다. 이제는 이웃이 위독하더라도 외면을 해야 하는 건가요. 상처를 치료해 준 아이가 쏜 손가락총에 끌려가 죽음을 당한 것도 이상하지요. 그런 아이와 무슨 내통을 하고 말고가 있겠습니까? 산사람(빨치산) 내려오는 험한 산자락에 사는 것이 죄라면 죄였습니다. 배운 것 없고 무식해서 그저 대처로 나갈 수 없어 태어난 곳에 일자무식으로 열심히 산 것이 죄라면 죄였습니다. 아버지 어머니 없는 세상 살아 견디며 이제는 흐릿해진 당신의 얼굴을 기억할 수가 없어 이름이라도 불러 봅니다. 지독한 세상 지금까지 살아오며 이제 원망도 하기 싫고 오직 바란 것은 꿈에도 잊을 수 없어 그리움 사무치는 당신을 만나고 싶은 마음뿐입니다. 저토록 순박한 원망을 보며 우리는 순정한 사람 가슴에 무슨 짓을 했는가를 가해자들에게 되묻고 싶습니다. 고통마저 당신의 업보로 여기며 묵묵히 살아온 고통을 우린 잊어서는 안 됩니다. 밤이면 산사람이 내려와 죽인다고 윽박지르고 낮이면 산사람과 내통했다고 갖은 폭압질을 해대는 세상에서 어떻게 하였으면 죄가 없는 삶을 살 수 있느냐고 묻고 싶습니다.

뒤엉킨 시신들
누구의 유해인가

점 여섯 개만 찍힌 위령비
그는 차마 아버지의 이름을 부르지 못합니다

어느새 굽은 그의 등 위로
내려앉은 가을 해거름
오싹 시려 오는데

연좌제 사슬에 묶였던
핏빛 세월이
꺼억 꺼억 통곡입니다

좌우 이념의 손가락총부리에
당신을 보내고
빨갱이 새끼로 한평생

서럽도록 아름다운 넋
당신에게
이제야 레퀴엠을 바칩니다
    - 김영숙, 〈당신의 이름을 부릅니다〉 부분(《91.01.8491, 反》)

  마래터널 안 음습한 곳 차가운 냉기가 써늘함을 더해 찾아가는 발걸음이 그래서 더 무겁다. 원한과 설움이 사무쳐 더는 사람 마음을 새길 수 없어 "점 여섯 개만 찍힌 위령비"를 보며 화자는 비통함의 세월을 떠올리며 외진 이곳까지 끌려와 죽음으로 내몰린 영혼을 위로하고 있다. 지아비와 아버지와 고만고만한 마음으로 삶을 꾸려가던 그들을 몽땅 잡아다 죽이고 그들 손에 들려온 기름통을 그들의 시신에 부어 불태웠다는 그곳이다. 하도 많은 사람이 뒤엉켜 죽었기에 시신을 찾을 수 없었다는 처참함도 다 세월 속에 묻혀 버렸고 그나마 흔적을 수습해 그렇게라도 위령비를 세운 것이다. 당사자는 죽어가면서도 '빨갱이'가 되어야 했고 남은 유가족들은 생애 굴레처럼 '빨갱이' 가족으로 낙인찍혀 연좌제란 족쇄를 차고 살아야만 했다. 손가락질을 당한 사람은 무조건 '빨갱이'가 되어야 했던 70여 년 전 대한민국의 이름으로 집단학살을 거침없이 자행한 것이다. 늦게나마 사람 발길 간간이 찾아들어 억울한 죽음을 애도하고 잘못된 역사를 통렬히 규탄하며 안타까운 마음을 담아 원혼을 다독이고 있다.

    총을 들어야 할까요 말아야 할까요
    총을 내려야 할까요 말아야 할까요
    해방 직후니까요

    동족을 죽여야 할까요 말아야 할까요
    동족이 죽어야 할까요 말아야 할까요
    단독 정부니까요

    하얀 하늘이 다시 하얀 하늘이 되어 가고 있어요
    끊긴 길이 투구 쓴 이파리를 가득 피웠어요

    너의 총 앞에 나의 총이 슬프다고 말해요
    나의 무릎 앞에 너의 무릎이 슬프다고 말해요

    나의 나라에선 누구도 죽을 수 없다고 해요
    너의 나라에선 누구도 죽을 수 있다고 해요

    여수는 순천

순천은 여수

　　　10월 19일이라고 했나요
　　　19일 10월이라고 했나요

　　　연기가 피어오르고 있어요
　　　연기가 불을 낳고 불이 연기를 낳고
　　　불을 먹은 아이들이 울고 있어요
　　　불이 누나를 먹고 형을 먹고
　　　어머니를 먹고 아버지를 먹고
　　　할머니를 먹고 할아버지를 먹고 있어요

　　　10월이에요
　　　19일이에요

　　　누구도 죽지 않을 수 있을까요
　　　누구도 죽이지 않을 수 있을까요

　　　여수는 순천을 낳고 있어요
　　　순천은 여수를 낳고 있어요

　　　끊긴 길은 또 끊긴 길을 낳아요
　　　푸른 하늘은 다시 푸른 하늘이 될까요
　　　　　　- 진창윤, 〈10월 19일이라고 했나요〉 전문(《91.01.8491, 反》)

　말을 건네고 싶어 침묵으로만 되뇌던 기억들이 소리로 멀리서 다가오고 있다. 시간을 거슬러 소란스런 말들이 그날의 아픔을 되물으며 정말로 그래야만 했는가를 묻고 있다. 진창윤 시인이 바라보는 그날의 기억들을 다시 상기하면서 '여순 사건'으로 명명된 시대적인 상황으로 되돌아가 본다. 그들(여수 14연대 가담 군인)이 생각한 국가관이 틀린 것인가를 묻고 있다. 동족의 가슴에 총을 겨눌 수 없다는 절박한 동포애를 고민하는 순간을, "총을 들어야 할까요 말아야 할까요/ 총을 내려야 할까요 말아야 할까요/ 해방 직후니까요"라며 현재 다시 그날이 온다면 그들은 똑같이 고민했을 것이다. 그들이 제주 4·3 진압군으로 제주로 파병된다면 불을 보듯 뻔한 동족의 가슴에 총을 들이대야 한다는 것을 알기에 심각한 고뇌에 빠질 수밖에 없다. "동족을 죽여야 할까요 말아야 할까요/ 동족이 죽어야 할까요 말아야 할까요/ 단독 정부니까요"라며 또 묻는다. 그것도 일제 압제에 벗어나 자랑스런 우리의 대한민국 정부에서 나라를 지켜야 할 군의 사명이 무엇인가를 묻고 있다. 동족에게는 총을 들이댈 수 없다며 당당히 거부한 것이다. 국가의 명령에 항명한 여수 주둔 14연대의 군 일부는 여수 신월리를 빠져나와 시내로 향했고 억압된 감정이 점화되어 일제 친일 경찰과 지역 인사에 대하여 총부리를 겨누었던 그날이었다. "너의 총 앞에 나의 총이 슬프다고 말해요/ 나의 무릎 앞에 너의 무릎이 슬프다고 말해요// 나의 나라에선 누구도 죽을 수 없다고 해요/ 너의 나라에선 누구도 죽을 수 있다고 해요"라며 절규한다. "여수는 순천/ 순천은 여수// 10월 19일이라고 했나요/ 19일 10월이라고 했나요"라고 되물으며 그날을 상기시키고 있다. 여수와 순천에서 그들(여수 14연대 가담군인)은 그 나름의 명분을 앞세워 지역에서 지탄 받아온 인사들과 친일에 부역한 사람들을 처단하는 행위를 집행했다. 반란에 참여한 군과 좌익계에 의한 살상은 시작에 불과했다. 뒤이어 대한민국 국방경비대와 경찰이 대대적인 토벌군을 편성해 순천과 여수로 들어왔다. 군경 토벌대는 봉기에 가담한 군인들과 그에 협조한 부역자를 색출한다며 수많은 양민들을 잡아들이기 시작했다. 그런 과정에서 상상할 수 없는 상황으로 광란은 치닫고 말았다. 진창윤 시인은 그런 상황을 "연기가 피어오르고 있어요/ 연기가 불을 낳고 불이 연기를 낳고/ 불을 먹은 아이들이 울고 있어요/ 불이 누나를 먹고 형을 먹고/ 어머니를 먹고 아버지를 먹고/ 할머니를 먹고 할아버지를 먹고 있어요"라며 누구도 죽음에서 자유롭지 않았다는 당시 상황을 말해 주고 있다. 당연히 누군가는 죽고 누군가는 죽이고 하는 반복의 일상이 여수와 순천에서 버젓이 자행되었다. 70여 년이 지난 그날의 참상이 아직도 국가의 묵인 하에 회복되지 않고 있다는 것도 실상이다.

개펄을 잘게 썰어가며
먼 바다 건너가는 칠게 무리
에두르는 밀물에 갇혀 옴짝달싹 못 한다
팽팽하게 펼쳐진 오후 다섯 시
바다가 밀려오고,
엎어지는 파도 등 뒤로 노을이 번진다
진종일 목말랐던 개펄
목을 축이는 시간
부표처럼 흔들리는 와온 저녁
촉촉한 응달도 이렇게 따뜻하게 익는구나
와온 바다 따스하게 달군다
갯바닥 지키던 사람들

> 얼굴도 모르는 누군가 씌운 굴레를 벗어던진 채
> 가장 높은 곳으로 올라선다
>
> - 주선미, 〈순천만 일몰〉 전문(《91.01.8491, 反》)

　핏빛 노을은 천지 사방을 가리지 않는다. 순천만 개펄에 야금야금 내려앉은 노을이 유달리 눈에 밟힌 것은 가슴 붉어 더 슬퍼지는 기억을 머금고 있어서다. 주선미 시인이 바라본 순천 와온의 하늘 아래 맞닿은 나지막한 가가호호 불빛들도 저리 붉어지다 어둠에 휩싸였을 것이다. 슬퍼할 기척도 없이 어둠이 한꺼번에 몰려오듯 그날도 그랬을 것이다. 한 목숨 살겠다고 그 광활한 "개펄을 잘게 썰어가며/ 먼 바다 건너가는 칠게 무리/ 에두르는 밀물에 갇혀 옴짝달싹" 갇히고 말았다. 그 광경을 보며 떠오른 그날도 그러했을 것이다. 팽팽한 긴장이 감도는 노을도 이내 어둠에 자리를 내어주고 어딘가로 홀연히 자취를 감추고 말았다. 세상사가 다 그러하다는 듯 눈망울 겁에 질린 듯 휘둥그레 뜨고 바라보았을 그날(1948년 10월 19일) 여수에서 밀려오는 밀물처럼 순천 시내도 한때 저 붉은 노을처럼 눈자위 촉촉하게 슬퍼졌던 시절을 상상했다. 듣거나 알지도 못한 사회주의니 좌익이니 하는 사상도 그렇거니와 오직 하루 세 끼 굶지 않고 사는 것이 꿈이었을 그들이었다. 아는 것이라고는 갯일에 목매고 먼 바다로 나가 고기 잡는 것이 전부였던 그들에게 누군가에 의하여 겨누어진 손가락총을 맞아 끈적끈적한 피를 토해내며 죽어간 것이다. 죽어가면서도 못 다한 갯일을 걱정하며 사랑하는 아내와 자식과 부모를 염려하며 노을처럼 어둠에 묻히고 말았을 것이다.

여순 10·19에서 여수 순천을 떼어 내자는 제안
나는 공감한다
이 아픔이 어찌 여순 것만이랴

군인들이 몰려와 총구로 위협하며
시아버지와 며느리를 마주 세워 놓고
서로 맞뺨을 때리게 했다
그렇게 하는 게 아니라며 시범까지 보였다
부역한 아들의 행방을 대라 했다
그날 저녁 시아버지는 목을 맸다

세월이 흘러 며느리가 늙어 죽을 때
그날의 끔찍한 기억을 되뇌며
바람으로 사라졌다는 진실

야만적인 국가폭력을 여수 순천에 가두어 놓는다면
한 시대를 지난 이 시점에
멀리 떨어져 사는 사람들에게
그냥 여순 사건이 되고 말 것을

여순 10·19에서 여수 순천을 떼어 내자는 주장
나는 공감한다
광주 5·18이 아니고
제주 4·3이 아니듯이
그냥 여순 사건이 되고 말 것을

여순 10·19에서 여수 순천을 떼어 내자는 주장

> 나는 공감한다
> 광주 5·18이 아니고
> 제주 4·3이 아니듯이
>
> — 권위상, 〈여순 10·19에서 10·19로〉 전문(《91.01.8491, 反》)

일반적으로 '여순 사건', '여순 10·19'라고 보통명사처럼 많은 사람들은 그렇게 알고 있었다. 1948년 10월 19일 여수 주둔 14연대 병영 내에서 제주 파병을 반대하며 봉기한 일부 군에 의해 여수와 순천에만 해당되는 지역적인 문제로 보았다. 그곳 사람들이 죄다 반란을 일으킨 것처럼 국가는 방송 매체를 통해 국민에게 알렸을 것이다. 사실은 해방 이후 미군정이 들어오고 단독정부 수립 때부터 일제에 부역한 사람들에 대한 처단을 유예한 채 친일 경찰들을 해방된 나라(대한민국 임시정부)에서 경찰로 재등용하는 것을 허용하는 등 정치 사회 전반적인 혼란과 불안이 가중되던 시대임을 알아야 한다. 그런 와중에 제주 4·3이 발발하고 '빨갱이'를 토벌한다는 명분으로 여수 주둔 14연대 군 일부를 파병하자는 것이 발단이 된 것이다. '동족을 살상할 수 없다'는 명분을 내세워 그에 동조한 군 일부가 반란(항명)을 일으킨 사건이란 것은 이미 알려진 사실이다. 그에 동조한 반란군과 부역한 협력자를 색출한다는 명분으로 여수 순천으로 군과 경찰을 보내 토벌 작전을 진행한 것이다. 그렇지만, 명분과 달리 무고한 양민들도 사소한 혐의만 있으면 무조건 잡아다 폭행하고 그러다 못해 굴비처럼 엮어 으슥한 골짜기로 바다로 끌어다 죽이는 것이 토벌작전이었다. 하물며 하다하다 인륜을 저버리고 "군인들이 몰려와 총구로 위협하며/ 시아버지와 며느리를 마주 세워 놓고/ 서로 맞뺨을 때리게 했다/ 그렇게 하는 게 아니라며 시범까지 보였다/ 부역한 아들의 행방을 대라 했다/ 그날 저녁 시아버지는 목을 맸다"는 실제로 상상할 수 없는 야만적인 행위를 서슴지 않았다. 모든 것이 국가라는 절대 권력을 등에 업고 저지른 악랄함이었으니 권위상 시인은 '여순' 만이 해당되는 문제가 아니라 우리 모두에게 닥칠 수 있는 국가 폭력이란 것이다. 지금껏 그런 일들이 반복적으로 일어났다는 것을 보여주는 사례로 80년 광주 5·18을 들 수 있다. 여순 사건과 판박이인 셈이다. 우리는 잘못된 역사의 반복을 보면서 과거의 진실을 규명하고 바로잡아야 한다는 각성과 경계를 소홀히 해신 안 된다.

쏟아지는 빗방울이
총알처럼 지붕을 뚫을 듯 쏟아진다
우수관 타고 콸콸콸 흐르는 빗물이
널브러진 봉선화꽃 화분을 탱크처럼 밀쳐낸다
장대비에 모가지 꺾이고 잎 찢겨진 채
붉게 회오리 지는 하수구 앞에서
허겁지겁 맴돌며 짜부라지는 화분들

천둥과 폭우가 물바다를 만들고 있는 지금
1948년 10월 31일의 너는 이 자리에 없고
2025년 7월의 너와 나는 이 자리에 모여
여순에 핀 빨간 봉선화[1] 그림책 속의
여순항쟁 진실을 숙독해 본다
죽도봉 골짜기에 소낙비처럼 쏟아지던
군경들의 총소리, 순천여고 음악선생님[2]이
부르며 절명한 울밑에선 봉선화[3]를 들고 듣는다

어린 병사에게 밥을 주었다고,
머리가 짧다고, 새 고무신을 신었다고,
학생이라고[4], 이유 같지 않은 이유로
속절없이 목숨 잃은 수많은 원혼들의
억장 무너지는 소리로 천둥이 치고
다시 못 올 길 떠난 억울한 슬픔으로
오늘 폭우가 쏟아지고 홍수가 진다

더 이상의 비상계엄[5]이 일어나지 않기를 염원하며
간절하게 피는 꽃 캘리그라피 용지에
붉고 푸른 꽃과 개망초 흰빛을 조화롭게 엮은
작은 꽃다발을 두 손 모아 가지런히 붙이는 동안
거세던 빗줄기 차츰 사그라들고
한 장 씩 완성되는 모두의 꿈

1. 안오일, 《여순에 핀 빨간 봉선화》, 한울림, 2024.
2. 故 김생옥(1918~1948)
3. 우리나라 최초의 서양 가곡.
4. 안오일, 《여순에 핀 빨간 봉선화》, 여순항쟁 이야기.
5. 여순항쟁 당시 처음으로 법령에도 없는 계엄령이 선포되었다.

- 서승현, 〈봉선화 애가〉 전문

서승현 시인은 삶의 인연에 따라 전남 광주에 살고 있다. 태생지가 강원도이니 광주에 살면서 그동안 알지 못했던 '80년 광주 5월'을 속속들이 알게 된다. 80년 광주에 삼엄하게 펼쳐진 비상계엄을 생각하며 역사의 비극에 대하여도 남다른 관심을 갖고 있다. 그런데 안오일 작가가 쓴 책 《여순에 핀 빨간 봉선화》 속의 자료를 통해 1948년 '여순 10·19'의 역사 속에 묻힌 치욕 같은 비극을 알게 된다. 마침 안오일 작가의 책 속 자료로 광주 지역에서 '여순 10·19'에 대한 강의를 진행할 기회가 있었다. 그 과정에서 순천여고에 재직 중이었던 음악 교사가 누군가의 손가락총에 빨갱이로 몰려 죽음에 이르게 된 과정을 알게 된다. 음악 교사가 죽음을 앞둔 순간에 간곡한 요청에 의하여 〈울 밑에 선 봉선화〉란 노래를 부르면서 총탄에 쓰러졌다는 그날처럼 "천둥과 폭우가 물바다를 만들고 있는 지금/ 1948년 10월 31일의 너는 이 자리에 없고/ 2025년 7월의 너와 나는 이 자리에 모여/ 여순에 핀 빨간 봉선화 그림책 속의/ 여순항쟁 진실을 숙독해 본다/ 죽도봉 골짜기에 소낙비처럼 쏟아지던/ 군경들의 총소리, 순천여고 음악 선생님이/ 부르며 절명한 울밑에 선 봉선화를 듣고 듣는다"며 마침 창밖의 화분에 심어 놓은 봉선화가 폭우에 엉망이 된 것을 목격하면서 그 당시 죽음에 이른 음악 선생님이 생각난 것이다. 저 봉선화처럼 아무런 잘못도 없는데 "어린 병사에게 밥을 주었다고,/ 머리가 짧다고, 새 고무신을 신었다고,/ 학생이라고, 이유 같지 않은 이유로/ 속절없이 목숨 잃은 수많은 원혼들의/ 억장 무너지는 소리로 천둥이 치고/ 다시 못 올 길 떠난 억울한 슬픔으로/ 오늘 폭우가 쏟아지고 홍수가 진다". '여순' 당시 양민들이 억울한 죽음에 내몰렸는가를 떠올려 본다. 국민을 죽음으로 내몬 비상계엄 1호가 이승만 정권에 의해 1948년 '여순 10·19' 때 선포가 되었다니 그 비상계엄의 실체를 우리는 매우 엄중하게 감시해야 할 이유를 알게 되었다. '여순'과 '80년 광주 5월'처럼 이 땅에 비상계엄이 더 이상 발을 붙여서는 안 된다는 마음일 것이다.

여수 하늘이여!
– 김숙경·이형용·장민규·정일석·김용자

애먼 죽음과 통한의 과거를 들춰야 하는 사람 마음이란 것이 꼭 편한 것만은 아니다. 세월은 야속하게 치욕 같은 아픔을 당한 사람도, 가한 사람도 세월의 풍화에 언젠가는 사그라지고 말 대상이다. 그렇지만, 뼈에 사무친 아픈 역사는 쉽게 감춰지거나 사그라지지 않는다. 언젠가부터 1948년 10월 발생한 '여순 항쟁'에 대한 잘못된 역사에 대해 말하기를 시작했다. 지역 연고에 관계없이 우리가 살고 있는 기점으로 과거와 현재 그리고 미래에 대한 고뇌가 내면화되면서 시인으로 응당 가져야 할 시대정신의 발현이다. 오랜 동안 침묵으로 묻혀온 아픈 역사의 진실에 관하여 고민하고 발언하려 한 것이다. 철저히 세상과 격리된 채 역사 속으로 사라져 버린 '여순 10·19'를 우리 곁으로 불러내고 있다. 어디에나 있을 법한 고향 마을 근처를 가리키는 아름다운 이름을 가진 '맨드라미재'다. 그 이름에 묻힌 과거는 결코 아름답지 않다.

아침 들녘 까마귀를 보신 어머니
아침상에서 경찰이던 친정 동생의 부음을 듣고

저녁 큰아들의 죽음을 보듬었다
잉구부[2] 에 매복한 진압군 총 앞에서
큰 눈을 가진 짙은 눈썹의 어린 가장의
달음박질은 소용이 없었다

미평 오림리 잉구부에서 여천리 내동 부락까지
걸음걸음 맨드라미빛 서러움이 찍히고
못다 푼 응어리들 뭉쳐 무겁디무거워진 몸
산 자들이 힘 합쳐 떠메고 돌아온 핏빛 십리길
아들이 마지막을 수습했던 마음을 잊지 말라 했다

고통의 진폭이 넓어지고
죽음의 형상에 대한 뿌리들
그 끝에 딸려오는 기억의 단편들은
막연한 두려움에서 적절한 말의 옷을 입고
빛 속에서 당당해지기 위한
삶의 동심원同心圓이 되었다

— 김숙경, 〈맨드라미재 십리길〉 전문(《바람이 사는 집》)

집을 떠나 살면서도 친정 동생이 경찰이어서 자랑스럽기만 했던 누나였다. 혼기가 차서 시집을 가면서도 항상 집안의 대들보 같은 친정 동생의 듬직한 모습을 가슴에 안고 사는 누나였으니 말이다. 그런데 청천병력 같은 친정 동생의 "아침 들녘 까마귀를 보신 어머니/ 아침 상에서 경찰이던 친정 동생의 부음을 듣"게 된다. 친정 동생의 목숨을

---

2) 잉구부 : 여수 연등동 중앙을 관통하던 도로의 옛 이름

앗아간 그곳에서 벌어진 전투를 훗날 '잉구부 전투'로 명명되어 불리게 된다. 그날 여수 14연대를 뛰쳐나온 봉기군과 국방경비대 소속 진압군과 함께 전투를 벌인 경찰 중 한 사람인 친정 동생이 전사를 하게 된다. 그런데 그 비통함은 거기서 끝나지 않는다. "저녁 큰 아들의 죽"은 시신을 보듬게 된다. "잉구부에 매복한 진압군 총 앞에서/ 큰 눈을 가진 짙은 눈썹의 어린 가장의/ 달음박질은 소용이 없었다"며 경찰관인 친정 동생은 봉기군의 총에 맞아 죽고, 어린 아들은 진압군의 총에 맞아 죽었으니 그 슬픔은 이루 형언할 수 없는 것이다. 그런 죽음 앞에 누구를 원망해야 하는 것인가 참으로 망연자실한 어머니의 불행은 평생 한이 되고 만다.

"미평 오림리 잉구부에서 여천리 내동 부락까지/ 걸음걸음 맨드래미 빛 서러움이 찍히고/ 못다 푼 응어리들 뭉쳐 무겁디무거워진 몸/ 산 자들이 힘 합쳐 떠메고 돌아온 핏빛 십리길/ 아들의 마지막을 수습했던 마음을 잊지 말라 했다// 고통의 진폭이 넓어지고/ 죽음의 형상에 대한 뿌리들/ 그 끝에 딸려오는 기억의 단편들은/ 막연한 두려움에서 적절한 말의 옷을 입고/ 빛 속에서 당당해지기 위한/ 삶의 동심원同心圓이 되었다"는 시는 한 가족의 비극으로 잘못된 역사를 생생히 보여 준다. '여순 사건' 발생 시 가장 크게 부각된 문제가 그런 일에 관여하지 않았는데 억울하게 좌익으로 몰린 사람들이었다. 그런데 여기에 기록된 시의 증언을 보면 지금껏 알고 있는 사례와 전혀 다른 이야기다. 어머니의 친정 동생인 경찰관이 전투 중 봉기군 총에 맞아 죽었고, 아들은 진압군의 총에 맞아 죽은 것이다. '여순 항쟁은'은 결국 피아彼我를 명확하게 구분하기 힘든 혼란 속에서 무고한 사람들이 목숨을 잃은 비극임을 알게 한다. 참고로 위 시의 내용은 '여순 연구소'에서 발간한 녹취록을 참고로 재창작된 것임을 밝혀 둔다. 하여튼 무고한 민중의 목숨을 앗아간 '여순 항쟁'은 70여 년이 지났지만, 아직도 치유되지 못한 채 국가 권력에 의해 억압되어 온 것이 사실이다. 피맺힌 유가족의 증언뿐만이 아니라 숨겨온 과거의 진실이 조금씩 사실로 밝혀지고 있다. 늦었지만, 피맺힌 원혼들의 한 맺힌 절규를 외면해선 안 된다는 시인의 역사 인식을 귀담아 들어야 한다. 당시의 시간 속에서 사라진 사람들을 여순의 실종자라 한다.

1990년 중반까지
둔덕 삼거리에서 가파른 둔덕 재를 넘다 보면
검문소의 흔적이 장승처럼 우뚝 서 있었는데
늦은 밤, 섬뜩한 형상이 겹치거나
어깨의 쭈뼛거림에 뒷목이 오싹해지면
자동차의 문이나 실내를 확인하곤 하였는데
소소한 바람소리로
눅눅하고 처연한 빗소리로
주파周波를 보내고 있었던 것인데

1998년 10월 12일
호명마을 돌쫑지[3] 깊숙한 계곡
여순 항쟁 50주년에 맞춰
민간인 학살 피해자 암매장지를 최초로 발굴했다
불법적인 학살이나 암매장은 없었다는 거짓된 권력이

---

3) 돌쫑지 : 상암동 호명고개의 옛 이름

> 동백꽃 울음 앞에 하얗게 밝혀지던 날
> 여순반란이 여순 사건이 되는 공론화公論話가 피어올랐다
>
> - 김숙경, 〈돌쫑지〉 부분《바람이 사는 집》

  여수 푸른 바다가 흑빛으로 변해 버린 시절이 있었다. 아름답기만 푸른 바다 가운데 섬들을 군데군데 척후처럼 띄워 임진왜란 때는 망국의 조선을 살려낸 여수 바다였다. 1948년 10월 19일 '여순 항쟁'으로 인해 여수 지역은 죽음의 공포감은 극심해졌고, 이어 들이닥친 진압(토벌) 과정에서 많은 살상이 아무렇지 않게 자행된다. 피아彼我가 정확히 구분되지 않는 상황에서 양민들이 좌익(빨갱이)으로 몰려 억울하게 죽임당한 역사적인 사실을 인용한 시다. 여수에 진입하거나 출입하기 위해서는 국도 77호선 둔덕삼거리와 만나게 된다. 과거 열악한 도로 환경에서 '둔덕재'는 쉽게 넘을 수 없는 고개였고. 그 재를 넘어야 순천으로 빠져나갈 수 있던 요충지 길목이었다. 그곳에서 "1990년 중반까지/ 둔덕 삼거리에서 가파른 둔덕재를 넘다 보면/ 검문소의 흔적이 장승처럼 우뚝 서 있었는데" 지날 때마다 왠지 모를 공포감이 엄습했다는 화자의 육감이 적중한 것인가. 여순 사건[4] 진상 규명 위원회가 만들어지고 후속 조치들이 취해지면서 숨겨 온 만행이 한 꺼풀씩 모습을 드러낸다. 둔덕재 근처 "호명마을 돌쫑지 깊숙한 계곡/ 여순 항쟁 50주년에 맞춰/ 민간인 학살 피해자 암매장지를 최초로 발굴했다"는 기사를 본 것이다. 화자는 이어 국가 권력이 지금껏 그래왔듯이 '여순 사

---

4) 여순 항쟁 : 1948년 10월 19일 전라남도 여수·순천 지역에서 일어난 국방경비대 제14연대 소속 군인들의 반란을 진압하는 과정에서 많은 시민들이 좌익으로 몰려 억울하게 목숨을 잃음.

건' 때 자행된 "불법적인 학살이나 암매장은 없었다는 거짓된 권력"의 말이 얼마나 허구인가를 확인하게 된다. 그 원통하게 죽어간 원혼들의 넋을 위로하는 한 편의 시로 역사를 되돌리거나 바로잡을 수 있는 것은 아니다. 그렇지만, 여순 사건의 진실을 알리겠다는 시인의 올바른 시대 인식이 곧 사명이란 것을 보여준다.

> 하늘의 선녀들이 내려왔데요 따뜻한 춘삼월에 마래터널 지나 만성리 가는 햇살 좋고 바람 잘 드는 바닷가 산기슭에 내려왔데요
>
> 나비 제비 참새 까투리 갈매기 쑥 부추 달래 민들레 개망초 두루두루 불러 모아 꽃 피우고 노래 부르고 신명나게 춤사위도 벌이고 바람을 막아 주었데요
>
> 찬바람 된서리 내리기 전 부모 형제 만나 배불리 먹고 날개옷 품에 들어 하늘로 올라갔데요 서럽고 원통해도 웃고만 살았데요
>
> — 김숙경, 〈형제묘〉[5] 전문(《바람이 사는 집》)

이곳도 마찬가지로 '여순 사건' 때 학살하고 난 뒤 이뤄진 암매장터란 것을 밝히고 있다. 오순도순 의좋게 살다 천수를 다한 형제들이 묻힌 곳이라면 얼마나 좋겠는가? 전혀 이름에 맞지 않는 여순 사건 때 무고한 손가락총에 맞아 빨갱이가 된 양민들의 묘다. 그들은 다섯 명씩 굴비 엮듯 끌려가 한날한시에 그곳에서 총 맞아 죽음을 당한 사람들이다. 그 시신을 다섯 단으로 쌓아 올려 기름을 부어가며 태웠다는데 3일 동안 불길이 치솟았다고 한다. 유가족들의 극에 달한 슬픔에도

---

5) 형제묘 : 여수 만흥동 여순 사건 희생자 암매장지.

경황없이 시신을 수습하려 했지만, 시신 수습이 도저히 불가능해 남은 흔적을 모아 무덤을 만들고 그분들의 넋을 위로하기 위해 '형제묘'라 이름 붙여 준 것이다. 지독한 세월을 봉인 당한 채 견뎌온 '형제묘'는 말없이 세상을 바라볼 뿐이다. 적막만 맴도는 마래터널 안을 지나 형제묘에 다다르면 햇살 족히 받아 평화롭기만 해 보이는 산기슭이다. 바람 풀썩일 때마다 들쳐지는 상처를 다독여주는 "나비 제비 참새 까투리 갈매기 쑥 부추 달래 민들레 개망초 두루두루 불러 모아 꽃 피우고 노래 부르고 신명나게 춤사위도 벌이"듯 형제묘에 묻힌 영령들이 잠시나마 고통에서 벗어나길 염원하는 시인이다. 실종된 대상이 아버지거나 아들이라면 가족의 애타는 심정은 이루 형언할 수 없다.

> 군불 태워 뜨듯하고 토실하게 키워 낸 자식
> 여수 쪽만 바라보며 애태우더니
> 바람 따라 흘러가 버렸다
>
> 신덕 갯가 물안개 넘어오는 날이면
> 울퉁불퉁 늙은 가지마다
> 가지런히 발맞춘 까치 울음소리
> 목청 높아 안타깝다
>   - 김숙경, 〈까치산鵲山 이야기〉 부분《바람이 사는 집》

사람이 사라진 것을 알고 날아왔는지 모르지만, 까치가 산다는 작산 마을이다. 까치가 사는 산동네라고 풀어쓴다면 될 듯도 하다. 영리한 까치가 사람 사는 동네를 용케도 찾아들어 정을 붙이고 살아간다. 열심히 주변을 맴돌아 보았자 곡식 낟알 몇 개 얻어먹는 것이 전부다. 하지만, 좋은 소식을 전해 준다는 길조로 여겨 까치 울음은 언제나 반갑다. 이름마저 작산(鵲山, 까치산 마을)인 동네 이야기를 듣다 보니 마음이 짠해졌다. "신덕 갯가 물안개 넘어오는 날이면" 집 나간 자식 돌아온다고 목청 높여 우는 까치 소리도 무용해진 아침이다. 고향을 떠난 사람에 대한 뒷담화가 아니고 돌아와야 한다는 염려가 우선이다. 사람 떠나 소식 끊긴 여수 쪽을 한없이 지켜본다는 지어미의 심정은 편할 날 없고 마르지 않은 눈물로 젖어있다. 여순 항쟁 시절 애먼 사람 잡아 족쳐 사지로 떠밀어 수장된 원혼들을 여수 푸른 바다는 애써 세월을 탓하며 오늘도 다독이고 있다.

　　세월을 찾아 떠돌았다.

　　단지 속에 갇혀 버린
　　그 세월을 들여다보니
　　뜨거운 훈기가 금세
　　온몸을 땀으로 적셨다.

　　뒷마당에 정안수 그릇 위로
　　새벽 초승달이 비추인 세월

　　온데간데없이 사라진 그 사람
　　단지 속 이름 석 자를 놓고
　　세월을 보냈다.

정안수도 사라지고
뒷마당 앙상한 감나무가
그때를 기억하는지
잎새가 떨린다.

세월아
그냥 그렇게 잊혀져 버리자.
정안수도 없어진 세월인데
그렇게 묻어버리자.

아무도 없는 세월
무심히 돌아눕는다.

— 이형용, 〈세월아〉 전문《해원의 노래》)

 이형용 시인은 구례에서 48년 10월 19일 이후 토벌 과정에서 억울한 일을 당한 어머니의 삶을 지켜보았던 유가족이다. 산수 좋기로 유명한 구례는 '여순' 당시 지리산으로 여차하며 숨어들었던 빨치산이 수시로 출몰하던 지역으로 군과 경찰이 토벌을 명분으로 공포스런 곳이 되어 버렸다. 당시 태생지인 구례에서 억울한 일을 당한 아버지를 남편으로 둔 어머니의 고통스런 삶의 모습을 보고 자랐을 것이다. 도무지 황망한 일을 당해서 "온데간데없이 사라진 그 사람/ 단지 속 이름 석 자를 놓고/ 세월을 보냈다."는 어머니다. 어디다 속 시원히 왜 그런 거냐고 하소연 한마디 내비칠 수 없는 사회 분위기도 삼엄하긴 마찬가지였다. 주변 사람들의 눈초리도 드세던 시절을 살아온 어머니였다. 허우대 멀쩡한 지아비가 어느 날 소식 끊겨 버렸는데 왜? 무슨 일로 어떻게 잘못되었는가를 밝힐 수도 없던 침묵의 세월을 살아온 것이다. 오직 지아비가 보고 싶을 때 수없이 어머니의 눈물 바람도 처연하지만, 보고 싶은 지아비 이름 석 자 조차 맘 놓고 불러 볼 수 없었던 숭악한 세월을 어찌 말로 다 할 수 있겠는가? 혹시라도 남이 들을세라 이른 새벽 정안수 한 그릇 떠 올려놓고 지극한 속내를 전했을 긴 침묵의 세월을 사신 어머니를 대신해 이형용 시인은 그 마음을 간절히 전하고 있다. 이제 그토록 어머니를 힘들게 하던 모진 세월도 허망하여 세월 이긴 장사 없다는 말로 묻어왔다. 그토록 정성스레 올리던 정안수도 어머니도 이제 사라지고 말았다. 지금 원망도 원한도 다 잊자는 화자의 체념은 해원되지 못한 억울함과 현재의 국가를 책임지고 있는 현 체제에 다시 묻고 있다. 그런 참담한 일들을 아무렇지 않게 자행한 잘못된 역사를 바로잡아 주기를 간절히 소망한다. "아무도 없는 세월/ 무심히 돌아눕는다."는 화자의 심정 속 아픔은 아직도 치유되지 못한 채 그대로인 것을 형용한 것이다. 이어 이형용 시인은 〈빛〉《해원의 노래》에서 그런 간절한 마음을 부연하고 있다. "한 잎 떨구려 그 바람이/ 그리도 서운케 불었습니다.// 잎새 하나 남기려/ 그리고 사무쳤습니다."라며 너무나 자연스럽게 살아가던 한 사람(아버지)을 떨구기 위해 그토록 드센 바람이 몰아쳤는지를 묻고 있다. 우여곡절 끝에 피붙이로 남은 이형용 시인 자신을 생각하며 지난 역사는 매몰차게 선량한 사람을 내쳤는가를 묻고 있다. 그토록 열망했지만, 대한민국의 위정자들은 고통을 떠안고 사는 사람들에게 빛이 되어 준 적이 있었는가를 묻는다. 국가가 실행하지 못한 해원의 실마리를 당한 사람들의 가슴에서 발원되고 있다.

나이 이름은 렌아이타이쵸
대양을 누비는 마도로스

깨복쟁이 친구들은 이미 세상에 없다네
깨복쟁이 친구들은 이미 세상에 없다네

이편과 저편도 아닌
나는 떠나고 싶었소
아무 데나 아닌 곳에,
아무것도 아닌 것이 되어서,
아무것도 안 하면서
아무것도 아닌 존재로 그냥

살아만 있고 싶었소
살아만 있고 싶었소

나이 이름은 렌아이타이쵸
대양을 누비는 마도로스
돌산의 주먹 대장
당당하게 또 한껏 비겁하게
살아만 있고 싶었소
살아만 있고 싶었소

폭풍우에 휘말리지 않고
격랑의 시대를 건너는
당당하게 또 한껏 비겁하게
감싸기도 하면서

― 장민규, 〈렌아이타이쵸〉 전문(《해원의 노래》)

여수에 함포 사격 명령이 하달되고 이후 분주한 함선에서 포 사격을 준비하였을 것이다. 그 함선의 부사령관이었던 사람이 주요 명령을 따르지 않는 일이 벌어진다. 일종의 명령 불복종으로 전시나 마찬가지인 당시는 자칫하면 생명도 위험할 수 있는 항명 사건인 것이다. 그런 사실을 숨기면서 한동안 쉬쉬했을 것이지만, 순식간에 여수 시내로 퍼져 나갔고 여수 사람들에게는 목숨을 부지해 준 은인인 셈이다. 그 부사령관이 판단했던 근거는 함포 사격을 했을 때 벌어질 양민에 대한 인명 살상을 고려했을 것이다. 그 부사령관도 어느 시점에 군법 재판에 넘겨졌을 것이고 기어이 자초지종을 진술할 기회가 주어졌을 깃이다. "나이 이름은 렌아이타이쵸/ 대양을 누비는 마도로스"라며 자신이 품고 있는 바다 사나이로써의 자부심을 한껏 드러낸다. 이어 그렇기에 나는 "이편과 저편도 아닌 / 나는 떠나고 싶었소/ 아무 데나 아닌 곳에,/ 아무것도 아닌 것이 되어서,/ 아무것도 안 하면서/ 아무것도 아닌 존재로 그냥" 살고 싶었다는 군인의 사명을 말했을 것이다. 그런 기질은 이미 깨복쟁이 시절 곧잘 동네 아이들과 어울리면서부터 서서히 굳어진 듯 의리에 찬 "돌산의 주먹 대장"으로 성장한 것이다. 그러다 군에 입대해 함선에 승선하게 되었고 때마침 발발한 '여순 사건' 당시 반란군에 대한 공세를 취하면서 강력한 화력 지원을 요청받았을 것이다. 하지만 함선에서 포격을 했을 때 무고한 양민이 다쳐서는 안 된다는 신념 하에 함포 사격 명령을 거부한 것이다.

상수 이문 초로의 메마른 가슴에
눈물샘 뜨겁게 흐르게 하는 건

여·순사건 이라는 단어입니다.

손가락총 한마디에 잃어버린 아버지 보고파
보채는 아이 업고 대전까지 찾아가 울었는데
형무소 이슬로 사라지고 열여덟 꽃다운 청춘 청상이 되었다.

"엄마 엄마, 엄마 엄마" 지울 수 없는 아빠의 흔적
치맛자락 붙잡은 고사리손 뿌리치지 못하고
내 가슴 무게 네 등에 짐 되지 않으려 이 악물고 걸었지

지달리지 말라는 지아비의 말 애원도 못했는디
누구한테 원망을 허꺼여, 어따가 원망을 해
메나 그렇게 좋게 써가꼬 남편 보듯이 하다가 가면 좋아

잊히지 않은 망연한 아픔 원망 접은 우리 어머니
시위를 떠나 70년 치유의 화살 여·순에 머무르지 않고
역사 위에 당당히 설 수 있도록 망각하지 말아야 한다
우리는…

– 정일석, 〈우리는〉 전문《해원의 노래》

서럽고 원통한 일을 당한 사람들은 한을 품고 산다. 그래도 세월이 흘러 이제는 가슴속에 묻어 둔 1948년 10월 19일 '여순 사건'이 발발한 이후 힘들게 살아온 이야기를 할 수 있었다. 여수와 순천 그리고 광양 구례 등지에서 억울하게 당하거나 생목숨을 빼앗겨 버린 사람들과 유가족들의 마음속 한은 깊을 수밖에 없다. 거기다 철저하게 반공국가인 대한민국에서 평생 벗을 수 없는 '빨갱이'라는 굴레는 죽음보다 더

한 고통이었다. 조금이라고 잘 살아 보려는 유가족들에게 철저히 사회 진출을 막는 도구로 연좌제가 악용되었던 것도 사실이다. 괜찮은 공직에 진출할라 쳐도 신분조회로 탈탈 털려 앞길이 막혔고 겨우 목숨 정도 유지할 수 있는 삶을 허락했다. 세상이 그나마 좋아져 당한 사람들의 침묵했던 과거에 대해 조금씩 말문을 열기 시작했다. 그 진실을 녹취해 책으로 펼쳐 내면서 당시 발생한 무고한 참상이 사실임이 밝혀진다. 그럼에도 하도 억울하게 당한 사람들이 많아 끝날 법도 한데 줄줄이 고구마 줄기처럼 드러내 보인다. 그런 진실을 접할 때 누군들 가슴 속 비극에 비통한 감정이 들지 않겠는가?

어떤 연유로 억울하게 손가락총으로 지목당해 엮였는지 모르지만, 지아비가 대전 형무소로 이감된 것이다. 당시 "보채는 아이 업고 대전까지 찾아가 울었는데/ 형무소 이슬로 사라지고 열여덟 꽃다운 청춘 청상이 되었다."는 기구한 어머니의 생을 말해 주고 있다. 도대체 얼마나 잘못을 하여 죽을죄를 지었기에 이감되자마자 남편이 총살당해야만 했는지 도무지 이해가 안 되는 광포한 세상이었다. 철없는 아이는 울어제끼고 이제 살길도 막막한 형무소를 돌아 나오는 어머니의 발길은 절망으로 들어가는 초입에 불과한 것이다. 시퍼런 열여덟 청상과부가 된 어머니가 헤쳐 나가야 할 생의 길은 불을 보듯 험난한 것임을 우리는 짐작할 수 있다. 지독한 세월 살아남기 위해 갖은 일을 마다치 않았을 어머니다. 오직 어린아이 짐 되지 않도록 스스로 고통을 걸머지겠다는 각오뿐이었다. 이제 누구한테 그 원망을 할 거냐는 한탄도 그렇지만, 어머니 소원은 당신이 "메나 그렇게 좋게 써가꼬 남편 보듯이 하다가 가면 좋"을 것이라고 마지막의 소원을 내비치는 어머니도 생을 놓을 시간이 많이 남지 않았다. 흘러간 그놈의 세월 이제 탓할 것도 없다는 70여 년 전 청상 되던 그해의 서슬이 아직도 퍼렇지만, 어느 것 하나 풀어진 것 없는 현실에 대한 절망은 아직도 깊다.

바다도 하늘도 울었던
싸늘한 바람에 울리는 총소리
여수 바다를 세차게 갈랐다.

몰라서 죄인, 알아도 죄인
너도 죄인, 나도 죄인
머리 짧게 깎아서
흰색 새 고무신 신어서
미군용 팬티 입었다고…
손가락은 총을 쏘아 댔다.

한 마디 항변도 없이
살려달라 울부짖음도 없이
구덩이 앞으로 즉결 처분
숨 막힐 것 같은 침묵 속에*
서로를 잃어버린 눈빛으로

마래터널 지나 만성리 용골 골짜기
낭떠러지 깊은 웅덩이로 떨어뜨린
수백여 명의 집단학살,
시체 125구를 다섯 구씩 차곡차곡 쌓아
장작불에 3일간 태워
큰 바위 굴려 덮어 버렸다는 형제묘

넋이라도 형제처럼 살라지만
뒤엉키고 흩어져 버린 뼈들
부서짐과 침묵 속에서 76년째
자신의 뼈 찾는 시름 앓이

말로 다 할 수 없는 폭력의 상처
진실과 화해로 진상규명 한다지만
뼈에 새겨진 통한을 어찌 위로할 수 있으리

만성리 사람들
골짜기 지날 때면
해원의 돌을 던진다.

* 미국 라이프 기자 칼 마이던스(1959)의 증언 중에서
- 김용자, 〈만성리 통한의 계곡〉 전문(순천작가회의 2024년 여순 낭송시)

    요즘 사람들에게 이런 이유를 들어 목숨을 내놓으라 한다면 어떤 상황에서도 용인될 수 없다. '여순 10·19'가 발발한 명분은 동족에게 총부리를 겨눌 수 없다는 것이었다. 이것 말고도 부차적인 사항들이 더 있지만, 가장 크게 부각된 주어가 동족은 해방된 조국에서 함께 살아야 할 권리가 있다는 것이었다. 김용자 시인은 여수에 오랫동안 살았기에 '여순'에 대한 역사적 사실들을 잘 알고 있다. 하지만, 사람이 죽음을 당한 이유를 되짚다 보면 참으로 황당한 일들 일 수밖에 없었다. 선량한 양민들을 죽음으로 내몬 근거가 "머리 짧게 깎아서/ 흰색 새 고무신 신어서/ 미군용 팬티 입었다고…"하는 말도 되지 않는 이유들

이었다. 그렇게 된 과정을 좀 더 살펴 억울한 사람들을 절차에 따라 선별을 했더라면 현재까지 과거 역사의 참상을 들춰 시시비비를 따질 이유가 없었을 것이다. 막무가내로 잡아다 손가락질시켜 끌려간 사람들은 죽음 외에는 살아날 방도가 아예 봉쇄되어 버렸다. 그들이 최후를 맞은 "마래터널 지나 만성리 용골 골짜기/ 낭떠러지 깊은 웅덩이로 떨어뜨린/ 수백여 명의 집단학살,/ 시체 125구를 다섯 구씩 차곡차곡 쌓아/ 장작불에 3일간 태워/ 큰 바위 굴려 덮어 버렸다는 형제묘"라 명명한 그곳에 묻힌 영혼에는 살아생전 자랑스럽게 호명된 이름이 지워지고 없다. 우리는 역사의 잘못을 치열하게 반성하고 세상에서 지워져 버린 이름들을 소중한 대한민국의 국민으로 불러내야 한다.

1948년 '여순 10·19'의 시간들
- 조영심·김황흠·김요아킴·이창윤

일명 '여순반란사건'이 터진 뒤 여수와 순천 하늘 아래 상처받은 곳이 한두 곳이겠는가? 그 땅에 사는 사람들 눈과 귀에 들린 사람 죽어가는 일이 하도 많아서 놀랄 일도 아니었다. 아차 하면 생목숨 날아가는 세상 아무리 엄혹하다 해도 귀가 있고 생각이 있어 뭐가 잘못되었는가를 마음속으로는 다 알고 있다. 사람이 죽어 나갈 때마다 그렇다고 그게 죽음으로 내몰려야 하는 나쁜 죄냐고 묻고 있다. 그런 일을 벌인 세상을 보며 그토록 광포하게 만들어야 했느냐는 물음이다. '여순사건'의 시작은 먼저 여수 14연대 영내에서 총기를 들고 뛰쳐나온 군인들로부터 시작되었다. 여수와 순천으로 진출해 경찰관들 쳐 죽이고 그동안 지탄받아 온 지역 인사들 쳐 죽이고 그렇게 처참한 학살을 자행한 것이다. 거기에 광기에 찬 반란군과 함께 동조한 지역민도 가담했을 것이다. 이승만 정부는 긴급 편성한 군과 경찰들로 여수와 순천 지역을 토벌할 계획 하에 대대적인 병력을 투입한다. 그들은 반란군에 가담한 군인, 그에 함께 동조한 좌익계 인사를 색출 토벌하겠다고 양민을 몰아붙였다. 그들 중 혐의만 있으면 처단하고 또 처단하고 누군가의 손가락질과 밀고만 있으면 잡아다 족치고 죽였다. 그러다 일가족과 친인척, 동네 사람들을 불러다 족치고 또 쳐 죽이고 그것도 부족해 불 질러 태워 죽이고 별의별 짓거리를 다했다. 까도 까도 양파처럼 불행한 실상은 끝이 없다. 우리는 대한민국 이승만 정권이 저지른 잘못된 행위로만 볼 것이 아니다. 이제라도 과거를 돌아보며 잘못된 것을 짚어 보고 풀 것은 풀어 화해와 해원으로 나아가자는 것이다.

하늘을 이고 사는 누군들
가슴에 묻은 한 곡절 없으랴!

여수 신월리 외진 바닷가, 넘너리
1948년 무자戊子년 시월

느닷없는 소용돌이에
무참히 사라져 간 생때같은 이름들이여

넘놀 파도, 고개 넘어 넘너리
거센 파도, 허리 딛고 신너리
어둠 파도, 적막을 견딘 에론너리
끝없는 생과 사의 파도, 파도너리

애통으로 끌어안은 일흔세 해 동안
그때처럼 허공에서
눈 부릅뜨고 흔들리는 만월
어떤 변명도 너를 입막음할 수 없는
두고두고 뜨거운 풍경임을
넘너리는 알고 있는 것이다

동백꽃 피고 지는 아픈 기억

오늘도 너리너리
넘노는 물결로 다독여도
아홉 봉오리 뒷배 탄탄한 구봉산 자락마다
넘너리 붉은 기억은
피고 지고 또 피고 진다

- 조영심, 〈넘너리 연가〉 전문《그리움의 크기》

   조영심 시인은 온몸으로 소통할 대상을 분별하지 않는다. 시적인 삶을 현실과 구분하지 않고 산다는 방증이다. 우리가 살아가는 현재의 다양한 환경들이 시적 대상 속 사물이거나 문학적인 인식으로 자연스럽게 혼입된다. 그것은 시인의 삶을 의식한 것이 아니라 공존하는 주변적인 대상을 변방이 아닌 중심으로 바라보기 때문이다. 사실 다들 가슴속 근심 걱정이나 살며 억울한 일 한둘 정도는 어지간하면 묻고 산다. 그렇지만, 묻어도 묻어도 비집고 나오는 '여순반란사건'으로 촉발된 1948년 10월 19일은 많은 사람들에게 천형과도 같은 고통을 남기게 된다. 가해자와 피해자의 얽히고설킨 원한은 서로의 가슴을 아직도 향하고 있다. 그만큼 똑같은 하늘 아래 살면서 한순간 서로 다른 부류로 갈라치기가 된 것이다. 그런 아픔을 알고 있는 조영심 시인은 넘너리 바닷가를 찾아간다. 잊히거나 지나간 시간을 기억하고 안타까워하는 것도 사랑에서 기인한다. "여수 신월리 외진 바닷가, 넘너리/ 1948년 무자戊子년 시월"을 상기하고 있다. '여순 항쟁'의 촉발 지점인 여수 신월리, 널다란 바닷가 해안선의 지형적인 특성을 따서 여수에서는 '넘너리'로도 불렸다. 제14 연대 주둔지였던 '넘너리'란 지명을 통해 역사성이 담긴 〈넘너리 연가〉란 시를 담아냈다. 시인은 일명 '여순 반란사건'의 참화 속에서 국가에 의한 토벌이라는 명분하에 억울한 죽음을 맞은 사람들의 가슴에 맺힌 못다 한 말들을 발굴해낸다. 그 시대를 살다 처참하게 죽음으로 내몰린 한 맺힌 원혼들의 말들이 바람이 불 때마다 들리는 듯한 '넘너리'다. 과거라는 시간 속에서 "느닷없는 소용돌이에/ 무참히 사라져 간 생때같은 이름들이여"라며 "어떤 변명도 너를 입막음할 수 없"었을 것이라며 숙연한 마음을 전한다. 시대에 대한 올바른 인식은 왜곡된 사실을 진실하게 바라보려는 노력에서 시작된다.

쫓는 손으로부터 멀리 달아나려 하지만
기력이 다 빠진 날개

다시 잡혀 첩첩 쌓이는 피칠갑된 목숨을 보다
문득,

학살로 암매장되고 불에 태워지고
바닷물에 수장된 무고한 양민을 떠올린다

붉은 낙인찍은 손가락총에
이유 없이 죽어간 사람들

죄 없이 사는 것도 죄여서
입만 뻥끗하면 사상죄, 보안법의 덫에 걸린 엄한 목숨

해마다 동백꽃은 무더기로 피어나지만 모가지째

날카로운 손가락 같은 햇살에 떨어지는

절규를 삼킨 미항에는 피 냄새가 난다

　　　- 김황흠, 〈미항美港의 바다에는 피 냄새가 난다〉 부분(《91.01.8491, 反》)

　김황흠 시인이 생각하고 있는 여수는 바다와 어우러진 아름다운 해안선을 따라 펼쳐진 낭만적인 풍경만은 아니다. 여수란 이면에 감춰진 과거 역사 속 아픔을 담론화하고 있다. 마침 "조류 인플루엔자에 오리장을 빙 두르고/ 방호복을 입은 사람들 우르르// 멀쩡한 오리도 포대에 담아 던진 구덩이/ 꽥꽥 질러"대는 살풍경을 보며 소름 돋도록 닮았던 1948년 10월 19일에 발생한 일명 '여순반란사건' 때 일반화된 일상들이 데자뷔 된 것이다. 지금껏 아무 탈 없던 오리들이 한두 마리씩 죽어 나가고 급기야 그게 '조류 인플루엔자'란 치명적 전염병으로 방역 당국의 판정이 났다. 사육 농가는 전염병 확산 방지라는 정부 지침에 떠밀려 수천수만의 오리들을 살처분하여 구덩이에 묻어야 한다. 그런 장면이 다름 아닌 여순반란 사건 당시 정부의 주도하에 토벌군을 띄워 벌인 잔혹행위와 꼭 닮은 것이다. 아무리 숨고 또 숨고 달아나도 "쫓는 손으로부터 멀리 달아나려 하지만/ 기력이 다 빠진 날개"처럼 그들은 한번 찍히면 "다시 잡혀 첩첩 쌓이는 피칠갑된 목숨을 보다/ 문득," 그렇게 죽어간 생목숨들을 떠올린 것이다. 그 당시 그 사람들에게 씌워진 혐의란 것이 "붉은 낙인찍은 손가락총에/ 이유 없이 죽어간 사람들// 죄 없이 사는 것도 죄여서/ 입만 뻥끗하면 사상죄, 보안법의 덫에 걸린 엄한 목숨"이 죽어간 아름다운 여수였다, "해마다 동백꽃은 무더기로 피어나지만 모가지째/ 날카로운 손가락 같은 햇살에 떨어지는/ 절규를 삼킨 미항에는 피 냄새가 난다"며 김황흠 시인은 잊어서는 안 될 '여순 10·19'의 상처를 어루만지고 있다.

그해 세상을 뒤흔든 건, 바로
손가락에서부터였다
정확히 남도를 가리키며
광기의 탐욕이
흥건한 피의 제물을 요구했다
그 피를 나눈 형제끼리 총부릴 겨눌 수 없다는
10월의 군대를 향해
한 하늘 아래 두고는 같이 살 수 없다며
잔인무도한 귀축鬼畜이라고

방아쇠를 당겼던 손가락들,
다친 상처를 치료해 주었다고
주먹밥을 해 줬다는 이유로
홍시 하나 건넨 대가로
생의 문턱을 넘지 못한 사람들의
가슴을 붉게 움켜쥐게 했던 손가락들,
마을 공터에서, 학교 운동장에서
억울한 손가락질을 부추기며
증거할 역사의 여윈 그림자까지
모두 태워 버린
그해 그날의 새까매진 진실들
그 손가락들이, 지금도
구부러지지 않은 채

세상을 향해 관절을 놀리고 있다
- 김요아킴, 〈손가락 근대사〉 전문(《91.01.8491, 反》)

사람 마음을 표현하는 방법은 여러 가지다. 가장 쉬운 것이 말없는 침묵이다. 그 침묵보다 위험한 것이 은밀하게 쥐도 새도 모르게 상대방을 겨눌 때 눈빛과 손가락을 통해 지시되고 이행되는 행위다. 눈빛과 손가락은 반 이행적인 동작으로 겉과 속을 숨기는 수단이기도 한 행동반응인 것이다. 그 손가락으로 누군가를 가리키면서 역사의 진전과 퇴행이 반복적으로 이뤄졌다. 1948년 "그해 세상을 뒤흔든 건, 바로/ 손가락에서부터였다/ 정확히 남도를 가리키며/ 광기의 탐욕이/ 흥건한 피의 제물을 요구했다"라며 '여순 사건'이 발발한 당시 진영을 나누고 사느냐 죽느냐를 겨눈 손가락은 야비함과 간악함이 극에 달했다. "다친 상처를 치료해 주었다고/ 주먹밥을 해 줬다는 이유로/ 홍시 하나 건넨 대가로" 그들은 손가락총의 대상이 되어야 했다. 사람들을 잡아다 놓고 누군가를 가리켜야만 살 수 있다며 겁박하는 총부리를 피하기 위해 손가락총을 들어야 했다. 한번 지목되면 취소란 것이 없다. '빨갱이'란 누명을 쓰고 죽거나 살아남아도 평생을 고통 속에 살아야 했다. 김요아킴 시인은 당시 벌어진 손가락총의 해악을 상기시키며 "그 손가락들이, 지금도/ 구부러지지 않은 채/ 세상을 향해 관절을 놀리고 있다"라며 경계심을 각성토록 한다. 함부로 놀리지 말아야 할 현대사의 비극이 다시는 되풀이 되어선 안 된다는 엄중한 자유를 지켜 이룬 민주 시민 의식의 동참을 요구하고 있다.

제주 4·3의 오름을 딛고 육지로 올라서면 여순의 피바람
한반도에는 어찌 학살의 지도만 모자이크 되는지

다섯의 시신 위에 장작을 놓고
그 위로 다섯층을 쌓아 모두 열 무더기
누가 누군지 분간할 수 없어
125명의 주검을 합장했다는 형제묘
기름 부은 주검이 사흘 낮 밤 태워지던 참상을
다만, 짐작으로 떠올릴 뿐

우리는 역사의 어느 긴 터널을 지나고 있는지
소리를 분간하기 어려웠던 해방의 내부 공간
밀려드는 이념에 휘말려
왼쪽으로 걸으면 좌
오른쪽으로 걸으면 우
이리저리 왔다 갔다 하면 좌우 우좌

희생이냐 항쟁이냐
학살은 떼죽음의 터를 가리키고 있는데
비문조차 새길 수 없어
1948년 10월 19일과 2009년 10월 19일 사이
여섯 개의 점으로 찍힌 만성리 학살지
통한의 침묵을 어떤 필설로 논하랴

- 이창윤, 〈마래터널을 지나며〉 부분(《91.01.8491, 反》)

이창윤 시인은 "제주 4·3의 오름을 딛고 육지로 올라서면 여순의 피바람/ 한반도에는 어찌 학살의 지도만 모자이크 되는지"라며 일반적

인 관광객들이 바라보고 있는 '마래터널'에 대한 관점과는 다른 의식으로 바라보고 있다. 보통의 여행객들은 한갓진 바다와 접해 있는 여수 만성리 근처의 마래터널을 지형적인 풍광과 독특한 암반 터널을 감상하는 정도로 그치고 만다. 그 마래터널 안에 추악함보다 더한 과거 역사의 아픔이 감춰져 있는 것을 모르기 때문이다. 이창윤 시인은 "다섯의 시신 위에 장작을 놓고/ 그 위로 다섯층을 쌓아 모두 열 무더기/ 누가 누군지 분간할 수 없어/ 125명의 주검을 합장했다는 형제묘/ 기름 부은 주검이 사흘 낮 밤 태워지던 참상을/ 다만, 짐작으로 떠올릴 뿐"이라는 은폐해 온 역사의 진실을 말하고 있다. 그들이 죽음을 맞이해야 했던 죄란 것도 너무 하찮은 것들이라 해방 이후 활발한 사회 변화 추세에 맞물려 있는 "밀려드는 이념에 휘말려/ 왼쪽으로 걸으면 좌/ 오른쪽으로 걸으면 우/ 이리저리 왔다 갔다 하면 좌우 우좌"하며 이념의 대립이 빚은 결과란 것을 시인은 말하고 있다. 지금도 그 논쟁은 끝나지 않아 그들의 죽음을 놓고 "희생이냐 항쟁이냐/ 학살은 떼죽음의 터를 가리키고 있는데/ 비문조차 새길 수 없어/ 1948년 10월 19일과 2009년 10월 19일 사이/ 여섯 개의 점으로 찍힌 만성리 학살지"를 바라보며 현실을 그대로 말해 주고 있다. 그렇게 죽은 사람들의 '곡성哭聲'이 사무친다는 그곳이다.

여순의 고통은 현재도 진행 중
- 서정춘·이규종·성미영·이상인

> 꽃 그려 새 올려놓고
> 지리산 골짜기로 떠났다는
> 소식
>
> — 서정춘, 〈봄, 파르티잔〉 전문(《해원의 노래》)

사람들이 생각하는 풍경 속 그림 같은 상상을 하는 것은 당연하다. 산이 있으면 강이 흐르고 그 물길에 물고기가 산다. 물에 비친 아름다운 풍경과 언덕배기엔 꽃이 피고 그 가지 위에 앉아 있는 새도 풍경이다. 새가 순간을 박차고 하늘로 비상하는 화조도를 상상해 본다. 서정춘 시인이 상상하는 그림 속에도 그런 모습을 담고 있을 듯싶다. "꽃 그려 새 올려놓고/ 지리산 골짜기로 떠났다는/ 소식" 한 편의 시로 표현된 삼행의 문장 속에 함축된 서사는 1948년 '여순'으로 비롯된 것이라면 쉽지 않은 사유다. '꽃'같이 화사하게 피어나 한철 복락을 누리고 싶은 것이 사람 마음이다. 그런 소박한 마음을 이루지 못하고 꽃 같은 시절을 훌훌 털어버리고 사랑 가득한 가족을 떨구고 홀연히 '지리산 골짜기'로 떠나야만 했던 사내(남정)들이 한둘이 아니었다. 그들은 산으로 올라가면서도 쉽게 발길을 떼지 못했을 것이다. 품 안 울어댔을 어린아이들과 지아비를 떠나보내는 아내의 눈물 바람을 외면하며 기어이 산으로 들어가야만 했을 사람들을 서정춘 시인은 생각했다. 타박타박 사람들 눈을 피해 도둑고양이처럼 동네를 빠져나갔던 그들은 오로지 목숨을 부지하겠다는 열망뿐이었다. 순박한 마음 얻어 태어나 그 동네에서 농사라도 지어야만 살 수 있기에 군소리 한 번 안하고 괭이를 들었을 손이었다. 어쩔 수 없이 총을 들었어야만 했던 사람들을 상상하면서 세상이 그들을 어떻게 파르티잔으로 내몰았는가를 생각했다. 시제처럼 서정춘 시인이 꿈꾸는 세상은 '봄' 같은 세상이다. 그 봄에 핀 꽃들은 당연히 산으로 올라갔던 사람을 지시하고 있다. 꽃 같은 마음으로 한세상 살려했던 그들은 꿈을 이루지 못한 채 그토록 사랑한 아내를 남겨두고 산으로 들어간 것이다. 몇 번은 더 어둠의 그림자를 따라와 살던 동네와 아내가 사는 집 언저리를 맴돌았을 그들이었다. 떠나간 사람의 죽어간 최후를 떠올리며 삼행시를 썼을 것이다.

당신이 보고픈 마음에
높은 하늘을 바라봐야 했습니다

가슴에는 그리움이 복받치는데
하늘을 올려다봐야 했습니다
그러면 그리움의 흔적이 목을 타고 넘어갑니다

당신이 보고픈 마음을
다른 사람이 알아차릴까 봐
빈 허공에 내 마음을
그래야 그리움이 가슴에 남아 있을 수 있으니까요

> 아버지…
>
> 아버지…
>
> 단, 한 번만으로도 보고 싶은 내 아버지
>
> － 이규종, 〈아버지〉 전문(《해원의 노래》)

    이규종(여순 항쟁유족연합회, 여순 항쟁구례유족회 회장) 시인은 1948년 10월 19일 발생한 '여순 사건' 때에 아버지가 피해를 입은 유족이다. 그렇기에 이규종 시인이 생각하는 '여순'과 '아버지'에 대한 애틋함은 남다른 것이다. 아예 아버지의 얼굴도 모르고 추억도 없어 유복자나 다름없던 긴 세월을 살았다. 어머니를 통해 그 당시 아버지에 대한 이야기를 들어 조금씩 알고 있을 뿐이다. 아버지에 대한 추억이라고는 전혀 없지만, 저 하늘 어딘가에 계실 것만 같아 몹시 보고 싶어질 때가 있다. 그럴 때면 "당신이 보고픈 마음에／ 높은 하늘을 바라봐야 했습니다"라며 이규종 시인은 말을 한다. 하늘을 보며 아버지를 불러댔을 화자의 모습을 상상해 본다. 저 하늘 아래 함께 살던 또래들은 다들 아버지가 있어 즐겁게 사는 것이 얼마나 눈에 밟혔겠는가? 아버지는 그놈의 혹독한 세월을 만나 아들과의 추억 하나 남기지 못한 채 죽음으로 세상을 등진 것이다. 그렇기에 "가슴에는 그리움이 복받치는데／ 하늘을 올려다봐야 했습니다／ 그러면 그리움의 흔적이 목을 타고 넘어갑니다"라며 희미한 기억 한 오라기 남기지 않은 채 이 세상을 등진 아버지에 대한 그리움을 그렇게라도 달랜 것이다. 그것마저 가슴을 채울 수 없어 다시 슬퍼지는 화자가 혼자서 불러보는 "아버지…／ 아버지…／ 단, 한 번만으로도 보고 싶은 내 아버지"를 불러 보는 수밖에 없다. 이어 가슴을 에돌아 나온 또 한 편의 시를 통해 어머니에 대한 사무친 정한을 살펴보고자 한다.

산소에 오릅니다.
운구를 하다 쉬었던 자리
넋을 잃었던 자리
나날이 푸르름만 더해 갑니다.

산 아래를 굽어봅니다.
잠시 머무는 자리
사람 사는 자리
무심히 흐르는 해 그림자가 보입니다.
흘러간 나날들이 수없이 보태져도
그리움만 차곡차곡 쌓여 갑니다.

산소에 들러 절을 올립니다.
슬픔을 알게 한 자리
철부지임을 깨닫게 한 자리
이 세상 살아계실 때
마음 다해 효도한 적이 있었는지
내 자신에게 물어봅니다.

산소를 들러봅니다.
불효자의 자리
시간이 끝나는 자리
보고 싶은 내 어머니가 계시는 자리
언젠가는 나도 돌아와야 할 자리

- 이규종, 〈어머님의 묘소〉 전문《해원의 노래》

그저 어머니의 죽음으로 부재한 그 자리가 허전해 읊은 시가 아니다. 이규종 시인의 어머니는 역사의 질곡 속에서 불행이란 불행은 죄다 업보처럼 껴안고 사셨다. 세월을 못 이겨 한 많은 세상을 등진 분으로 삶 그 자체가 역사의 질곡진 서사인 것이다. 모친을 모신 산소를 찾아가면서 "운구를 하다 쉬었던 자리/ 넋을 잃었던 자리/ 나날이 푸르름만 더해 갑니다."라며 당시를 떠올리고 있다. 누구나 자신을 낳아준 어머니의 부재 속에서 느낀 감정은 애틋할 수밖에 없다. 살며 오순도순 나눴던 정감들이 새록새록 되살아날 때마다 그리움은 더 간절해진다. 산소에 묻힌 어머니 옆에서 "산 아래를 굽어봅니다./ 잠시 머무는 자리/ 사람 사는 자리/ 무심히 흐르는 해 그림자가 보입니다./ 흘러간 나날들이 수없이 보태져도" 그 사무친 마음은 해소될 수 없다. 어릴 적 철부지 시절 아버지 없는 원망을 생각 없이 내뱉었던 적도 있었을 것이다. 남들보다 못한 불우한 자신의 처지를 비관하며 어머니를 탓하며 원망했을 것이다. 가슴에 대못을 박는 아픈 말들을 쏟아낸 것이 지금은 마음 괴롭기만 하다. 모질던 그 세월을 다 껴안고 땅에 묻히신 어머니 앞에 자꾸만 후회되는 일들이 주마등처럼 떠오른다. 봉분 앞에 다소곳하게 "산소에 들러 절을 올립니다./ 슬픔을 알게 한 자리/ 철부지임을 깨닫게 한 자리/ 이 세상 살아계실 때/ 마음 다해 효도한 적이 있었는지/ 내 자신에게 물어봅니다."라는 후회가 복받쳐 올라 뜨거운 눈물을 훔쳤을 것이다. 당신이 살아오신 세상이 그토록 힘들게 했는데도 원망으로만 살지 않으셨다. 저 세상 사람이 되어 버린 지아비를 가슴에서 내려놓은 적 없이 자식 건사에 헌신하신 어머니였다. 어머니의 숭고한 사랑이 있어 자신이 존재한다는 것을 깨달은 것이다.

참으로 안타까운 과거 역사(1948년 10월 19일, 여순 사건)의 참담함을 온몸으로 견뎌온 한 많은 세월의 사실을 말하고 있다. 그렇게 죽은 사람은 땅에 묻혀 버렸고 살아남은 사람은 아직도 고통에 힘들어 한다. 그런 참혹한 과거의 시간을 성미영 시인은 아픈 역사의 이름으로 다시 상기하고 있다.

〈아니리〉
가보지는 못했지만 그런 곳이 있다고는 허는디, 거그가 어디냐
죽었거늘 시신을 찾지 못헌 영혼들이 떠돌이맨치 맴도는 곳이라는디
왜 죽었는지 알지 못허는 어처구니없고 억울한 영혼들
이승도 저승도 아닌 거그를 떠돈다는디
그 얼척 없는 사연, 원통한 한을 들여다볼라치면

〈중모리〉
그때여 짙푸른 풀들 빛을 잃고 스산하게 깊어가는 사십팔년 가슬
근자에 들어 피비린내 풍기는 허공에 까마구 떼 까악거리며 날아댕개 쌌고
여그저그서 터지는 총소리 새로 진한 핏빛 맨드래미 바람에 흔들리는디
경찰이던 스물세 살 외삼촌, 봉기군과 대치하다 목숨을 잃었것다
어찌 헐거나 엊그제 약혼인 이쁜 그녀를 어쩔거나
철도원이던 스물다섯 형님, 퇴근길에 진압군에게 총살을 당했것다
어쩔거나 어찌 헐거나 울 어매를 어쩔거나 신혼의 색시를 어쩔거나
시멘트 공장 댕기는 사촌형, 누가 쏜 지도 모르는 총에 비명횡사했것다
어쩔거나 어찌 헐거나 어린 자식들과 마누래를 어쩔거나
징용으로 끌려가 병으로 죽은 남편 총알, 남편맨키 의지허던 큰아들 총알
피붙이 남동생 총알, 비명에 간 젊은 조카 총알
네 발의 총알 가슴에 박혀 쓰러진 울 어매

어쩔거나 어찌 헐거나
어린 나는 또 어쩔거나

— 성미영, 〈통한가痛恨歌〉 부분(《북에 새기다》)

소리 매김새가 제법 흥을 돋우는 듯하다. 가만있어 보니 새김으로 풀려나오는 가락이 암만 해도 좋자고 하는 소리가 아니다. 가만가만 시작하는 소리로 풍문처럼 떠돌던 이야기들이 슬슬 풀려나오면서 생목숨 한 순간에 "죽었거늘 시신을 찾지 못헌 영혼들이 떠돌이맨치 맴도는 곳이라는디/ 왜 죽었는지 알지 못허는 어처구니없고 억울한 영혼들/ 이승도 저승도 아닌 거그를 떠돈다는디/ 그 얼척 없는 사연, 원통한 한을 들여다볼라치면" 가슴 깊숙한 설움 가득 묻어온 1948년 '여순 10·19 사건'이 들쳐지는데 "그때여 짙푸른 풀들 빛을 잃고 스산하게 깊어가는 사십팔년 가슬/ 근자에 들어 피비린내 풍기는 허공에 까마구 떼 까악거리며 날아댕개 쌌고/ 여그저그서 터지는 총소리 새로 진한 핏빛 맨드래미 바람에 흔들리는디"라며 잠시 말을 끊었다. 진정한 마음으로 다시 들려주는 그 사건은 '맨드래미재'에서 벌어진 '잉구부 전투'로 그곳에서 희생된 원혼을 호명한다. 죽은 사연도 기구하여 "경찰이던 스물세 살 외삼촌, 봉기군과 대치하다 목숨을 잃었"고, "철도원이던 스물다섯 형님, 퇴근길에 진압군에게 총살을 당"한 것이다. 거기에 그치지 않고 "시멘트 공장 댕기는 사촌형, 누가 쏜 지도 모르는 총에 비명횡사"한 횡액이 연이어 터져 집안을 쑥대밭으로 만들고 말았다. 아무 잘못도 없는 집안사람들이 당한 그날의 흉사는 그놈의 못된 세상에서 벌어진 사달이었다. "징용으로 끌려가 병으로 죽은 남편 총알, 남편맨키 의지허던 큰아들 총알/ 피붙이 남동생 총알, 비명에 간 젊은 조카 총알/ 네 발의 총알 가슴에 박혀 쓰러진 울 어매"를 어찌해야 한단 말인가 라며 자책과 한탄의 세월을 하소연할 곳도 없었다. 한 가족을 지탱해 줄 사람들이 다 죽고 홀로 남아 험난한 세상에서 어떻게 살아가야 하는가? 그 힘든 세월을 고스란히 떠안아야 했던 갓 '시집온 색시'에게 형언할 수 없는 고통이었다. 그 불행한 아이들의 기구한 운명 같은 재앙은 말도 안 되는 데서 시작되었다.

부모님 모시고 작은 논배미에 농사지으며
근근이 살아가던 스물아홉 젊은 농부였다
눈빛이 형형하고 손이 곱다는 이유로 총살을 당했다
아침을 먹고 담배 한 대 태우러 대문을 나섰다가
느닷없이 마주친 진압군에 잡혀갔다
동태처럼 얼어붙은 낯익은 얼굴들과 한 묶음이 되어 산 위로 끌려갔다
한 치 앞을 볼 수 없는 안갯속으로
낌새조차 없던 태풍이 순식간에 마을을 휩쓸고 가버렸다
집으로 돌아오지 못한 서른 남짓의 마을 젊은이들
저 너머 산골 마을에 빨갱이들이 모여 있다는
누군가 죽음의 총구 앞에 내뱉은 마을 이름이
손가락총이 되어 씨를 말렸다
큰 아들 외삼촌 조카 작은아버지 아버지
총성과 함께 까마귀 울음 속으로 사라졌다
바퀴살 빠진 바퀴처럼 세상이 주저앉았다
듬성듬성 빠져나간 이마냥 거리가 흔들렸다
스물일곱 살 아내는 가난을 견디지 못해 재가를 했다
빨갱이 자식이라는 눈초리에 학교도 다니지 못했다

> 죽은 아비의 진자리는 누구도 대신해 주지 않았다
> 승자의 기록이 바뀌지 않는 칠십여 년
> 수면 깊이 묻힌 숨 막힌 진실들
> 언제나 밀물로 썰물로 풀어갈 수 있을까
>
> — 성미영, 〈빈자리〉 전문(《북에 새기다》)

'여순 10·19 사건' 당시 '손가락총'으로 인해 한 마을의 집단적인 학살을 알게 되었다. 사실 손가락으로 시늉하는 손가락총 놀이는 백날 쏴도 아프지 않았다. 누구나 어릴 적 놀면서 해봤음직한 총을 쏘는 시늉을 보며 웃어넘길 만한 몸짓일 뿐이다. 부지불식간 당황해서 내민 그 총에 맞았다 해도 멀쩡한 사람이 죽을 일도 없다. 그런데 그 '손가락총'이 '여순 10·19' 때에 엄청난 죽음을 몰고 왔다. 수십 발의 총알은 피할 수 있지만, 그 손가락총은 사정거리와 무관하고 어떠한 경우에도 빗나가는 일이 없었다. 한번 표적이 되면 그 사람과 관계한 모든 사람들을 한순간 죽음으로 내몰아 버렸다. 그 마을에 참혹한 참상을 몰고 온 하찮은 행동의 시작을 보자. 그저 평범한 농촌에 어디에나 있음직한 "부모님 모시고 작은 논배미에 농사지으며/ 근근이 살아가던 스물아홉 젊은 농부였"는데 들이닥친 진압군에 손이 곱다는 이유로 총살당하고, 담배 한 대 태우러 집 앞에 나갔다가 잡혀 죽고, 고만고만한 또래 동네 젊은이들이 "동태처럼 얼어붙은 낯익은 얼굴들과 한 묶음이 되어 산 위로 끌려갔다"는 것과 이후 "집으로 돌아오지 못한 서른 남짓의 마을 젊은이들"이 한 장소에서 비참한 죽음에 이른 것이다. 그것의 빌미는 "저 너머 산골 마을에 빨갱이들이 모여 있다는/ 누군가 죽음의 총구 앞에 내뱉은 마을 이름이/ 손가락총이 되어 씨를 말렸다"는 어이 없이 그 '손가락총'에 당하고 말았다. 예전 시골 마을은 친족끼리 모여 사는 경향이 많아 거반 친인척인 사람들이니 한 집안이 왕창 죽어 나간 것이다. 그로 인해 더 기구한 운명은 스물일곱 살 먹은 아내가 아이를 안고 재가를 하게 된다. 엄마한테 딸려간 아이는 "빨갱이 자식이라는 눈초리에 학교도 다니지 못"한 고통을 겪으며 성장기를 보내야 했다. 어린 가슴에 맺힌 한은 쉽게 풀어질 수 없는 생애 고질병이 된다. 그들에게 아픔을 위로해 줄 수 있는 사회적인 여건은 달라진 것이 없어 참으로 냉혹했다. 그런 시대에서 살아남기 위해서는 말을 삼가야 하는 것이 자신을 지키는 유일한 무기란 것을 알았다. 말 잘하고 똑똑한 것도 죽음의 이유가 되었다.

> 그랑께, 거 뭣이냐 울 집 냥반이 구장을 하고 있었는디
> 빨갱인가 하는 군인들이 와가꼬 구장 반장들 나오라고 해서 나간게
> 지소 무기고를 지키라고 하드랑마, 그라고 난 게
> 갱찰들이 무기고 지킨 사람들을 수소문하고 댕겼지라
> 울 집 냥반은 무서와가꼬 도망을 가부렸는디 그 냥반 내노라고 함시로
> 우리 집에 불을 질르고, 나를 불러다가 온갖 매질, 고문을 다 했지라
> 밤에 논에서 뚜뜨러맞고 있는디 글씨, 옆 사람이 맞어가꼬 죽어불드랑게
> ─중략─
> 집식구 고상헌다고 집안 당숙이 피신한 울 집 냥반을 찾어왔는디
> 이번 참엔 또 보도연맹인가 뭔가 가입하라고 해가꼬,
> 빨갱이들을 감시하라고 시켰다는디
> 어찌된 판인지 난리가 나자마자 잽혀가등마는
> 쩌그 저 애기섬에 수장됐다고 그랍디다
>   - 성미영, 〈침묵의 끝〉 부분(《북에 새기다》)

"환장하것그마 나는 시상에서 사람이 절로 무섭당게, 숨이 꼴딱 넘어가게 무서와"라며 아무리 세상이 좋아졌다 해도 믿기지 않는다는 할머니의 불안은 여전했다. 여기에서 성미영 시인이 말하고자 하는 '침묵의 끝'은 '여순 10·19 사건'이 발생하고 난 뒤 6·25 전쟁이 터지면서 여수 지역 '보도연맹원'들을 애기섬에 수장시킨 사건에 대한 시적 진술이다. 그곳에 수장된 사람의 유가족이 말을 이어가다 "낼모레면 죽을 몸이구마는, 말해도 될랑가 싶어 무섭구만이라"라며 아직도 세상이 무섭다며 공포심을 떨치지 못한다. 근방에서 듬직한데다 잘나서 젊은 나이에 동네 구장까지 맡은 하늘같은 지아비(남편)가 진압군에 잡혀간 세월을 회상하고 있다. "열여섯에 시집을 와가꼬, 새끼들은 우로 넷이나 되제, 그 냥반은 안 오제/ 스물일곱에 마당에 덕석을 피고, 소금 가마니에 무릎 꿇고 혼자서 유복자를 낳앗"다는 말투에 한이 사무쳤다. 할머니의 삶은 '여순 10·19 사건'이 발발한 뒤 그야말로 기구한 생이 되어 버렸다. 지아비가 잘나서 동네 구장을 한 것이 이토록 큰 화근이 될 줄은 몰랐다. 그런 일을 당하고 터득한 것은 남 앞에서 알아도 모른 척 아예 '침묵'하며 사는 법을 터득했다. 물론 자식들도 그런 연유로 아예 학교란 것을 보내지 않았다는 항변이지만, 그 말마저 슬프고 안타깝다. 죽음을 바라보는 증언자의 연배에도 세상에 대한 불안은 여전해 "느그 아무지맹키 구장도 하지 마라" 신신당부하며 "무조건 죽어지내라 알어도 암것도 모른디끼 살어라"란 말을 되풀이하며 당부한다. 피해 유가족에게 1948년 '여순 10·19 사건'은 아직도 진행 중이란 것을 알 수 있다. 자식들한테 안 가르친 이유도 서럽고 억울하단 말 한마디 못한 채 억눌렀던 가슴속 세월도 한스럽다. 혼잣말처럼 되뇌는 그 말 "자슥들한티 안 갤찼다는 원망도 많이 들었지라"라며 그놈의 잘못된 세상 때문 자식들까지 멍에를 씌워 대물림하고 말았다.

어머니의 뱃속에서 아버지를 잃은
김규찬씨는 지금도
아버지가 타시던 기차의 지적소리를 듣습니다.
안겨보지도 얼굴도 보지 못한 아버지
아침이면 새떼 같은 기적소리 몰고
집에 들어설 것 같은 설렘에 사무칩니다.

김규찬씨의 아버지, 김영기씨는
48년 10월 20일 순천에서 이리(익산)로 가는
전라선 열차의 차장 승무원
차장의 역할은 단지
운전하는 기관사를 뒤에서
신호해 주고 승객의 안전을 살피는 일이었지요.
학구 역에서 벌어진 봉기군과 진압군과의 전투 후
김영기씨는 순번에 의해 기차를 탔을 뿐이라며
결백을 주장했지만 군사재판에서
102명 사형선고인 명단에서 감형으로
무기징역을 받아 목포형무소에서 마포형무소로

수감 생활 중 6·25가 나고
자유의 몸이 되어 귀가하던 중 잡혀가신 이후로
보지도 만져보지도 못한 아버지의 모습을
사진으로나마 바라보며 눈물짓는 세월이
태산 같은 한평생이었지요.

아버지의 못다 타신 기차가 한이 되었던가요.
우수한 성적으로 철도공무원이 되어
아버지 대신 대를 이어
평생 선로를 달려온 김규찬씨

암흑 같은 시대의 깊은 골짜기에서
정강이뼈가 으스러지는 고문을 당하고
어디론가 끌려가 마지막 죽임을 당했을
그리운 아버지를 기차에 모시고
이 아침까지 달려온 세월이
그저 아득하고 황망하기만 합니다.
 - 이상인, 〈아침 기적소리를 듣습니다〉 전문《해원의 노래》

'여순'의 광기가 온 천지에 진동했다. 오직 힘이 있어야 살아남았다. 그 막강한 힘은 국가로부터 여수와 순천을 토벌하러 온 군인과 경찰에게 주어졌다. 불량 국민을 만드는 데 혈안이 된 그들은 선량한 사람들의 보호에는 아예 관심도 없었다. 인권이란 것은 고사하고 최소한의 양심에 의한 법 절차도 무시된 것이 다반사였다. 국가 통치에 유리한 행위로 그들은 거침이 없었다. '여순'이 발발한 당시 철도원 김영기씨의 억울한 죽음에 얽힌 사실을 담고 있다. 여순 사건이 발발한 이후 남원 방향으로 여세를 몰아 진출하려던 반란군과 그 진출을 저지하려던 군과의 전투 과정에서 기차는 예약된 시간표대로 순천역을 출발했을 것이다. 기차 운행 시 정해진 매뉴얼대로 기관사가 시간이 되면 교체가 될 것이고 열차 안 승객의 안전과 기타 서비스를 맡은 차장 역시 규정대로 열차에 탑승한 것은 누구나 이해될 일이다. 그게 빌미가 되어 불순한 사람으로 낙인찍힌 "김규찬씨의 아버지, 김영기씨는/ 48년 10월 20일 순천에서 이리(익산)로 가는/ 전라선 열차의 차장 승무원" 역할을 수행한 것이 죄가 되었다. 아무리 규정에 의해 맡은 바 소임을 다했다는 것을 누누이 밝히며 잘못된 판결에 "결백을 주장했지만 군사재판에서/ 102명 사형선고인 명단에서 감형으로/ 무기징역을 받아 목포형무소에서 마포형무소로" 이감되었다가 6·25가 터지면서 석방되어 집으로 오는가 싶었는데 다시 끌려가게 된다. 이후 아버지의 소식은 알 수 없게 된다. 그렇게 황망한 세월을 살며 아들 김규찬씨가 마침내 아비지의 뒤를 이어 철도원이 된 것이다. 철로 옆에서 매일 날리는 열차를 보며 아버지의 모습을 떠올렸을 김규찬씨의 심정은 편할 리 없다. 긴 세월 동안 기차와 함께해 오면서 "암흑 같은 시대의 깊은 골짜기에서/ 정강이뼈가 으스러지는 고문을 당하고/ 어디론가 끌려가 마지막 죽임을 당했을/ 그리운 아버지를 기차에 모시고/ 이 아침까지 달려온 세월이/ 그저 아득하고 황망하기만 합니다."라는 속내에서 안타까움이 진하게 묻어 나온다. 멀쩡했던 아버지가 풀려나 집으로 오던 중 행방불명되었다며 유야무야 묻히고 마는 그 당시는 그게 통하는 시대였다. 이후 억울한 죽음들에 국가 차원에서 어떠한 노력도 하지 않았다는 것은 현실이다.

동백이 붉게 피는 이유
- 김경윤·김정애·김칠선·안민

　여수 동백은 슬픔마저 깊어서인지 진혼鎭魂을 거부하듯 각혈을 덩어리째 쏟아낸다. 꽃이 피고 지는 것은 지극한 자연법칙으로 이해할 수 없는 여수 땅에는 동백이 사람처럼 피었다 졌다. 여수의 동백을 사람들은 함부로 대하지 않는다. 그들도 사람인데 사람 잡다 놓고 생목숨을 향해 총을 쏘고도 아무렇지 않았던 사람들이 '여순' 당시에 있었다. 그때마다 붉은 선혈 닮은 동백꽃 넋이 되어 이 땅에 꼬꾸라졌다. 봄마다 피던 동백꽃으로 필 수 없는 주검이 되어 불태워졌다. 70여 년이 지난 지금도 그곳에는 핏물 머금은 동백꽃이 피면 설움이 복받쳐 온다.

　　　인적 없는 외딴섬은 무덤이었다
　　　한 평도 못된 구덩이 속에서 수십 명의 유골이 쏟아지던 날
　　　땅속에 묻힌 흰 고무신처럼 썩지 않는 슬픔이
　　　지아비를 잃고 예순 해를 청상으로 살아온 노파의 가슴에
　　　붉은 동백 꽃잎으로 흐득흐득 피어나고
　　　푸른 하늘을 맴돌던 갈매기들도 상여소리로 울었다

"어찌게 그 징한 세월을 말로 다 하것소.
아무리 말해도 지비들은 모를 것이요"

어떤 세월도 진실을 매장하지는 못했다
굴비 두름처럼 손목이 묶인 채 학살된 떼주검들이
밤마다 도깨비불로 떠돌다 유족의 품으로 돌아오던 날
애비를 잃고 한평생 재갈 물린 세월을 살아온 아들의 가슴에는
아직도 파들파들 떨고 있는 파도소리 들리고
까마귀쪽나무 그늘에서 휘파람새가 씻김굿 가락으로 울었다

"말도 못하는 시상을 살고 나왔지 싶소.
고것은 전쟁이 아니라 하늘이 내린 재앙이었어라."

* 갈매기섬 : 전라남도 해남과 진도 사이에 있는 섬. 이 섬에서 1950년 7월 중순경에 경찰들이 보도연맹에 가입된 사람들을 집단학살했다.

- 김경윤, 〈갈매기섬〉 전문《해원의 노래》

김경윤 시인의 시 전체적인 내용은 '갈매기' 섬에 유기된 '보도연맹' 학살자의 시신 발굴을 통해 드러난 진실을 말해 주고 있다. "한 평도 못된 구덩이 속에서 수십 명의 유골이 쏟아지던 날/ 땅속에 묻힌 흰 고무신처럼 썩지 않는 슬픔"은 "지아비를 잃고 예순 해를 청상으로 살아온 노파의 가슴" 속 참았던 통곡이다. 가슴 깊이 숨겨온 자조 섞인 넋두리를 쏟아내면서 "어찌게 그 징한 세월을 말로 다 하것소./ 아무리 말해도 지비들은 모를 것이요"라며 한 많은 고통을 증언한다. 긴 세월 동안 지아비를 잃고도 어디 대놓고 억울하고 원통하단 말 한마디 할 수 없는 몹쓸 세상이었다. 다 같은 대한민국 국민인데 그들은 한국 사

회에서 응당 행사해야 할 권리를 박탈당했고, 보호받아야 할 대상에서 배제되거나 차별은 일상이었다. 일본이 패망하고 들어선 대한민국, 이승만 자유당 정권하에서 정권 유지를 위해 혈안이 된 그들이다. 남한 단독정부의 존립을 위해 친일파의 중용도 마다치 않았고 권력 외에 뵈는 것이 없었으니 순박한 민중들을 향한 만행이 불법적으로 자행된다. '제주 4.3'과 '여순 사건'을 통해 무언가 빌미를 만들어야 할 시기에 좌익 사상에 물든 사람들을 '보도연맹'이라는 임의 단체에 가입시켰다. 이후 사상 검열과 전향을 종용한 뒤 반공 단체로 활용하다 6·25 전쟁이 발발하자 상황은 급반전된다. 인민군 가담이나 기타 부역 행위를 우려해 조직적으로 보도연맹원들을 학살하도록 한 것이다. 국가에서 지역 단위로 할당해 좋은 것이 좋은 거라고 사탕발림에 가입하라고 해서 이름 올린 것이 전부인 '보도연맹' 회원들이 대다수였다. '보도연맹' 사건은 전국 각지에서 벌어진 국가 폭력으로 자행된 인권유린의 전형이다. 여수 애기섬도 그런 유형에서 같다. 위 사례는 해남과 진도 근해의 '갈매기섬'에 유기된 시신을 발굴하면서 그 진상이 밝혀진다.

탕탕탕

암 그렇지 무죄지 무죄야
여순 사건 72년 만에 무죄 선고받은
철도원 장한봉씨
우울증을 앓고 있다는 진점순씨는 당당했다
주먹을 꼭 쥐었다

원래 착했어

티끌만큼도 잘못이 없었당께
순천역에서 근무하다 끌려갔는디
안 와
밤이 되어도 안 와
돌쟁이 딸을 옆구리에 끼고 절반은 미쳐서 찾아나서도
까만 창고에 가뒀다는 소문만 무성할 뿐

안 와

한숨으로 되돌리는 세월 속에는
26살 새색시와 젊은 남자가
한 살 세 살 딸들 곁에서 활짝 웃고 있었다
좌익도 우익도 아니었당께
가정을 지킨 가장이었어

응달에 쌓여있던 눈이 녹고
시신도 찾지 못한 조릿대기묘를 향해
국가도
역사도 고개를 숙인 날이었다
  - 김정애, 〈안 와, 해가 바뀌어도 안 와〉 전문《해원의 노래》

"암 그렇지 무죄지 무죄야/ 여순 사건 72년 만에 무죄 선고받은/ 철도원 장한봉씨"에게 '탕탕탕' 무죄를 알리는 방망이 소리가 마치 억울하게 생목숨을 앗아갔던 총소리 같아 마음이 무겁기는 매한가지다. 철도원 장한봉씨의 억울한 누명을 벗는 날이 오기까지 너무나 긴 세월이 흘러 버렸다. 그동안 꿈만 같던 신혼 시절은 사라져 버렸고 가장 소중한 남편마저 잃어버렸으니 고통은 상상할 수 없다. 파란 같은 세월은 고스란히 생채기처럼 엉겨 붙어 가슴속 옹이가 되어 버렸다. 이제나 저제나 그토록 고대하던 국가의 과오를 인정했지만, 그것은 완전하지 않는 명예회복일 뿐이다. 이미 죽어 이 세상에 없는 지아비(장한봉씨)로 인해 말로 형언할 수 없는 고통이 자식에게 대물림 되었다. 아내인 진점순씨 역시 피해 당사자로 가슴속 한이 하도 사무쳤는지 우울증에 시달리며 산다. 그래도 정신이 번쩍 든 아내 진점순씨다. 오매불망 기다려왔던 무죄라는 소식에 "원래 착했어/ 티끌만큼도 잘못이 없었당께"라며 확신을 확인하며 잃어버린 남편을 다시 되찾은 듯 기뻐하는 모습이다. 아무리 기다려도 "순천역에서 근무하다 끌려갔는디/ 안 와/ 밤이 되어도 안 와/ 돌쟁이 딸을 옆구리에 끼고 절반은 미쳐서 찾아나서도/ 까만 창고에 가뒀다는 소문만 무성할 뿐// 안 와"라는 말에 깃든 절망감은 고통과 원망의 세월로 치환되어 고스란히 진점순씨가 껴안고 가야만 한 삶이 되었다. 까마득한 시절을 떠올리며 안타까움과 회한만이 밀려올 뿐이다. 이제라도 가슴 아픈 시간을 되돌려 놓아야 한다. 그래야 죽어 이승을 헤매고 다닐 지아비도 마음 편히 살 수 있는 것이다. 잠시나마 망중한으로 빠져들고 싶은 "26살 새색시와 젊은 남자" 되돌아가 "한 살 세 살 딸들 곁에서 활짝 웃고" 싶은 맘 간절하다. 하지만, 그럴 수도 없는 것이 "시신도 찾지 못한 조릿대기묘"만 덜렁 남은 헛묘였다. 그나마 평생 동안 눈길 한 번 주지 않던 '국가'가 나서 고개를 숙였으니 그나마 지아비 볼 면목을 세운 셈이다. 해원으로 가는 길은 특별한 것이 아니다. 그 당시 억울하게 죽은 사람에게 잘못을 인정하면 된다. 좌가 먼저 죽인 우익 인사들도 잘못을 저지른 자들로부터 사죄를 받아야하지만, 무고한 시민들이 그놈의 손가락총으로 무차별 죽어나간 것에 대한 사죄는 당연하다. 숭악한 세월 만나 억울함이 사무친 사람들이었다.

세월 가면 잊는다고요?
말 하면 풀린다고요?
모른 소리 하지 말아요.

나락이 노러니 익어갈 때
인심 좋다 이건섭이
우리 아버지
백월마을 손정리 솔륜지 주막 앞에서
하루도 안 죽이고는 술 못 먹는다는
지서주임의 해장감이 되었지요.
싹 나오라고, 다 모아 놓고
오른 쪽 머리에다 놔 불대요.
골이 탁 터져버렸어.
내가 봤다니까.
14살 음력 7월 15일에
외할머니는 목을 매셨지.

백월마을이 무서워
친정이 무서워
하룻저녁 제사가 30명
거적때기 덮인 시신들이 보이고
죽은 시체에 총질하는 시커먼 경찰들
까마귀 떼 같더랑께

속아지 없는 사람들이 쫓아갔다
다 죽었지요.
얼마나 억울했것소.
엄니는 보복이고 뭐고 암 것도 생각안하고
정신 차린 후 오로지 자식들 생각만…
울지도 않았지.

우리 아버지 못등도 못가요.
딱 질러버렸던가 봐
무서워서 못 가
친정 무서워서 우리 집에 못 간당께
밤에는 바깥에 못 나가
지금도 무서워서
하여튼 몸소리가 나버렸어.
　　　　　　　　　　- 김칠선, 〈지독한 무섬증〉 전문(《해원의 노래》)

　기가 막힐 일을 목격한 사람은 눈이 확 뒤집힌다고 말한다. 여순 10·19 사건 당시에 벌어진 '백월마을'의 민간인 학살은 설명이 필요 없는 사실에 근거한다. 화자의 아버지가 죽임 당한 그날 현장에서 그 모습을 똑똑히 본 것이다. 흔히들 고통도 "세월 가면 잊는다고요?/ 말하면 풀린다고요?/ 모른 소리 하지 말아요."라며 그럴 수 없는 화자 자신을 항변한다. 그도 그럴 것이 14살짜리 아이가 본 것은 그야말로 무지막지한 살상인 것이다. 소년의 아버지는 동네에서 인정 좋고 평판이 좋았다는 것과 죽임을 당할 만한 잘못도 없는데 그저 재미 삼아 사람 목숨을 우습게 아는 "하루도 안 죽이고는 술 못 먹는다는/ 지서주임의 해장감이 되"고 말았다. 그 뒤 외할머니의 자살과 사람이 무섭다는 어머니의 불안한 이상 증세는 지금까지 지속된다. 아버지의 죽음을 통해 한 가정이 파괴되는 것과 더불어 '백월마을'에는 "하룻저녁 제사가 30명/ 거적때기 덮인 시신들이 보이고/ 죽은 시체에 총질하는 시커먼 경찰들/ 까마귀 떼 같더랑께"라는 화자의 증언은 이어진다. "우리 아버지 못등도 못"간다며 공포에 질려 버린 어머니였다. 그렇게 된 것은 포악한 지서장의 공권력 남용에 있음을 증언한다. '백월마을' 사람들이 억울하게 죽었다는 것은 불을 보듯 확실한 것이다. 그런 사람들의 원혼을 위로하는 조치가 이뤄졌는가에 대한 진술은 없다. 사람 목숨이 어떻게 해장감이 될 수 있는 것인지 참으로 알 수 없는 경찰관을 선임한 국가에게 분명한 책임이 있다.

겨울 억새 나직이 우는 곳에 가만히 서면 흑백사진으로만 본 할아버지 슬픈 목소리가 들려온다 아버지 열두 살 적 한 무리 새 떼에 섞여 잿빛 하늘로 떠난 할아버지 발바닥까지 참꽃물 빨갛게 밴 빨치산으로 몰렸다 한다 산 떠돌며 굶어 죽고 얼어 죽고 혀끝에 눈물 뿌리며 죽어갔다던 빨치산

송이 눈 빼곡하게 쌓이던 그 순백의 고요 위로 뿌려진 붉은 꽃잎 자국 살기 위해 도망치다 눈밭에 무너졌을 할아버지 마지막 본 하늘엔 무엇이 떠있었을까 그 후 남도 산자락마다 노을 젖으며 핏빛으로 물들었고 아버지도 점점 자라 차가운 겨울새 되었는데

봄 오길 기다리며 어질어질 현기증 일으키던 내 유년의 겨울 빛바랜 사진 속 할아버지는 언제나 젊은 청년이었다 지 할애비 청승스레 빼닮았다며 야윈 배 쓸어 주던 할머니 가벼워진 몸도 왜바람에 실려 떠났고 어머니 한숨 동짓달 어둠처럼 짙어 갔다 눈발은 잿빛 논 위를 을씨년스럽게 달렸고

할아버지 눈감지 못한 세월 할머니와 어머니 시린 눈물들이 어느덧 내 안에서 뼈마디마다 수수눈꽃으로 피었는지 겨울은 끝도 없이 맴을 돌고 빈혈은 좀처럼 낫지 않고

- 안민, 〈수수눈꽃〉 전문(《91.01.8491, 反》)

화자가 기억하고 있는 성장기 기억에 "겨울 억새 나직이 우는 곳에 가만히 서면 흑백사진으로만 본 할아버지 슬픈 목소리가 들려온다"는 큰 산의 그림자 안으로 파고든 산촌임을 알 수 있다. 그 산 능선을 바라보며 산으로 올라간 할아버지를 기다렸을 할머니의 가슴 아픈 이야기를 듣고 자란 화자. 어김없이 계절이 바뀌고 해가 바뀌어도 징헌 세월 몸으로 봐버린 기억은 하나도 변하지 않았다. 언제나 똑같은 모습으로 그 자리를 지키고 있는 흑백사진 속 할아버지에 대한 추억은 할머니의 슬픈 생애가 되었다. 할아버지가 "아버지 열두 살 적 한 무리 새 떼에 섞여 잿빛 하늘로 떠난 할아버지 발바닥까지 참꽃물 빨갛게 밴 빨치산으로 몰렸다"는 그 엄혹한 세월을 할머니는 손자에게 누누이 전했을 것이다. 빨치산으로 몰렸으니 산을 내려오면 꼼짝없이 잡혀 죽는 것은 뻔한 일이다. 어쩔 수 없이 빨치산이 되어야 했을 할아버지는 쫓긴 몸이 되어 버렸다. "산 떠돌며 굶어 죽고 얼어 죽고 혀끝에 눈물 뿌리며 죽어갔다던 빨치산"의 산 생활을 전해 들을 때마다 할머니의 마음은 그야말로 좌불안석에 노심초사였다. 엄동의 혹한보다 더한 토벌대의 총탄에 "송이 눈 빼곡하게 쌓이던 그 순백의 고요 위로 뿌려진 붉은 꽃잎 자국 살기 위해 도망치다 눈밭에 무너졌을 할아버지 마지막 본 하늘엔 무엇이 떠 있었을까"라고 묻고 있지만 꿈꾸던 세상과는 너

무나 멀다는 것을 깨달았을 것이다. 추운 겨울 눈밭에서 죽음을 맞은 할아버지를 생각하며 빨리 겨울이 가고 봄이 오길 기다린다. 화자에게 있어 할아버지와 아버지 그리고 할머니까지 겨울은 견딜 수 없는 고통이다. "할아버지 눈감지 못한 세월 할머니와 어머니 시린 눈물들이 어느덧 내 안에서 뼈마디마다 수수눈꽃으로 피었는지 겨울은 끝도 없이 맴을 돌고 빈혈은 좀처럼 낫지 않고" 있다는 의미심장한 속내는 세상은 달라진 것이 없다는 것을 말해 준다.

제4부

그날 이후

해원과 화해는 이뤄져야 한다.
- 박두규·강병철·김승립·박혜연

　죄 없다 항변해도 소용없는 시절이 있었다. 누군가는 번연히 눈 뜨고 당하고도 억울하단 말 한마디 못한 채 살아야 하고 어떤 놈은 죽을 짓을 다 해 놓고 잘못 뉘우치지 않고도 잘 살아가는 세상을 지켜봐야 한다. 그렇게 당한 사람 마음이 편할 리 없어 70여 년의 세월 동안 썩어 문드러진 속 다독이며 못다 한 말을 이제라도 풀어놓고 한 맺힌 세월을 위안하려 한다. 그렇다고 누구 하나 나서서 그토록 깊은 포원을 풀어 줄 리 없는 세상을 보며 참으로 암담도 하거니와 감당키 어려운 분노만 치솟는 것이다. 누누이 말하지만, 켜켜이 쌓인 원한을 시원스럽게 풀어낼 수도 없는 한 많은 사람들의 아픔을 기꺼이 만나야 한다. 그 아픔 한구석이나마 해원될 수 있도록 작은 마음을 담아 또 글을 쓸 수밖에 없다. 워낙 일방적으로 당한 폭압에다 너무나 억울해 죽어서도 눈을 감지 못한 원혼들을 위로하며 또 글을 쓴다. 그들의 원혼을 전해 들은 시인의 손끝이 파르르 떨릴 수밖에 없는 이유이기도 하다. 타박타박 고통에 찬 세월을 걸어오는 것에 그만한 이유가 있는 듯 했으나 그마저 부질없다는 후회뿐이다. 지나온 시간보다 더 긴 시간을 지나야 한다는 불안이 깊어져 그 질곡을 헤어 나올 수 없다는 비통함이 엄습해 오기 때문이다.

    일구사팔일십일구. 지울 수 없는 숫자 속 죽음들
    만설리 구랑실 애기섬 신전마을 간문천 형제묘 백월마을…
    여수 순천 고흥 구례 보성 광양의 크고 작은 마을들
    항쟁의 그늘 아래 쓸려간 숱한 죽음들

    독립운동을 한 사회주의자 할아버지 때문에 죽고
    지까다비 신발 하나 사다 주었다고 죽고
    어머니와 아버지 서로 뺨치기를 시키고 그리다 죽고
    나는 죄가 없응께 괜찮다며 나갔다가 죽고
    14살 반란군 연락병으로 총상을 입은 어린아이
    마을 사람들이 옷도 빨아 주고 홍시도 주고 밥도 주었는데
    그 아이의 손가락총에 마을 사람 22명이 죽고
    마을 전체를 불 지르는데 소는 끌어내고 사람만 죽이고
    엄마 등에 업힌 채 3살 난 아기도 죽고
    반란군이 탄 기차를 운행했던 철도기관사도 죽고
    마을은 불타고 40여 명이 트럭에 실려가 죽고
    아침마다 사람 하나 죽이고 해장했다는 지서장과
    11구를 들쳐 내고 바닥에서 아들의 시신을 수습했다는 노인네

    죽고, 죽고, 죽고, 죽고. 또 죽고. 무더기로 죽고
    그렇게 죽은 자들은 아무런 이유 없이 빨갱이가 되었다
    그 어린 자식 또한 아무런 이유 없이 빨갱이 새끼가 되었다
    70여 년 동안 죽어서도 떠날 수 없는 넋이 되었다

                        - 박두규, 〈1948.10.19〉 전문(《91.01.8491, 反》)

동백꽃 붉은 여수
망망한 바다
그대는 가슴에 피 묻은 붕대를 감고
파도 소리에 뒤척이네
잠 못 이루네

푸른 동백 하늘 서러워
동백꽃 지는 날
아직도 흐르지 못한 그 세월이
내 가슴에 흐르네
흐르고 있네

- 박두규, 〈여순 동백〉 전문(《사람의 깊이 7집》)

하찮은 짐승 목숨을 잡을 때도 신중을 기해 행동한다. 우리는 예로부터 사람 목숨을 중히 여기는 홍익인간을 근간으로 하는 배달민족에서 조선조의 금척 사상으로 이어져 사람을 끔찍하게 위하며 살았던 민족이다. 그런 우리가 해방 이후 달라져도 너무나 달라져 버린 것이다. 내 조국 땅에서 대한의 사람으로 더 나은 날을 꿈꾸며 다들 희망에 차 들떠 있었을 때다. 그렇지만, 세상은 만만하게 돌아가는 것이 아니란 것을 국제 정세를 통해 보여주었다. 제국주의의 거대한 힘이 균형 유지라는 명목 하에 국내 정세에 개입한 것이다. 해방된 대한민국에서 그들은 공짜란 없다는 것을 알려 주었다. 38도선을 기점으로 남한에는 미국이 북한에는 소련이 들어온 것이다.

〈1948.10.19.〉 그 당시를 알기 위해 박두규 시인의 시를 또 읽어야 한다. 체제가 다른 남과 북이 대치하면서 정정은 극도로 불안정해진다. 기어이 1948년 제주도에서 '제주 4·3'이 발발하고 만다. 제주에 응원 경찰이 들어갔고 뒤이어 응원 군인이 들어가야 하는 상황으로 격화된다. 1948년 10월 19일 여수에 주둔한 14연대 파병이 결정되고 그것을 반대한 병사들이 '여순 사건'을 일으킨다. 필자가 국사 시간에 배운 '여순반란사건'은 그랬다. '여순 사건'에 동조한 군인들과 그에 협조한 좌익계 인사들을 색출 토벌한다는 명분으로 무고한 양민까지 무자비하게 학살한 것이다. 그렇게 죽어간 원혼들의 숫자와 학살 장소가 한두 곳이 아니란 것은 이미 진상을 통해 밝혀진 그대로다. 박두규 시인이 시를 통해 나열하고 있는 "일구사팔일십일구. 지울 수 없는 숫자 속 죽음들/ 만성리 구랑실 애기섬 신전마을 간문천 형제묘 백월마을…/ 여수 순천 고흥 구례 보성 광양의 크고 작은 마을들"에서 일어난 학살에 대한 아픈 진실을 상기시킨다. 많은 사람들이 죽었는데 오직 당한 자만의 아픔으로 국가는 지난 과거를 철저하게 모르쇠 해 왔다. 그래서 "항쟁의 그늘 아래 쓸려간 숱한 죽음들"이라고 표현한 것이다. 그 당시 토벌이라는 작전을 실행할 때 지역 내 양민에 대한 보호가 우선되어야 했다. 여수 순천 지역 안정화를 위한 시간이 아무리 많이 소요된다 해도 봉기에 가담한 군인들과 부역자에 대한 처벌 수위를 고심해야 했다. 또한 그런 과정에서 발생할 수 있는 억울한 사람들이 없도록 만전을 기한 군 작전과 국가의 안정적인 관리가 적용되어야 했다. 설령 토벌 작전 시 어려움이 있다 해도 최소한의 피해를 감안하여 치밀하게 집행했어야 했다. 그렇지 못한 당시 통수권자인 이승만의 묵인 하에 철저히 이 지역 국민들은 이유 없는 죽음에 방치되어 버렸다. 부당하게 내몰려 죽음을 당한 사례들을 나열하기도 어려울 정도다. 그

중 몇몇을 살펴보면 인륜에 어긋난 것들로 "독립운동을 한 사회주의자 할아버지 때문에 죽고/ 지까다비 신발 하나 사다 주었다고 죽고/ 어머니와 아버지 서로 뺨치기를 시키고 그러다 죽고"라는 것이 사실로 그런 광경을 목격한 증언자의 녹취록이 진실을 말해 준다. 진실을 말한 힘든 증언이 여순 사건 토벌이란 명목 하에 벌어졌고 사실이 그랬다. 더 참혹한 것은 죽고 또 죽고라는 말을 연달아 해도 끝없이 풀어지는 실타래처럼 이어진다는 것이다. "나는 죄가 없응께 괜찮다며 나갔다가 죽고/ 14살 반란군 연락병으로 총상을 입은 어린아이/ 마을 사람들이 옷도 빨아 주고 홍시도 주고 밥도 주었는데/ 그 아이의 손가락총에 마을 사람 22명이 죽고/ 마을 전체를 불 지르는데 소는 끌어내고 사람만 죽이고/ 엄마 등에 업힌 채 3살 난 아기도 죽고/ 반란군이 탄 기차를 운행했던 철도기관사도 죽고/ 마을은 불타고 40여 명이 트럭에 실려가 죽고/ 아침마다 사람 하나 죽이고 해장했다는 지서장과/ 11구를 들쳐 내고 바닥에서 아들의 시신을 수습했다는 노인네"의 사연들이 끝이 없다. 그만큼 무지막지하게 자행된 만행을 말해 준다. 이토록 적나라하게 진술하고 있는 산자의 증언들이 실제 벌어진 진실이란 것을 우리는 알아야 한다. 그것도 억울한데 살아남은 자식과 아내 친척은 죄다 빨갱이로 둔갑해 주변의 손가락질과 질시를 받으며 연좌제에 묶여 제대로 된 삶을 살 수도 없었다. 산송장과 같은 세상을 살아온 것이다. 그 세월이 70여 년이 지나 버린 지금, 아직도 빨갱이라는 국가 폭력에서 온전하게 그들은 벗어나지 못했다.

〈여순 동백〉 속에서 재현된 빨간 동백은 혹독한 겨울이 되어야 피기 시작한다. 어지간한 추위에도 굴하지 않은 강인함을 갖고 있다. 혹독한 추위 속에서 진가가 돋보이는 동백꽃이다. 어느 순간 붉어 아름다운 꽃이 아니고 붉어 불순한 꽃으로 낙인찍힌 여수 '동백'이 되어 버렸다. 극한의 열정을 상징한 붉은 '동백'이 '여순 사건'을 겪으면서 비극의 상징으로 표상된 것이다. 가슴속 핏빛 절규로 뿜어져 나온 "동백꽃 붉은 여수/ 망망한 바다"를 바라보며 다가갈 수 없는 "그대는 가슴에 피 묻은 붕대를 감고/ 파도 소리에 뒤척이"는 바다 한가운데에 버려진 원혼의 모습이다. 사랑하는 당신을 향해 한 걸음도 다가갈 수 없는 사내가 죽음을 맞이하며 외쳤을 소리는 여수 푸른 바다에 묻히고 말았다. 파도보다 더 높이 솟구쳐 손을 흔들어 보지만, 이내 바다에 잠기고 마는 사내였다. 그대(사내)를 생각하는 밤이 힘들어 잠 못 이룬다는 비애 가득한 여수 바다. 동백 통꽃 떨궈지듯 목숨 꺾어 버린 그날의 비극이 요동치고 있다.

모래 구덩이 땅강아지로 콧구멍 막던
그 네 살 소년, 70년 지나서야
망자의 짙은 안개로 사무친, 바지게 위
고사리 손바닥에 빨간 대추 올려주며
어깨춤 추던 아비의 젊은 시월은

떠도는 열네 살 소년에게 밥 한 수저 주다가
운동장에 끌려가니, 기름 묻은 손에
군용팬티 입은 것도 죄가 되어
손가락총 받으며, 죽었구나 아, 외마디 찰나

미루나무 가장이에 매달린 고추잠자리

엎드린 주민들 향해 바르르 날개 친다
위험해요 서둘러 도망치세요

버드나무 타고 껑충 뛰던 노루발 청년 두엇
등허리로 탕, 탕, 탕
번지는 화약 냄새로 담장에 걸처지니
맨드라미 빨간 꽃들 일제히 소스라치는데

인간은 제발 얼마나 잔혹할 수 있는 것일까
남녀 아동까지 샅샅이 찾아
전향할 가치 없는 자 모두 처치하라
실탄이 아까우면 일본도로

가마니때기 시신 앞에서 옷고름 헤친 채
꺼이꺼이 울던 어미의 사연도
몰래 다녀가듯 묻힐 수 있을까

빨갱이 꼬리표 핏줄로 그 후 수십 년
구렁이 칭칭 똬리 틀려 벙어리로 살다가
저무는 구절초 꽃대궁으로 비로소 떠올리니

아비의 눈망울이 우물처럼 깊었을까
먹머루 눈빛으로 그윽했을까
어디가 닮았을까 아, 진하게 떠올려본다
저무는 개펄에서 어금니 깨물며
     - 강병철, 〈해원의 그 사연은〉 전문(《91.01.8491, 反》)

과거 사실에 대하여 말하고자 하는 강병철 시인의 시적 서사가 문장 속에서 슬픔으로 다가온다. 모래 구덩이 속 땅강아지를 잡아 놀던 어린 소년이라기보다 네 살배기 아기를 상상해 보시라. 그 아이를 지게 바지랑대에 올려 산으로 들로 데리고 다녔을 아버지의 사랑을 상상해 보시라. 담장에 걸친 대추나무 가지에서 잘 익은 놈으로 골라 "고사리 손바닥에 빨간 대추 올려주며/ 어깨춤 추던 아비의 젊은 시월은" 70여 년의 세월이 흘렀지만, 어린 추억이지만, 다 기억한다. 순정한 아버지의 꼬리를 달고 태어난 인연으로 깊은 그리움이 된 시간은 1948년에 그대로 멈춰 버렸다. 그렇게 죽어간 아이의 아버지들이 죽음으로 내몰린 죄목도 가지가지였다. 그게 죽을죄가 되는 줄을 죽어서야 알게 된 그들이 한 것이라고는 "떠도는 열네 살 소년에게 밥 한 수저 주다가/ 운동장에 끌려가니, 기름 묻은 손에/ 군용팬티 입은 것도 죄가 되어/ 손가락총 받으며, 죽었구나 아, 외마디 찰나"를 지켜보았다. 그 사람들의 공포 가득한 눈빛으로 번져온 참혹한 광경에 몸서리친다. 평생 비명 지르며 죽어간 사람들의 마지막 단말마가 삶에 대한 평생 트라우마가 된다. 이제 속수무책으로 흘러 버린 세월 사그라지지 않은 죗값, "빨갱이 꼬리표 핏줄로 그 후 수십 년"을 연좌제에 내몰린 유가족들이다. 아이의 가슴에 사무친 그리움은 네 살 기억에 멈춰 있는 "아비의 눈망울이 우물처럼 깊었을까/ 먹머루 눈빛으로 그윽했을까/ 어디가 닮았을까 아, 진하게 떠올려 본다/ 저무는 개펄에서 어금니 깨물며" 스스로 독한 세월 이겨내자고 다짐했다. 그래도 핏줄 받이란 것의 질긴 인연을 못 잊어 고통스러웠는데 이제 아버지를 말할 수 있다. 하지만, 아버지에 대한 희미한 기억과 덧없는 세월이 야속할 뿐이다.

전남 고흥군 남양면 배일엽(97세) 할머니 열아홉에 시집와 아들 딸 놓고 그저 그렇게 오순도순 살아가는 꿈으로 부풀어 있었는데 교편 잡던 지아비 여순 사건 때 지식인이란 이유만으로 일제 경찰 이은 군사경찰 고문 받아 피칠갑을 하고 목숨만 겨우 보전하여 돌아왔더라 피고름 토하다 지아비 결국 정신줄 놓고 폐인이 된 후 열 오누이 먹여 살리느라 한시 반시도 허리 한 번 펼 틈 없이 갯벌에서 일만 했더라 시난고난하던 지아비 먼저 앞세우고 자식들 모두 출가시켜 혼자 생을 건사하는데 막내딸 내려와 모처럼 소풍을 갔드랬다 딸이 구워 주는 삼겹살에 약주도 한 잔 들이켜다 저승길 보일까 고개 들어 살며시 본 서녘하늘 붉은 노을 한 마장 길게 펼쳐 있는 게 아닌가

어쩔까이 어쩔까이
내 평생 처음 보는 경치랑게
노을이 저리도 아름다운 줄 이제사 알았당게
  - 김승립, 〈처음 보는 노을〉 부분(《91.01.8491, 反》)

  시골구석에 들어가 교편을 잡은 지아비를 둔 열아홉의 순정한 새댁이 꿈꾸었을 희망은 험한 세상 잘못 만나 지옥 같은 생애가 되고 말았다. 마냥 부풀어 꽃 같은 시간이 아까웠을 신혼의 행복은 오래가지 못했다. 자신이 겪어온 삶을 자전처럼 읊어낼 때 받아 적은 녹취록이 그 세월을 증언한다. 하지만 이후 많은 시간이 흘러 증언했던 그분이 지금은 저세상 사람일지 모르겠다. 그때 나이로 97세인 배일엽 할머니의 핏발선 생애가 붉은 노을빛에 불그레해졌다. 혹독한 세월을 살아오며 당신 스스로의 시간을 갖지 못했다. 그 일이 있던 이후 "지아비 먼저 앞세우고 자식들 모두 출가시켜 혼자 생을 건사하는데 막내딸 내려와 모처럼 소풍을 갔드랬다 딸이 구워 주는 삼겹살에 약주도 한 잔 들

이켜다" 마침 산 날막에 걸린 노을을 보게 된다. 난생 처음 본다는 노을빛에 물들어 가는 당신의 생계가 되어준 뻘밭이 어우러져 장관을 이룬 것이다. 죽기 살기로 당신한테 딸린 식구들 먹여 살리겠다고 일만 해대던 뻘밭가에서 바라본 생애 처음 한가한 시간을 맞은 꽃날 바닷가 풍경에 황홀해진 당신이었다. "오메 저것이 뭣이다냐/ 징허게 이쁘구만이라/ 내 평생 저렇게 곱고 장엄한 경치는 처음 본당게/ 이 바다 나와 뻘밭에 몸 뒹군 세월이 얼만데/ 이제사 저것을 본다니 참으로 어기찬 세월이네이"라며 탄성을 내지르는 그 모습을 보며 우리는 기쁨으로만 바라볼 수 없다. 당신의 가슴 아픈 생애와 비통했던 세월을 다시 읽는다. 지아비가 지식인이라 좌익(빨갱이)일거라는, 막연한 추정으로 사람 잡아다 족치다 못해 반신불수를 만들어 버린 험한 세상의 이야기가 머나먼 세월이 아닌 70여 년 전 대한민국 정권의 비호 하에 이뤄진 참혹한 진실이었다고 김승립 시인은 말하고 있다.

밤마다 저 숲 속에서 반란군이 내려왔어야
얼마나 무섭던지
부엌에 남아있던 밥을 싸 주면
그걸 갖고 서둘러 숲 속으로 다시 돌아갔어야

낮에는 저 대문을 박차고 군인들이 들어왔어야
얼마나 무섭던지
숨어든 반란군 찾겠다고 부엌이고 광이고 샅샅이 뒤지다
또 그렇게 돌아가곤 했어야

> 그 시절엔
> 밤낮으로 무서웠단다
> 얼마나 무서웠는지 말도 못해
> 여수하고 멀리 떨어진 여기 시골 골짜기까지
> 반란군이고 군인이고
> 총 들고 들이닥치는데 사지가 벌벌 떨려서는
> 그래도 어쩌겠냐 니들 데리고 살아남아야 하는디
>
> 징용 끌려갔다온 니 아부지는 아파서 누워있지
> 어린 니들은 내 치마 뒤로 숨어들지
> 어금니 꽉 깨물고 그들 앞에 섰당게
> 발칵 뒤집어진 집을 추스르고 또 추스르고
> 그렇게 건너온 세월이여 징글징글한 세월
> 워디 그 세월 뿐이것냐만
> ― 박혜연, 〈기억, 아픔을 풀다〉 부분(《아픔, 기억 그리고 치유》)

직접 경험한 말을 녹취한 글을 시적으로 재현한 상황을 통해 긴박했던 당시가 얼마나 위태위태했는가를 알게 한다. 자칫하면 목숨이 왔다갔다 하는 절박한 상황을 어떻게 지혜롭게 대응하느냐가 관건이었고, 다행히 무탈할 수 있었다. 그날도 불쑥 들이밀었을 총구와 거친 폭력적 난동에서 누구도 자유로울 수 없는 긴박감을 느낄 수 있다. 예측할 수 없는 "밤마다 저 숲 속에서 반란군이 내려왔어야/ 얼마나 무섭던지/ 부엌에 남아있던 밥을 싸 주면/ 그걸 갖고 서둘러 숲 속으로 다시 돌아갔어야"라며 한숨 돌릴 틈도 없이 날이 새자마자 들이닥치는 군인들이 집안을 샅샅이 뒤지는 것이 다반사였다. 혹시나 은신해 있을 반란군 색출을 위한 거친 위력에 인정내미란 것은 아예 없는 것이었다. 언제든지 불행한 일이 닥칠 수 있는 징한 세상이었다. 참으로 암담한 것은 징용 갔다 온 남편은 지병을 얻어 아예 드러누워 아무 일도 할 수 없어 당장 어머니가 잘못되면 줄줄이 딸린 자식들 생존이 문제였다. 그야말로 매일이 절박한 목숨줄을 쥔 순간이었다. 이런 사례는 그래도 잘 견뎌냈고 가족에게 미치는 참화를 피해 다행이니 하늘이 도운 것이다.

침묵 속에서 앓아온 고통
– 이민숙·강덕환·박미경·박원희

스물다섯 살 신혼에 죽임을 당해, 피투성이인 채 구덩이에서 태워진 조선 누렁소.

아버지의 이름뿐, 죄 없는 삶에 덤터기, 한평생 빨갱이 누명 입에 재갈 물고 살아야 했던 송아지의 피맺힌 21세기, 야만의 게르니카로부터 건너온 참혹인가 1948년 10월 19일! 빙하의 시계로 멈춰 있다

굴비 두릅 엮듯이 손목 묶고 돌덩이 매달아 애기섬에 수장시킨 손가락총의 파도☞ 동백의☞ 동백에 의한☞ 동백을 위한☞ 그 번듯한 거짓말☞ 고요하던 숭어의 바다 함께 죽어버렸다.

- 이민숙, 〈게르니카 여수〉 전문(《91.01.8491, 反》)[1]

농촌에서 남자는 귀한 일꾼이었다. 마찬가지로 힘을 써야 하는 농촌에서 가장 큰 일꾼은 누런 황소다. 동네에서 일 잘하는 일꾼을 가리킬 때 누런 황소 같다는 말은 최고의 칭찬이면서 부러워할 선망의 대상이다. 이민숙 시인은 여순 사건 때 발생한 참상 중 누런 황소처럼 일 잘

---

1) 한국작가회의. 순천대학교 10·19 연구소 엮음.

하고 마음씨 착한 사람의 죽음을 알게 된다. 그 사람은 "스물다섯 살 신혼에 죽임을 당해, 피투성이인 채 구덩이에서 태워진 조선 누렁소,"라고 호명한다. 집안을 먹여 살렸던 '조선 누렁소'처럼 우직하게 농사일에만 매달린 젊디젊은 스물다섯 신혼의 단꿈이 채 깨기도 전 죽임을 당한 사람이다. '조선 누렁소'였던 아버지의 아들로 태어난 '여순둥이'인 핏덩이에 씌워진 빨갱이 자식이란 사회의 냉대가 긴 시간을 고통으로 몰아갔다. 사회와 국가로부터 받은 냉대와 감시로 속박당한 세월을 이렇게 말해 준다. "아버지의 이름뿐, 죄 없는 삶에 덤터기, 한평생 빨갱이 누명 입에 재갈 물고 살아야 했던 송아지의 피맺힌 21세기"를 "야만의 게르니카로부터 건너온 참혹인가"라며 되묻고 있다. 참고로 '게르니카'란 그림은 1937년 독일의 폭격기에 의해 '게르니카'가 폭격당하면서 무고한 사람들이 죽어가는 참상을 알리려고 피카소가 의도적으로 그린 작품이다. 이민숙 시인은 시적 화자의 입을 통해 고발하고자 한 '여순 사건'의 참상을 피카소가 그린 '게르니카'를 통해 환기시킨다. "1948년 10월 19일" '여순 사건' 당시 좌익을 색출하는 과정에서 누군가를 지명한 손에 의해 죽임을 당했다고 해서 '손가락총'이란 말이 생겨났고 화자는 그 '손가락'을 시어 사이에 삽입해 살벌했던 그날을 되돌아보고자 했다. 애기섬에 묻힌 통한의 세월을 위로하고 붉어 슬픔으로 상기된 동백을 보며 아픈 역사의 종언과 역사의 반복을 경계하자는 민중적 각성을 주문하고 있다.

스무 살 순이의 사랑을 외면할 수 없다
병원에서 간호부와 환자로 인연이 되었던
국방경비대 장교와의 사랑을 한낱

제4부 그날 이후

불장난이거나 치기로 매도할 수 없다.

제주도민 학살에 출동을 거부하여
반란군을 지휘했던 함경도 청년과
단선단정 거부의 땅에서 태어난
제주도 처녀, 남녀북남으로 만나
애초부터 혁명적 동지는 아닐지라도
그들의 사랑은 묶인 분단의 사슬에서
단단하고 야물어지고 있었겠지.

작지만 단발머리에 스카프를 날리며
토벌군의 간담을 서늘하게 하여
체포하거나 살해한 자에게
거금의 현상금이 걸렸지만
그들의 사랑은 결국 지리산 뱀사골
글러버린 한 순간 조각난 꿈이었을지라도

스물의 순이와 스물다섯의 회
몇 번이나 넘었을까, 지리산 골짜기
몇 번이나 맞았을까, 동트는 새벽
그 꿈 남과 북, 여순과 제주에 새겨지기까지
그 불멸의 혁명적 사랑을 믿기로 한다.
    - 강덕환, 〈제주여자, 순이〉 전문(《91.01.8491, 反》)

  낭만적인 사랑이 청춘 남녀 사이를 비집고 들어왔다. 우연 같지만, 인연이 된 빌미는 "병원에서 간호부와 환자로 인연이 되었던/ 국방경비대 장교와의 사랑을 한낱/ 불장난이거나 치기로 매도할 수 없다."

며 화자는 사랑의 진전을 긍정적으로 확신한다. 필연적으로 천상 연인이 될 수밖에 없는 연분을 타고난 청춘 남녀 둘을 어찌하겠는가? 갓 스무 살인 제주가 고향인 '순이'도 그렇거니와 스물다섯인 함경도 청년이 여수까지 내려와 14연대 국방경비대에 복무하는 것도 우연이지만, 운명처럼 그 둘은 여수 땅에서 만남이 이뤄진다. 당시 제주 4·3이 발발하였고 제주 도내 상황이 악화일로로 치닫자 이승만 정권은 미군정과 협의 하에 여수 14연대 병력 일부를 토벌군으로 파병하기로 한다. 그에 "제주도민 학살에 출동을 거부하여/ 반란군을 지휘했던 함경도 청년" 김지회 중위는 제주 토벌을 목적으로 한 파병을 반대하면서 반란을 지휘 선동하여 '여순 사건' 반란군 핵심 주모자로 지목된다. 이후 토벌군의 공세가 강화되면서 전황이 불리해지자, 김지회는 조경순(스무 살 순이)과 지리산으로 입산하여 빨치산 무장 투쟁을 이어간다. 그런 상황마저 오래가지 못하여 김지회는 토벌군에 의해 교전 중 사살되고 조경순은 생포되어 죽음을 맞게 된다. 소설 속 픽션 같은 현실이 진실이라면 시대를 잘못 만난 청춘 남녀의 가슴 아픈 사랑에 밀려드는 연민은 인지상정이다. 강덕환 시인은 김지회와 조경순의 운명적 만남과 그 둘이 감당해야만 했던 암울한 시대의 비극적인 사랑을 시적으로 상기시켜 준다. 사람을 중히 섬기지 않는 조국에서 애틋하게 살지 못한 채 죽어간 그들이다. 김지회와 조경순의 혁명적 이상과 극명하게 대립할 수밖에 없는 사상적 이념에 대하여 골똘히 생각해 본다.

지금껏 '여순 사건'으로 인해 자행된 국가 폭력이 여수와 순천에 국한하지 않았다는 것을 보여준다. '여순 사건'을 통해 무차별적으로 가한 좌익몰이의 편리한 성과를 국가 권력자들이 정치적인 목적을 위해 활용한 것이다. '여순 사건'을 통해 학습한 차제에 이념적 폭력을 수행할 수 있는 가해자를 양산하였고, '제주 4·3'을 비롯하여 6·25 전후 과정과 현대사를 관통하고 있는 '80년 광주 5월'까지 '국가 통치 행위'라는 명분을 내세워 광범위하게 자행된 것을 우리는 알고 있다. 지금도 국가 권력에 의해 크고 작은 사건들이 수없이 발생한다. 모든 사건들이 해당되지는 않겠지만, 광포한 권력의 폭력성에 대한 경계를 게을리해선 안 된다는 역사의 교훈을 잊지 말자.

    지금은 고요한 시월의 바람입니다
    바다가 쓸고 간 바람은
    무명 화가가 한터치의 붓질을 더한 듯
    고혹적입니다
    당신도 이 바람을 알고 계시는지요?
    무구한 눈빛으로 헤아렸을
    저 북극성의 법칙에 대하여
    언젠가 당신이 쓰고 있을
    나이테 흔적이 역력한
    낡은 탁자 위에 놓여 있는
    한 통의 누런 편지지의 내력에 대하여
    한때는 가슴앓이로 절절했을
    생의 통증에 대하여
    따라서 지금은 통증은 모르고
    아픔도 아스라해졌을까요
    휘익 허공을 휘젓는 나비의
    무구한 날갯짓처럼
    바람의 서슬 푸른 손금이나

> 수놓아진 문맥을 보면
>
> 촉감이 발달한 안마사처럼
>
> 눈감고 짐작이나 할까요
>
> 저 파도의 휘젓는 소리
>
> 얼마나 듣고 싶었을라나
>
> 아이들 뛰노는 소리에
>
> 얼마나 애태웠을라나
>
> 오늘도 가슴만 새까맣게 탑니다
>
> — 박미경, 〈시월의 바람처럼〉 전문(《91.01.8491, 反》)

    화자는 〈시월의 바람처럼〉에서 이 시가 '여순 사건'이 발발한 1948년 10월 19일이란 의미를 담고 있다고 밝히고 있다. 당시와 달리 현재의 바다는 고요 속에 잠겨 있는 것이 '고혹적'이라고 말을 더한다. 그 언어망 속에는 그렇지 못한 현실을 말하는 데 있다. 과거의 참담한 여수 바다의 본래 모습을 재현하려 한 것이다. 그렇지만, 아픈 역사를 안고 있는 저 속내를 누군가는 진실을 기록해야 하기에 "언젠가 당신이 쓰고 있을/ 나이테 흔적이 역력한/ 낡은 탁자 위에 놓여 있는/ 한 통의 누런 편지지의 내력에 대하여/ 한때는 가슴앓이로 절절했을/ 생의 통증에 대하여"라며 '누런 편지지'에 담긴 흔적을 더듬고 있다. 그 안에 담긴 내용들은 여순 당시 겪었던 생의 비망록으로 처절한 고통과 참을 수 없는 분노를 담고 있다. 누명으로 죽어간 사람들의 비명과 아비규환 속으로 내던져진 주검과 광기에 찬 토벌군의 살기 띤 눈빛을 상상한다. 무고한 사람들을 손가락으로 가리켜야만 살아남을 수 있었던 사람들의 공포심도 그에 못지않았을 것이다. 순식간에 죽음으로 내몰려 버린 통곡이 진동했을 당시를 회상하고 있다. 그토록 엄청난 일을 당한 가슴도 더는 통증을 느낄 감각조차 쇠잔해져 버렸다. 이제 가물가물해지는 기억 저편에서 아직도 되살아나는 것은 파도가 휘젓는 소리와 아이들이 뛰노는 함성뿐이다. 그것마저 마음 놓고 바라볼 수 없었던 엄혹한 세월을 건너오느라 모든 것을 다 빼앗겨 버린 세월이었음을 상기하고 있다.

  해원하려면 모자섬 밖으로 나가야 한다. 형제묘에서 바라보이는 모자섬 밖으로 나가 물길 따라 떠내려가야 한다. 마음 머무는 곳이 없으면, 그대로 물길에 몸 맡겨 더욱 깊은 물길로 나아가야 한다.

  5월이라 좋은 날 새싹은 돋아 오르고, 기억은 되살아 오르는데, 그 날 10월에 죽은 사람들은 돌아올 줄 모르고 70년이 지나, 80년이 지나, 100년이 지나도 돌아올 줄 모르는데 살아 있는 것이 부끄러운 모자섬 밖의 이야기, 세월은 가고, 꽃피고, 열매로 맺는 세월은 자꾸 가는데 우리가 부끄러운지 무엇 하나 밝히기를 거부하는 것들이여, 여수는 순천은 벌교는 제주는 하고 기억하는가?

  형제묘에서 모자섬을 바라보며, 여순 그 날을 다 말할 수 있을까? 산으로 간 사람들을 잊을 수 있을까? 죽이고, 불태우고, 덮어버리고, 수장시키고, 한 세월을 잊어먹을 수 있을까?

  죽은 사람의 기억이 남아, 산 사람의 길이 되는 바다 물길 따라 가는 노래들
  기억해내야 잊을 수 있는 것들,
  기억해야 하는 것들을 기억해야 해원은 오는 것이다.
  밀물처럼 들어왔다 썰물처럼 빠져가는 것이다.
              - 박원희, 〈그날들의 기억〉 전문《91.01.8491, 反》

박원희 시인은 시적인 담론으로 '해원'이란 속뜻을 끌어내고 있다. 그동안 잊을 만하면 사회와 정치판에서 간간이 '여순 사건'에 대한 의견들이 개진되고 있었다. 정치 사회적인 이슈화를 위한 표면으로 진상을 밝혀야 한다는 언급은 있어 왔지만, 쉽지 않은 이유들이 먼저 나왔다. 제대로 된 진실이 밝혀지지도 않았을 뿐더러 그런 절차를 생략한 채 가해자와 피해자 측의 화해로 가기에는 감정의 골이 깊은 것도 사실이다. 진정으로 '여순 사건'이 화해로 가기 위한 행로는 멀리 있지 않다. "해원하려면 모자섬 밖으로 나가야 한다. 형제묘에서 바라보이는 모자섬 밖으로 나가 물길 따라 떠내려가야 한다. 마음 머무는 곳이 없으면, 그대로 물길에 몸 맡겨 더욱 깊은 물길로 나아가야 한다."라고 말한다. '모자섬'은 애기섬이다. 지역마다 다르게 불러진 이유로 여기에서는 '모자섬'으로 말을 이어간다. 사람들이 아무런 이유도 모른 채 흥안호에 태워져 끌려갔다가 수장당한 곳이다. 그곳을 한번쯤이라도 찾아가 그날의 비통함을 공감해 보라는 제안인 것이다. 망망한 바다 덩그러니 놓인 '모자섬'은 여수와 인접한 남해 상주 소치도의 또 다른 이름이다. 그곳까지 수심을 가르며 나아갔을 곤혹스런 공포가 뱃전에 달라붙어 오직 파도소리만 철썩댔을 것이다. 그럴수록 다가오는 죽음의 시간은 멀지 않았고 아직껏 그곳은 그날의 아픈 기억을 소문으로 물고 있을 뿐이다. 그 많은 세월이 흘렀어도, 뭐 하나 바로잡아진 것이라곤 없다. 과연 우리에게 '여순 사건'이란 아픈 과거가 있었던 것인가를 물을 정도로 철저히 외면당해 왔다. "여수는 순천은 벌교는 제주는 하고 기억하는가?"라고 묻고 있다. 마래터널 안 고요만이 감도는 '형제묘'에서 바라본 '모자섬'의 진실뿐만이 아니라 "산으로 간 사람들을 잊을 수 있을까? 죽이고, 불태우고, 덮어 버리고, 수장시키고, 한 세월을 잊어먹을 수 있을까?"의 반복되는 질문을 더는 미뤄서는 안 될 '그 날들의 기억'은 우리의 아픈 과거 역사이면서 현재인 것이다.

지독한 세월은 너무 길었다
- 정숙인·하병연·선종구·조미희·장애선

> 울엄니여, 니엄니 없어 야. 외숙모가 내 엄닌줄 알았어요. 엄니, 내 나이를 아시나요? 아부지, 내 얼굴이 그려지나요? 설리설리, 어렵사리 살았어요. 겁나는 것도 없어요. 어찌자고 두 손을 머리에 이고 앉았다요? 외가 식구, 열넷이 죽었어요, 엄니의 치맛자락을 보았다 하대요. 어찌자고 온몸을 끄슬려가꼬 생목동 수박등에 있다요? 엄니, 아부지 이제는 어디 있다요, 71년돈가 엄니랑 아부지를 찾아갔더랬죠. 합장했다는 묘도 다 사라져블고, 큰 건물이 있었어요, 찾을 수가 없었어요, 어디 물을 수도 없었어요, 아야 소리도 못하고요, 찾을 엄두를 못 냈어, 빨갱이라고요!
>
> - 정숙인, 〈도롱마을 진혼곡鎭魂曲〉_애기업개 이숙자의 이야기 부분
>
> 《해원의 노래》

한 가족의 생래적인 근원은 뜨거운 핏줄이다. 하늘의 인연으로 맺어져 가족이 되었으니 얼마나 살뜰하였겠는가? 그들이 행복하게 살 권리를 철저히 파괴해 버린 '여순' 통에 벌어진 참상은 구구절절하게 이어진다. 정숙인 작가는 그런 사실적인 사례를 통해 여순 항쟁 시 발생한 사건에 진실을 더하고 있다. 어린아이를 남기고 죽음을 맞은 엄니와 아부지의 부재가 얼마나 참혹한 생애가 되었는가를 말하고 있다. 그 철부지 아이가 엄마와 아부지의 죽음을 제대로 이해할 수 있었겠는

가? '여순' 당시 토벌대는 반란군과 협조한 부역자를 색출하는 데 있어 국가 권력으로부터 무자비한 권한을 부여 받았으니 인정사정 볼 것도 없었을 것이다. 젖먹이 아이를 부양해야 할 엄마나 아부지라는 것은 아예 고려할 가치조차 없는 것으로 오직 성과에 치중한 것이다. 한 사람의 부역자가 손가락총으로 지시되면 그 이후 일사불란하게 일가족을 부역자로 몰아갔고 그것도 모자라 친가는 물론 외가까지 엮어내 한 집안을 아예 멸문지화를 시켜버렸다. 무슨 왕조 시대에 역모를 작당한 것도 아닌 해방된 조국에서 버젓이 자행된 사실이다. 적법하지 않은 법 절차는 피해자에게 더 가혹한 것으로 무차별적인 폭력과 갖은 만행을 거리낌 없이 행사하게 된다. 몽둥이로 내리치는 것은 하찮은 폭력이다. "외가 식구, 열넷이 죽었어요, 엄니의 치맛자락을 보았다 하대요. 어쩌자고 온몸을 끄슬려가꼬 생목동 수박등에 있다요? 엄니, 아부지 이제는 어디 있다요,"라며 묻는 화자의 절규는 도시화로 인해 당시의 지형마저 변화되어 버린 현실 앞에 그저 아연해진다. 그토록 만나고 싶은 엄마와 아버지의 무덤마저 사라진 생목동 도롱마을을 헤매 보지만, 찾을 수 없는 안타까움에 가슴이 메어지고 만다.

> 인자 나도 그 양반 따라갈 날이 얼매 남지 않았꼬만. 지금 와서 누구를 원망할꺼여. 죄가 뭐가 중한디요. 중할게 하나도 없어부러. 다 죽여부렀는디. 무더기로 죽여부렀는디. 여태까지 시신도 못 찾아꼬만. 그거 땜새 그런지 그 양반이 평생 날 따라다녀. 그때 나도 그 사람 따라 따악 죽어부려야 했는디 아들 하나가 목에 타악 걸쳐가꼬 죽지도 살지도 못했구만. "엄마, 엄마, 엄마, 엄마" 나 가뿔면 니가 엄마 엄마 부르껀디. 의지 가지 하나 없는 새끼 놔 두고 나 가뿔면 우찌 살건데 생각하니 모래밭에 쌔를 박아서라도 살아야겄다 생각했제. 저 짜 올

때부터 "엄마, 엄마, 엄마" 하고 욜로 갈라카먼 "엄마, 엄마, 엄마" 하는 데 그 아가 남편 흔적인께 여직껏 서로 의지하며 살았제. 살면서 자꾸 이상한 맴만 들지. 불쌍하고 불쌍한 맴. 그 양반 보고 싶지도 안 허고, 그라제. 그때 생각하몬 이맴이 싹다 옹고라져. 근데 그 양반보다 더 할라고. 인자 내 마지막 소원은 좋은 곳에 그 양반 메라도 좋게 써가꼬 나도 그 옆으로 갔으면 해. 그게 소원이야. 내 마지막 소원.

- 하병연, 〈내 마지막 소원〉 전문(《해원의 노래》)

담담한 목소리가 긴 세월을 먹은 풍경처럼 흐릿하게 번지면서 귓속으로 파고든다. 잦아질 것 같아도 선명한 기억처럼 비극적인 당시 정황들이 자꾸만 오버랩 되는 이 실제적인 일들이 1948년 '여순 사건'으로 촉발된 양측 간의 학살에서 시작된다. 그 사달의 발단은 '여순반란 사건'이라 이름 붙여진 사건 당시 좌익 사상에 경도된 여수 14연대 군 일부가 반란에 가담하여 시작되었다. 반란에 가담한 군인들이 여수와 순천 인근으로 진출하면서 격화된다. 해방 전부터 토착화된 지역의 대지주들과 치안을 담당하는 경찰과 일부 지역 인사에 대한 감정이 더해져 폭력과 학살이 자행되면서 비롯되었다. 뒤이어 대한민국 이승만 정권의 지휘 하에 편성된 군·경 토벌대가 지역으로 내려오면서 시작된 보복성 작전이 격화하면서 많은 양민이 참화의 중심부에 놓이게 된다. 물론 토벌 작전의 명분은 반란군의 색출과 지역 수복으로 인한 치안 안정이었을 것이다. 그에 따른 최우선적인 작전은 반란에 가담한 군인과 그에 협조한 부역자를 색출한다는 것이었다. 그 와중에 토벌군은 옳고 그름이 아니라 사람들을 누가 더 많이 죽이는가를 경쟁하듯 살상을 저지른 것이다. 돌이켜 보면 "지금 와서 누구를 원망할꺼여. 죄가 뭐가 중한디요. 중할게 하나도 없어부러. 다 죽여부렀는디. 무더기로 죽여부렀는디."라고 말하면서 애당초 사람 목숨 중헌 것은 아예 안중에도 없었다는 당시 분위기를 전하고 있다. 오직 자신들의 정치적인 목적을 달성하기 위한 수단으로 '여순 사건'을 다뤘고 응당 가져야 할 양민과 반란군 그리고 부역에 협력한 사람들의 경중에 따른 분리를 위한 노력은 아예 없었다. 그러다 보니 누군가의 손가락질을 받게 되면 가차 없이 끌어가 몽둥이질을 해댔고 그도 모자라 즉결로 총살이나 방화를 서슴없이 자행했다. 좌익 혐의에 조금이라도 연루되었다 치면 주변 사람들마저 잡아다 죽인 것이다. 그러다 보니 억울한 누명을 쓴 사람들이 양산되었고 그로 인해 살아남은 유가족들의 세월은 죽음보다 더 고통스러웠다. 피해 유가족은 70여 년을 살아오며 피폐해질 대로 피폐해졌다. 현재의 심정은 사무친 원한마저 다 사람 살자고 한 짓이려니 하며 극악무도한 만행을 저지른 사람들마저 불쌍한 마음만 든다는 화자다. 그 목소리가 기막힌 세월의 애환으로 들리지만, 천형 같은 고통을 어찌 잊을 수 있을까? 죽음을 목전에 둔 피해자 유가족들의 시간도 그리 많이 남지 않았다. 70여 년의 세월을 살아오며 오매불망 억울한 누명을 쓰고 죽음을 당한 지아비만을 생각하며 살아왔을 터이지만, 혹독한 세월을 살아온 것은 분명하다. 1948년 '여순 반란'이 발발한 이후 여수와 순천 인근에서 자행된 만행에 책임이나 피해자에 대한 선별적인 조치를 위한 어떠한 노력도 보여주지 않았다. 이승만 정권뿐만이 아니라 이후 집권한 정부도 크게 다르지 않았다. 그것이 문제를 키운 것인지 모른다. 당시 있었던 모든 문제를 다 끄집어 내놓고 정리를 한번은 철저하게 했어야 했다.

동터 오는 신월리 하늘에 걸리던 깃발과 함성은
황토현에 집결한 동학농민군의 깃발이었고,
오월 금남로에 울리던 시민군의 함성이었다

꽃도 없이 무덤도 없이
이름 없는 골짜기, 차가운 겨울바다에

그대들의 육신은 잠들었지만

그대들이 치켜든 자주 민주 통일투쟁의 횃불은
이땅의 수많은 민족민주열사들의 가슴에 불을 댕기고
마침내 광화문 광장의 천만송이 촛불로 타오르지 않았는가

눈을 떠라, 전사여
신월리 앞바다에 떠오르는 해가
이슬 젖은 그대 몸을 비추고 있다

언 땅에 뿌리박은 수 천 수만의 꽃몽오리,
뻗시디 뻗신 이파리가 아침햇살에 빛나고 있다

그대들의 사랑과 투혼, 희망의 부름켜로 꽉 채워진
나이테가 없는 혁명의 나무여

그 가지가 태백산맥을 지나 한반도를 치고 넘어,
군부독재에 맞서는 미얀마 투사들의 가슴에서,
열사熱沙의 땅, 팔레스타인 해방 전사들의 가슴에서
붉은 꽃망울을 터뜨리고 있다

> 거역이 되어, 반란이 되어
> 역사의 강줄기를 바꾸고, 압제와 굴욕의 땅에서
> 영원히 지지 않는 동백으로 다시 피는
>
> 아름다운 그대
> 여순 전사여 해방 전사여
>
> － 선종구, 〈여순 전사〉 부분(《여수작가 12호》)

'여순 전사'를 부르는 화자의 심정이 어느 때보다 절실해졌다. 시국이 시국인 만큼 세상이 녹록치 않기 때문이다. 우리의 땅에 같이 살면서 서로 다른 생각으로 누군가는 죽어야 하는 세상이 여수와 순천 인근에서 자행되었음을 기억한다. 화자는 그들이 외친 죄는 동족 살상의 반대였고 조국의 분단이 아닌 통일이었음을 외친 죗값으로 죽어간 것이다. 우리가 겪은 과거의 비극이 지구 저편에서 반복되고 있다. 그들도 사람이다. '여순'의 아픔을 극복해야 하듯 우리가 광주 오월 정신으로 인권에 기반한 자유 민주주의를 지켜냈듯이 세계 곳곳에서 자행되고 있는 탄압과 압제에서 벗어나야 한다며 "그 가지가 태백산맥을 지나 한반도를 치고 넘어,/ 군부독재에 맞서는 미얀마 투사들의 가슴에서,/ 열사熱沙의 땅, 팔레스타인 해방 전사들의 가슴에서/ 붉은 꽃망울을 터뜨리고 있다"라며 외치고 있다.

> 이것은 최초의 지하 건축
> 위에서 아래로 쌓아 올렸던 민심,
> 우물에선 쌓인 물맛이 나지만
> 우물은 몰살의 상징

어느 밤의 모략가가 풀어놓은
음모가 숨죽여 스며든 곳.
한 마을의 기일이
같은 날 고여 있기도 하는
풍덩, 소리가 나는 석축
눅눅함의 한계 시간이 되면
파란 털들이 돋아
다시 살아나는 돌들

폐정은 카타콤
오래된 몰살은 뼈들을 걸고 연대한다
전설과 진실 사이를 서성인다

우물의 키는 점점 마모되는
파릇한 봉분 같다
파묻히거나
발견되는

학살에는 후손이 없다
단체로 물려받은 요란한 기념식과
달력의 한 귀퉁이에 버려진
붉은 날짜의 무덤들

- 조미희, 〈우물〉 전문《해원의 노래》

 마을 공동체가 생존을 위해 필요한 항목 중 최우선인 것이 먹고 마실 수 있는 샘을 확보하는 것이다. 전통적으로 우리 조상들은 마을 한가운데 공동으로 이용할 수 있는 우물터를 만들었다. 그 우물터에서 아낙들의 입담을 통해 동네 대, 소사가 건네지고 주민 간 갈등이 발생하더라도 자연스럽게 화해가 이뤄지곤 했다. 더불어 공동체 의식을 돈독하게 하는 사랑방 역할까지 톡톡히 해낸 곳이다. 조미희 시인은 마을을 살리는 '우물'을 '여순 사건' 때 발생한 만행 장소 중 하나로 바라본다. "우물은 몰살의 상징"이라는 참혹함으로 상기시킨다. 한날한시에 동네 주민들을 우물 속으로 몰아넣어 처참하게 수장시켜 버린 역사의 현장이 안타깝게 '우물'이었다. 그 사건이 발생하게 된 계기는 "어느 밤의 모략가가 풀어놓은/ 음모가 숨죽여 스며든 곳./ 한 마을의 기일이/ 같은 날 고여 있기도 하는/ 풍덩, 소리가 나는 석축" 안은 사람을 살리는 우물이 아니라 사람을 죽여 수장한 암매장터가 되어 버렸다. 화자가 발설한 행간을 살펴보면 '여순 사건' 당시 특정한 목적이 있어서가 아니라 그저 사람 사는 인정을 따른 순박한 사람들이란 것을 알 수 있다. 그런 동네 사람들을 의도적으로 불순한 사건과 연루시켰다는 것을 암시하고 있다. 오랜 방치로 인해 우물 안으로 덧대 쌓은 석축에는 푸른 이끼가 돋아나 과거의 사실을 덮어버린 듯해도 세상 알 만한 사람은 '우물' 속 진실을 안다. "폐정은 카타콤"이었다며 우물에서 벌어진 일들이 입과 입으로 지하 공동묘지에서 은밀하게 이뤄진 비밀 결사처럼 전해진 것이다. 아무리 세월을 속이고 눈을 가려도 세월보다 더 단단해서 삭아 문드러지지 않는 것이 사람의 뼈다. 아직도 우물 안에 남아 있는 인골들은 당시의 참상을 증언해 준다. 여순 사건이 발발한 지 70여 년이 경과되면서 우물터도 세월의 마모를 견디지 못하고 흔적을 지워간다. 더 불안한 것은 아직도 진실이 밝혀지지 않았는데 '여순 사건'에 대한 인식은 달라진 것이 없다. 지금껏 그래 왔듯이 "파묻히거나/ 발견되는/ 학살에는 후손이 없다"는 비애감을 분노로 표출한다. 만행을 저지른 흔적은 이렇게 진실로 드러나는데 도대체 학살을 주도했거나 실행했다며 나서서 책임지는 사람이 없다는 것에 분노한다. 기껏 한다는 것이 발굴 현장에서 역사의 잘못을 깊게 뉘우친다는 말 몇 마디 하고 기념사진 달랑 남기는 것이 전부라는 비통함을 화자는 통탄할 수밖에 없다. 그렇게 슬픔은 좌우를 가리지 않았다. 폭력이 더 큰 폭력을 낳고 그 일들이 반복된 것이다.

등 굽으신 큰아버지 식솔들 앞세우고 벌초하러 산에 오른다 내딛는 걸음마다 땀줄기 흥건하고 땀 절은 옷 등에 달라붙었다

학생연맹 부위원장 동생 빨치산에 3일 동안 얻어맞아 축 늘어져 당신 등에 업고 돌아왔다는 얘기를 하며 당신보다 먼저 땅에 묻힌 동생 묘를 벌초하러 산에 오른다

소 한 마리가 반 살림인 시절 소 두 마리를 아니 새끼를 뱄으니 소 세 마리라며 소 세 마리를 몰고 간 빨치산은 우리 가문 웬수라는 얘기할 때엔 목에 핏줄이 돋는다

태백산맥을 썼다는 조정래란 놈을 한번 만나 따져야 쓰겠다며 벼르는 그 자식이 뭣도 모른 싸가지 없는 놈이라고 유명한 소설가 선생님을 한방에 날린다

동학 연구로 박사 학위를 딴 교수 아들이 아부지 조정래는 그것이 아니라…고 응수하면 네놈이 뭣을 아느냐? 네놈도 빨갱이라며 역정을 내는

아부지한테 뭣 할라고 그 말해서 혼이 나느냐 형은 동생을 위로하고

> 식솔들 앞세우고 벌초하러 산에 오르시는 큰아버지 발걸음 뿌듯하고
> - 장애선, 〈벌초하러 가는 길〉 전문《시간의 무늬》

    그 피해는 고스란히 애꿎은 양민에게 돌아왔다. 서로 죽이고 죽이는 살육이 자연스럽게 벌어졌고 그사이 크고 작은 사건들이 벌어지면서 비극 같은 일들이 하룻밤을 자고 나면 벌어졌다. 낮과 밤이 좌우의 서로 다른 활동 무대가 된 것이다. 조금이라도 틈새가 보이면 가차 없이 서로 다른 진영에 대한 참담한 폭력이 비일비재하게 발생한 것이다. 이 시에서 피해를 입은 유가족은 빨치산에 의한 것이었음을 증언하고 있다. "학생연맹 부위원장 동생 빨치산에 3일 동안 얻어맞아 축 늘어져 당신 등에 업고 돌아왔다는 얘기를 하며 당신보다 먼저 땅에 묻힌 동생 묘를 벌초하러 산에 오른다"며 동생의 안타까운 죽음에 대하여 살아남은 형은 가슴 아파한다. 당시 학생연맹 부위원장을 맡은 동생이 빨치산에 끌려가 3일 동안 갖은 고초를 당한 뒤 이후 죽음을 맞이한 것이다. 청년의 죽음은 한 집안의 기둥뿌리를 흔들어 버린 것이나 다름이 없다. 소중한 자식을 잃은 부모와 피붙이들은 고통스런 삶을 유지하면서도 가슴에 한이 맺힐 수밖에 없다. 여기서 중요한 것은 '여순 10·19'로 인한 피해가 주로 군경으로 편성된 토벌대의 토벌 과정에서 많이 발생한 것으로 전해지고 있으나 일부 이 시에서처럼 빨치산에게 이유 없이 당한 피해자들이 상당수 존재한다는 것이다. 이 시에서처럼 유가족들의 증언을 보더라도 그 당시에 많은 피해자들이 발생했으나 제대로 밝혀지지 않는 사건들이 많을 것이다. 이렇게 1948년에 발생한 '여순 10·19'의 역사적 참극은 좌와 우를 나누는 사상적인 문제보

다 인권적인 차원에서 접근해야 한다는 것을 말해 준다. '여순 10·19'가 발생한 시점에서 많은 세월이 흘러 버렸다. 그 당시 피해를 입은 당사자와 남은 유가족에게 역사의 과오를 인정한 이후 사죄와 화해를 위한 노력이 절실하게 요구되는 시점이다. 그 이후 그 당시의 진실을 규명하되 지난 역사를 통해 자유 민주주의를 근간으로 하는 대한민국의 발전을 위한 모럴을 세워 가야 한다고 본다.

화해와 해원
- 김인호·조성국·유종·지연

180이 넘는 훤칠한 키에 잘 생겼다는 소문만 남고 어디에도 사진 한 장 없는 스물여섯 나이로 둔철산* 어디에서 죽었다는 무덤도 없고 제삿날도 없는 남부군 유격대 총참모장 박종하

그 지리산호랑이 박종하 부대가 1948년 11월 12일 밤 간문초등학교에 주둔 중이던 12연대 하사관 교육대 습격 사건이 나고부터 구례의 모스크바라 불린 박종하 고향인 간전면은 진압군에 의해 쑥대밭이 되었으니 원망 새긴 이들이 있을 법도 한데 간전면에 와서 박종하 이름을 물어도 아는 이가 없다

"군인들이 간전국민학교에 사람들을 잡아놨고 줄줄이 묶어서 간문국민학교에서 내를 건너 바로 나오는 자갈밭, 모래밭으로 끌고 간 뒤 사람들을 줄줄이 묶은 채 일렬로 쏴 죽이고 다시 남은 사람들을 또 줄줄이 묶은 채로 일렬로 세워 쏴 죽였다. (중략) 군인들이 한 번 쏘고 살아나서 꼼지락거리는 시신이 있으면 빙 둘러서서 확인사살을 했다."**

그 집단학살의 한을 못 풀고 72년 세월을 살아온 간전면 사람들은 지리산 호랑이 박종하는 몰라도 똑똑히 기억하는 이름 석 자가 있다 즉결처분의 제왕 백인엽

"근디 백인엽이가 사람들 안 죽였다 그러드라만.
　　지 놈 입으로 싹 죽여 놓고. 욕이 나오지 이 갈리게 나오재.
　　내가 배우고 똑똑한 남자가 되었으면 가서 낯바닥에다
　　장을 한 그릇 찌크러부러도 찌크러불것드만
　　못나서 거기를 못 찾아가, 원수라서 이름도 안 잊어부러."***

　　구례 오일장은 물에 푹 잠기고 양정리 소 떼들이 떼죽음을 당한, 팔십 넘은 노인들도 이런 물난리는 처음이라는 섬진강 물폭탄 대참사를 당한 지 며칠 지나지 않아 찾아 온 간문초등학교, 이곳 또한 72년 전 대참사의 장소다.

　　코로나 바람에 고요하고 고요한 교정에 와 지난 날 번갈아 이 교정을 거닐었을 두 사나이의 이름을 불러본다. 박종하, 그리고 백인엽

　　* 둔철산 : 남부군 유격대 총참모장 박종하가 1961년 8월 14일 경남 가회전투에서 사망한 이후 묻힌 것으로 추정되는 경남 산천 소재 산
　　** 진압군에게 300여 명이 집단학살 당한 간문천집단학살사건
　　*** 간문천집단학살사건 당시 12연대장 대리 백인엽에 대한 주민의 증언
　　　　　　　　　　　　　　　　　　　- 김인호, 〈두 사나이의 이름〉 전문《해원의 노래》

　　김인호 시인의 시 속에서 구체적으로 거명된 사람은 둘이다. 박종하와 백인엽으로 그 사람들은 세상을 바라보는 생각들이 달랐음을 말해 준다. 그중 박종하는 구례군 간전면 효곡 출신으로 어릴 때부터 체격이 좋아 싸움꾼 기질도 있었고 일제 때 간문보통학교 6학년을 다니다 퇴학 후 일본 해군에 입대한다. 그는 해방 이후 귀국하여 조선 공산당에 가입 조직 활동을 하면서 예전과는 차츰 다른 길을 가게 된다. 이후 이현상 부대에서 사령관으로 임명되면서 그의 활동이 두드러진다.

이후 "그 지리산호랑이 박종하 부대가 1948년 11월 12일 밤 간문초등학교에 주둔 중이던 12연대 하사관 교육대 습격 사건이 나고부터 구례의 모스크바라 불린 박종하 고향인 간전면은 진압군에 의해 쑥대밭이 되었으니 원망 새긴 이들이 있을 법도 한데 간전면에 와서 박종하 이름을 물어도 아는 이가 없다"는 것이다. 그 박종하의 고향인 간전면과 인근 사람들을 ""군인들이 간전국민학교에 사람들을 잡아놨고 줄줄이 묶어서 간문국민학교에서 내를 건너 바로 나오는 자갈밭, 모래밭으로 끌고 간 뒤 사람들을 줄줄이 묶은 채 일렬로 쏴 죽이고 다시 남은 사람들을 또 줄줄이 묶은 채로 일렬로 세워 쏴 죽였다. (중략) 군인들이 한 번 쏘고 살아나서 꼼지락거리는 시신이 있으면 빙 둘러서서 확인사살을 했다.""는 것을 목격한 사람들이 증언했다. 그 증언대로 집단학살을 지시한 배후에는 전쟁 영웅으로 추앙받는 '백인엽'이 있다. 백인엽은 과거의 만행을 강력하게 부인하지만, 그 지역 주민들이 하는 말인 즉 "근디 백인엽이가 사람들 안 죽였다 그르드라만./ 지 놈 입으로 싹 죽여 놓고. 욕이 나오지 이 갈리게 나오재."라며 아직도 억울하게 당한 사람들의 원한이 사무쳐 있음을 단적으로 보여준다. 김인호 시인은 퇴직 이후 지리산 노고단이 굽어보는 산자락으로 들어와 그동안 꿈꾸던 자연 속의 자유로운 삶을 꾸려가고 있다. 그러면서 끊임없이 구례 지역의 역사적인 사료 및 지리산이 품고 있는 아름다운 풍경을 글과 사진으로 지켜가고 있다. 지리산 그 안에 다소곳한 생명을 피워 올리고 있는 야생화를 발굴하고 아름다움을 알리는 노력도 열심이다. 구례에 살며 향토 문인으로 소명을 실천하고 '여순 사건' 시 은폐된 진실을 시적으로 환기하는 작업을 이어간다.

위령하는 오랍 뜰에 식수한 나무
꼭 다물었던 입술이 붉어지며 조금 벌어진다

무슨 긴한 말이라도 있다는 듯이
반개하며

통 목숨째 이울었어도 뒤집어져 눕진 않았다
하늘을 향해 꽃자위를 치켜떴다

— 조성국, 〈동백〉 전문(《91.01.8491, 反》)

    너무 늦은 세월을 다 보낸 뒤 늦은 마음들이 미안하다며 모였을 것이다. 지난 세월에 혹독하게 당한 피해 당사자와 유가족들을 조금이나마 위로하기 위한 마음은 한결같았을 것이다. 그중 누군가의 제안으로 위령하는 비문 옆에 그분들의 마음을 담아 심어 놓은 동백을 보며 해마다 커 가는 모습을 통해 나아지는 세상을 염원하였을 것이다. 그 나무가 자라 몇 해를 거듭하더니 언젠가 꽃이 만개했다. 조성국 시인은 그 찰나의 "위령하는 오랍 뜰에 식수한 나무/ 꼭 다물었던 입술이 붉어지며 조금 벌어진다"는 것에서 말문을 여는 동백의 전언을 놓치지 않았다. 죽음 앞에서도 자신의 올바름을 외치며 졸렬하게 죽지는 않았다는 "통 목숨째 이울었어도 뒤집어져 눕진 않았다/ 하늘을 향해 꽃자위를 치켜떴다"라며 죽어서도 당당한 치기를 못내 아쉬워한다. 죽은 자의 모습이 저러하건대 살아 있는 우리도 더한 생을 살아 주길 바라는 꽃의 진언에 귀를 기울여 마땅한 것이다. 이 시에서 '여순 사건'에 대한 시대 인식을 깊이 있게 돌아봐야 할 의미는 분명하다.

하얗게 단장한 여인들이
한밤, 한낮을 걸어
꽃단장한 여인들이 나란히 산속으로 걸어 들어갔습니다
승주 어느 산자락, 지리산자락
하얗게 꾸민 여인네들이 한밤, 한낮을 걸어
아직 산속에서 나오지 못한 남정네들 만나러 가는 길

우련하게 푸른 날들 속으로 사라지는
그대 꿈꾸다
총소리에
애타게 한 곳을 바라보았을까

하얗게 꽃단장한 여인들이
삭은 울음 머리에 이고
얼굴에 흐르는 땀 손으로 훔쳐내며
사내들 만나러 가는 길

우연히 엿보았습니다.
― 유종, 〈흰 꽃을 엿보다〉 전문(《91.01.8491, 反》)

　가슴에 품은 당신이 사무치거나 보고 싶어 간절해진다면 살아생전처럼 헛것도 보이는 법이다. 그 순정하고 진실한 당신에게 삿된 마음이 다시 범하지 못하도록 가슴속에 묻은 '당신'을 향한 일심한 마음으로 염원하여 70여 년이 흘렀어도 한결같다. 유종 시인의 마음이 그러하기에 아무에게나 보이지 않은 형상이 보인 것이다. 그 오롯한 마음으로 빚어낸 "하얗게 단장한 여인들이/ 한밤, 한낮을 걸어/ 꽃단장한 여인들이 나란히 산속으로 걸어 들어갔습니다"라며 본 그대로를 생생하게 전하고 있다. '하얗게'란 의미 속에 포함된 소복素服은 상례喪禮 때 입은 흰옷이 아닌 '당신'의 순정한 영혼처럼 하얗다는 의미와 살아 있는 당신의 아내 또한 그렇다는 지극함일 것이다. 산 속에서 죽어간 영혼(산사람, 또는 누명에 죽어간 사람들)들을 맞으러 가는 여인이 한둘이 아니라 복수 이상을 나타내고 있다. 또한 흩어져 산속으로 찾아 들어가는 것이 아니라 나란히 한마음으로 '당신'들을 향해 가는 것이다. 눈앞에서 사라져 지금껏 시신도 찾지 못한 채 떠도는 영혼 "승주 어느 산자락, 지리산자락/ 하얗게 꾸민 여인네들이 한밤, 한낮을 걸어/ 아직 산속에서 나오지 못한 남정네들 만나러 가는 길" 이제 하나도 험하지 않다는 유종 시인의 의지는 보이지 않은 소복 입은 여인들의 속내인 것이고 죽어 아직도 구천을 떠도는 원혼들의 마음인 것이다. 그토록 사무치게 보고 싶던 마지막의 모습은 언제나 푸르고 푸르러 그저 좋기만 했던 '당신'과의 못다 한 그리움을 "우련하게 푸른 날들 속으로 사라지는/ 그대 꿈꾸다/ 총소리에/ 애타게 한 곳을 바라보았을까" 묻고 있지만, 그에 돌아온 답은 화약 냄새만 생각해도 스산해진 그 골짜기 무서리친 늦가을이 원망스럽기만 했던 하늘을 생각했다. 지금쯤 그 사내들 불온한 세상 훌훌 털고 하얗게 소복하고 찾아간 그 여인들을 만나 징헌 세상 이야기를 나누고 있을 것이다. 그동안 못다 한 말들과 그리움 가득한 표정을 상상하며 안타까움을 더하고 있는 유종 시인이다.

기울어진 십자를 그으며
천에 몇 칸 생각을 띄우고 ×가 늘어난다

바늘이 들어가는 순간과
무늬가 드러난 과거는 옆자리
비현실이다

심해에서 사는 갈치가 솟구치듯
바늘이 솟아 십자수를 놓는다

무엇에 쫓겨나는 수직으로 솟구쳐야 했을까
사는 일이 자신을 내려놓는 일일 텐데 색을 바꿀 때가 있다
못다 뺀 실이 뒤엉켜서 끊어낼 때도 있다
그러나 십자수는 × 다음은 다만 × 일뿐

앞장서지 말아라
가로등과 가로등 사이로 죽은 영혼이 보인다는 어머니는
계절도 나이도 잊었지만 자식의 안녕을 기도했다
×의 무늬가 창 안에서 춥다고 어서 가라고 손을 휘젓는다

총소리를 피해 낮에는 이쪽 저녁에는 저쪽
외할아버지는 청석산에 있는 폐금광에 들어갔다
빨치산 토벌군이 사흘간 고춧대와 솔가지로
동굴 입구에서 불을 지폈다
민간인 육백오십 명이 죽었다

순간 죄인의 자식이 되어서
팔월이라 덥다고 손을 저어도 당신은 평생 추워서
자식은 따뜻한 곳으로 보내고 싶어서

심해어가 수평선 위로 떠오를 때는 죽었을 때죠
우리는 따뜻하게 죽기로 해요 식어가는 적막을 뚫고
배달 오토바이가 우리 곁을 지나가고 있다

- 지연, 〈십자수〉 전문(《91.01.8491, 反》)

  원반 같은 둥근 테 안에 팽팽한 생각을 덮고 그 안에 한 땀 한 땀 넣어야 할 형상을 그렸다가 지웠다를 반복하다 마지막 빈 여백 안을 채워 넣는 수작업이 바늘로 한 땀 한 땀 올려가는 십자수다. 형형의 색색을 달리하여 눈으로 분별하는 즐거움을 감상으로 환기해 준다. 십자가는 기울어져야 할 만한 이유가 있다면 그것 또한 예술적 감각으로 이해될 기교인 셈이다. 그런데 문제는 'x'가 늘어난다는 것이 문제다. 색인된 문양이 마음에 들지 않아 마음속으로 지우고 싶은 표현일 것이다. 가만 생각해 보면 지연 시인이 십자수 기본적인 문양이 '+'란 것을 모를 리가 없다. 그런데 굳이 'x'로 기울어진 문양의 의미를 강조하려 한 것에는 '여순 사건'에 얽힌 공공연한 경계성 언어를 연상하고 있음을 알 수 있다. 심해의 갈치가 바다의 수면 위로 솟구치는 의미는 생명의 기운을 더해 살겠다는 몸부림일 것이다. 마찬가지로 십자수의 바늘이 원반 아래에서 위를 향해 솟구치는 것도 드러내고자 하는 문양의 형태를 완성하기 위한 반복 행위이다. 그런 행위가 해서는 안 될 언행으로 조용조용 퍼져나갔다. '여순 사건'이 발발한 당시 사람들은 조금이라도 남 앞에 나서서 잘난 체하거나 정치 사회 인식에 대한 담론을 내비쳤다가는 어느 순간 죽음의 굴레에서 벗어날 수 가 없었다. 그 당시 여수와 순천 사람들에게 공공연하게 전해 오는 말 중 하나가 남 앞에 "앞장서지 말아라"라며 당부한 것이었다. 쥐 죽은 듯 살아야 살아남을 수 있다는 생존 방법으로 지켜야 할 말조심이었다. 그토록 당부한 말을 가슴에 새기라 했지만, 그들(토벌군)이 겨눈 이데올로기는 한 치의 온정도 없는 것이어서 사지로 내몰리고 말았다. 가슴에 묻은 아들의 죽음이지만, 무정한 세월은 핏줄을 지울 수 없었는지 아직도 헛것 속에 예전 그대로인 자식이 보인다는 어머니다. 그 어머니가 한둘이겠는가? 빨치산을 잡겠다고 애먼 민간인들이 숨어 들어간 폐금광 동굴에다 "빨치산 토벌군이 사흘간 고춧대와 솔가지로/ 동굴 입구에서 불을 지폈다/ 민간인 육백오십 명이 죽었다"는 이야기가 진실이라고 지연 시인은 덧붙여 말해 주고 있다. 이런 황당한 것 같은 이야기는 우리가 살고 있는 대한민국에서 발생한 일들이다.

따뜻한 남도 온유한 사람들
– 허승호·이원규·최성문·최광두·남길순

가장 먼저 해가 돋는 여수 향일암, 그 누리를 건너오는 돌산 섬을 은은하게 바라보며 여수항으로 들어오는 사람들의 얼굴을 비춘다. 이미 새벽부터 깨어 있는 어시장의 펄떡이는 바다 생선들이 비린내를 확 밀어붙일 때쯤 저 어딘가 아픈 가슴을 다독이며 굽은 허리 한 번 제대로 펴지 못한 채 살아온 세월로 굳어 버린 사람들이 있다. 소중한 자식과 지아비를 떠나보냈지만 먹고 사는 세끼가 당장 아쉬운 사람들이다. 사는 것이 화급해서 가슴 한 번 제대로 펴 보지 못했던 지독한 세월은 이제 늙어 그마저도 기억에서 흐릿해졌다. 아직도 아침 햇살에 반짝이는 마른 눈물을 닦지 못하고 멍하니 바다 어딘가에 던져져 죽었다는 그 소문마저도 이제는 슬프지도 않다. 오래된 옛이야기처럼 귀가 굳어 버린 사람들 위로 오늘도 찬란한 태양이 떠올라 남도의 하루가 시작된다. 가장 작게 핀 꽃 우듬지 어디쯤 그대가 내민 손 하얗게 피어있을지 몰라 몇 번이나 되돌아본다. 촌로의 걸음이 자꾸만 가다 멈췄다를 반복하여 더디기만 해서 느릿느릿 그 뒤를 따라가다 주춤거리는 세월이 그림자처럼 그를 따라간다.

별을 닦는 손은 하얀 꽃물이 든다
하루를 비비고 씻어도
잘린 줄기는 꽃 피우지 못해
산문 한 줄 조사를 더듬어 본다

산줄기 같은 눈매를 열여덟 초례청에서 만나
가슴에 묻고 산 시간이 맨발이었다

물로 배를 채워가며 품을 팔았던 여름날들
식은 밥, 한 덩어리라도 얻는 날이면
진수성찬이 따로 없었다

먹감이 주먹처럼 이념을 쥐었다 폈다 하던 날
밤송이처럼 톡톡 쏟아져 내리는 군홧발소리

꽃잎마저 가슴을 움켜잡는 순천 농림학교 운동장
난닝구 차림으로 손발 묶인 스물의 청춘은 짐승이었다
대전형무소로 이감되었다는 풍문이
사립문 허리를 끊어내는 밤이면
꽃은 사슴처럼 귀를 세우고
젖 물린 아이 두어 번 품에 안겨 준 것이
가마솥처럼 따뜻했다

지달리지 말고 애기 핵교랑 보내소
죄가 있어도 죽고 죄가 없어도 죽어야 헌당께
1초의 재판도 없이
즉결처분으로 시체를 부려 놓고 갔던

여순

형무소 담벼락 아래에서
신기료 장수를 만나 들었던
가마니에 둘둘말려 매장되었다는 당신의 목숨
시신의 흔적조차도 찾지 못해
한 줌 재조차도 안아 보지 못해
바가지 같은 무덤 하나 짓지 못해

지붕 위에서 밤마다 하얗게 불러보다 지쳐 잠든 이름
박꽃

- 허승호, 〈박꽃〉 전문《해원의 노래》

    허승호 시인은 여순 사건 때에 토벌군이 순천에서 벌인 행적에 대해 말하고 있다. '순천농림학교'에서 벌어진 일은 여순 당시 하나의 사례에 불과하다. 다른 곳에서처럼 양민들을 모아놓고 교정에서 벌어진 일을 상기시킨다. "별을 닦는 손은 하얀 꽃물이 든다/ 하루를 비비고 씻어도/ 잘린 줄기는 피우지 못해/ 산문 한 줄 조사를 더듬어 본다"며 하얗게 핀 박꽃의 형상으로 번져 오는 죽음의 서사로 잘라진 박꽃 줄기를 부여잡고 파르르 떨고 있는 사람의 이야기다. 밤마다 꿈꾸었을 만개를 보지도 못하고 지는 밤별처럼 아름답게 빛나거나 하얗게 꽃을 피우지 못하고 끊긴 숨을 어루만지는 손이 사랑하는 사람의 마음이다. 애절하게 눈 밟히는 그날 "산줄기 같은 눈매를 열여덟 초례청에서 만나/ 가슴에 묻고 산 시간이 맨발이었다"라는 긴 고통의 시간을 가늠하게 한다. 언젠가 불쑥 환하게 웃으며 다가올 것 같은 그 사람을 떠나보내고 빈궁이 깊어 남 보기 부끄럽다 해도 "물로 배를 채워가며 품을 팔았던 여름날들/ 식은 밥, 한 덩어리라도 얻는 날이면/ 진수성찬이 따로 없었다"며 반색한 호사가 절대 궁색하지 않았다며 그런 날마저 흔치 않았음을 말해 준다. 지아비가 붙잡혀 간 악몽 같은 날 "밤송이처럼 톡톡 쏟아져 내리는 군홧발소리"의 기억은 참 모질기도 해서 귀에도 쟁쟁하게 되살아난다. 지아비가 겁에 질려 끌려간 모습도 선하거니와 결국 풀려나오지 못하고 대전형무소로 이감되었다는 비보를 들었다. 그것도 알음알음 수소문해 듣고 찾아간 형무소에서 들은 "지달리지 말고 애기 핵교랑 보내소/ 죄가 있어도 죽고 죄가 없어도 죽어야 헌당개/ 1초의 재판도 없이/ 즉결처분으로 시체를 부려 놓고 갔던/ 여순"으로 말미암아 풍비박산이 나 버린 한 가족의 이야기다. 죄 있고 없고가 아니다. 한 번 찍히면 기어이 그들은 그곳에서 죽어서 나가야 했다는 비극적인 당시를 전해 준다. '여순'이 발발한 그 시대에 국가 주도로 잘못된 집행으로 인한 사례임을 알리고 있다.

  이 마을에 한 오백 년 살다 보니
  세상 인간사 그 사타구니가 훤하게 다 보여
  해빙기 지나 매화 꽃망울 막 벙그는데
  그 냥반은 죽어서야 선산에 들었지
  장례차 리무진 링컨을 타고 마을 초입 들어설 때
  관 속의 그 얼굴을 한 눈에 알아보겠더라
  그 냥반도 어릴 적엔 똘망똘망 머루눈이었지
  내 몸 그늘 아래 동무들과 고라니처럼 뛰놀고
  정월 대보름엔 쥐불놀이도 곧잘 하더니

출세는커녕 왜놈들 앞잡이를 자처했지
해방되자 잽싸게 서북청년단 완장을 차고
전쟁통엔 눈까리가 홱 돌아가더라
보도연맹이든 친구든 망나니 칼춤을 추더니
전쟁 끝나자마자 경찰서장이 되더라
국회의원 금뺏지도 참 쉬운 세상
그래도 한번쯤은 날 찾아와 엉엉 울 줄 알았지
선거철에 나타나 슬슬 눈길을 피하더라
천벌? 앞산 너구리도 킬킬 웃을 일이야
염라대왕도 착한 사람부터 먼저 데려가는 법
악질 새끼들 잡아가 봐야 지옥도 골치만 아프겠지
여보시게, 자네도 오래 살려면 죄도 좀 짓고 살어
말년의 그 냥반도 탄핵이다 남북 정상회담이다
세상 바뀌니 또 슬슬 말을 갈아타더라구
저승꽃이 피니 정신 좀 차리나 했더니
입이 홱 돌아갔어 오른쪽 팔다리도 배배 꼬이고
남은 생을 침만 질질 흘리다 유언도 못하고 갔지
이제 가봐, 내가 무슨 신목이야 신목!
한 오백 년 몹쓸 세상 견디며 속을 텅텅 비워도
아직 내 몸속엔 악의 기운이 더 많아
팽나무 회초리만 내걸고 지켜보기만 했으니
아마 벼락을 맞아도 내가 먼저 맞을 거야
자네도 너무 오래 살지는 말고 착하게 쫌만 더 살아
혓바닥이 돌돌 말려 목구녕을 틀어막기 전에
　　　　　- 이원규, 〈당산나무의 말씀〉 전문(《91.01.8491, 反》)

사람 사는 세상에서 알게 된 비밀이 있다면 그것을 간직한 것도 어려운 일이다. 사람 뒤란 것이 그만큼 무섭다는 이야기다. 차라리 눈과 귀도 없는 '당산나무'에다 대고 말하는 것이 뒤탈도 없다. 그동안 많은 사람들을 통해 보고 듣고 속 깊은 사정을 알았어도 말 한마디 발설하지 않고 오백 년을 살아온 '당산나무'다. 하지만, 당산나무도 때가 되었다고 생각했는지 말을 조곤조곤 들려주는 때가 있다. 오백 년의 세월 동안 담아 온 이야기니 긴한 말일 것이다. "이 마을에 한 오백 년 살다 보니/ 세상 인간사 그 사타구니가 훤하게 다 보여/ 해빙기 지나 매화 꽃망울 막 벙그는데/ 그 냥반은 죽어서야 선산에 들었지"라며 살아생전 고향을 찾아온 적이 없었다는 것을 말하고 있다. 죽음을 맞은 그 사람을 회상하는 당산나무다. 어릴 적 발이 닳도록 찾아와 뛰놀던 "그 냥반도 어릴 적엔 똘망똘망 머루눈이었지/ 내 몸 그늘 아래 동무들과 고라니처럼 뛰놀고/ 정월 대보름엔 쥐불놀이도 곧잘" 했다는 그 사람이다. 어릴 적 모습은 천진난만한 모습으로 여느 아이들과 다를 바가 없었다는 것으로 죽어서야 고향으로 내려온 그 사람도 본디는 착하고 영민한 아이였다는 것이다. 그런데 문제는 성장한 이후 올바른 삶을 살지 못했다는 것을 당산나무는 알고 있었다. 왜놈의 앞잡이가 되어 해서는 안 될 짓거리를 한 것과 해방 후에는 또 다른 변신을 통해 '서북청년단'이 되어 '보도연맹원'과 친구를 가리지 않았다는 것을 말하고 있다. 이어 경찰서장도 되고 국회의원도 되고 출세를 위해서는 물불 안 가리는 무서운 사람이 되어 버린 것이다. 그러다 보니 진실과 정의와는 멀어졌고 떳떳하지 못한 삶을 선택했기에 죽어 고향 선산에 묻힐 수 있었다. 그런 아이에 대한 이야기들을 당산나무는 조목조목 들려주고 있다. 하지만 크게 성공한 듯한 그가 지은 죄가 많아 "입이 홱 돌아갔어 오른쪽 팔다리도 배배 꼬이고/ 남은 생을 침만 질질 흘리다 유언도 못하고 갔지"라며 인생 긴 것 같아도 기어이 죗값을 치루는 인과응보로 귀결된다는 것을 깨닫게 해 준다.

    내 나이 열세 살

    큰 산 아래 해 저물고
    읍내 주조장 앞 골목길
    친구들과 제기차기

    토벌대가 아버지 이름을 묻기에
    자랑스럽게 앞장서건만
    그들이 아버지를 데리고 간
    저승사자이었음을
    새벽에 알았네

    연이은 총소리 큰 산 흔들고*
    구례경찰서 앞 공터에서
    굴비처럼 새까맣게 묶인 채로

    보이는 총탄은
    아버지 이마를 관통했고
    보이지 않는 총탄은
    마루 밑에서 떨고 있는
    어린 심장에 박혔네

    이듬해 봄, 봉성산 다 뒤졌으나

송장 썩는 냄새만 진동할 뿐
아버지 시신은 거둘 수가 없었네

민간인을 재판도 없이
하룻밤에 집단 총살하는 법은
이 세상 어디에도 없다는데
하소연조차 빨갱이로 몰릴까 봐
숨죽여 살아온 세월

심장에 박힌 총탄은
남은 목숨 재촉하는데
평생을 봉성산 바라보며
바램 하나 있다면
큰 산 아래 부처 은공으로
다시 돌아가고 싶은

그날, 내 나이 열세 살

　　　　　　　　- 최성문, 〈보이지 않는 총탄〉 전문《해원의 노래》

　최성문 시인은 순천대학교 부설 여수연구소 연구위원으로 '여순 사건' 당시 있었던 진실을 녹취하는 작업을 수행했다. 그런 연유로 이 시에서 보여준 시적 정황은 매우 진실에 가까운 증언에 근거하고 있다. 시로 돌아가 보면, 아무것도 모른 아이가 자신의 아버지를 죽음으로 내몬 열세 살 철없던 당시를 회고하면서 가슴 아파한다. 70여 년의 세월이 흘렀지만, 아직도 생생한 그날의 기억을 되돌릴 수 있다면 하는 후회막심한 자신의 행동을 탓하지만, 돌이킬 수 없어 괴롭다. 참으로 비통하고 안타까운 열세 살 적 그날 "큰 산 아래 해 저물고/ 읍내 주조장 앞 골목길/ 친구들과 제기차기"를 하던 나를 불러 "토벌대가 아버지 이름을 묻기에/ 자랑스럽게 앞장서건만/ 그들이 아버지를 데리고 간/ 저승사자이었음을/ 새벽에 알았네"라는 원망서린 탄식을 하고 있다. 이후 연이은 총소리가 들렸고 그 소리에 놀라 깬 아이가 전해 들은 비보는 자신이 앞장서 아버지가 은둔해 있는 곳으로 그들을 끌고 간 것이 아버지를 죽음으로 내몰았다는 것을 알게 된다. 철부지였던 어린 날의 경솔했던 자신을 탓하며 땅을 치고 통곡했을 것이다. 아버지의 죽음은 1948년 11월 19일 새벽, 토벌대는 부역혐의 등으로 72명의 민간인을 새끼줄에 묶어 구례경찰서 앞 공터에서 총살한 후 인근 봉성산에 한꺼번에 매장했다. 그리고 봉성산 출입을 한동안 금지시켰다. 이후 해를 넘겨 경계가 소홀해진 틈을 타 유족들은 뒤늦은 수습에 나섰으나 아버지의 시신을 끝내 찾지 못했다. 열세 살 아이가 겪은 '여순'의 후유증은 고스란히 가슴에 남아 평생 안타까운 상처가 되었다. 아버지를 죽인 자식이라는 죄책감에 시달렸을 죄인 아닌 죄인처럼 살았을 생애 그 자체가 고통인 것이다. 열세 살로 돌아간다면 다시는 그렇게 하지 않겠다는 다짐도 부질없는 것이지만, 아버지에 대한 죄책감이 얼마나 깊었는가를 알 수 있다.

  무슨 말을 하고 싶어서
  일찍부터 마을 어귀에 쪼그려 앉는
  토지사람 채 씨

  살림이라곤 곁방살이 집 한 채

마당에 짖어대는 백구 한 마리

글도 몰라. 나 낳아놓고 아부지가 돌아가셔서 얼굴도 몰라. 엄니도 집 나가서 얼굴도 몰라. 그래갖고 할매가 키웠어. 할매가 긍께 인자 느그 아부지가 잡혀가서 총 맞고 죽었다 맨날 그래싸. 그래갖고 묵고 살기 바쁜께 학교 문턱도 안 가봤어.

할머니 손에서
송구밥 애기주먹만치 먹고 나무하며 산 세월을
덴뿌라 장사하던 고모 잠든 새벽
배고파 몰래 먹다 매맞은 설움을
아부지만 있었어도…
말을 삼킨 눈동자는 저편 섬진강만 응시한다

냉수 한 잔 떠놓고 남편 만나
가난한 몸뚱어리 하나로 자식 낳고 살았어도
불쑥 밀려오는 그리움 어쩌지 못해
남몰래 울며 가슴으로만 불러보았다는
아부지

무담씨 난리는 터져가지고
이제 와서 시대를 탓한들 뭐할까마는
배운 것도, 가진 것도 없는 무명초 같은 이야기
들어줘서 고맙다며
때늦은 점심값으로 지폐 두 장 쥐어주던
토지사람 채 씨, 돌아서며

첨 말하는구만

　　아부지

　　보고 싶다는 말

　　　　　　　　- 최성문, 〈말을 삼킨 눈동자〉 전문(《해원의 노래》)

　마찬가지로 최성문 시인은 '구례군 토지면 용두리 용두마을 채경배씨 증언록'을 참고하여 쓴 것임을 밝히고 있다. 채경배씨가 살아온 내력을 보면 알 수 있다. 누구 하나 자신의 삶에 관심 가져준 사람도 없을뿐더러 그렇다고 다가가 먼저 속시원하게 터놓고 말고 할 사람도 없었다. 오직 홀로 살아온 세상이고 죽으나 사나 자신이 짊어져야 할 운명이란 것을 받아들였다. 세상 탓할 기력조차 없어 하루하루 연명하기도 버거운 삶이었다. 자신이 겪은 '여순'은 처절하고 기구한 것이었다며 목숨을 부지해 온 세월에 몸서리를 쳤다. 그러면서 최성문 시인을 만나 자신의 이야기를 전할 수 있다는 것으로도 행복해서 들뜬 마음으로 마을 어귀를 서성이며 기다렸을 것이다. 가진 것이 워낙이 없이 시작해서 불우했고 지내온 세월마저 반전될 기미가 없었다는 살림살이에서 빈궁한 모습이 그대로 드러나 보였다. 결국 고통으로 인한 가난의 세습인 듯 그런 내력을 증명이라도 해 보일 듯 조곤조곤 속내를 털어놓는다. "글도 몰라. 나 낳아놓고 아부지가 돌아가셔서 얼굴도 몰라. 엄니도 집 나가서 얼굴도 몰라. 그래갖고 할매가 키웠어. 할매가 긍께 인자 느그 아부지가 잡혀가서 총 맞고 죽었다 맨날 그래싸. 그래갖고 묵고 살기 바쁜께 학교 문턱도 안 가 봤어."라는 말로 고통스런 삶의 이력을 전해 준다. 그렇게 힘든 소녀 시절을 견뎌왔지만, 할머니 혼자서 꾸리는 살림은 나아지질 않았다. 겨우 먹는 '송구밥'마저 고모집에 얹혀살다 보니 눈칫밥이어서 채경배씨에게 편치 않는 세월이었다. 거기에 남편이라고 만나 결혼을 하였지만, 냉수 한 잔으로 맺은 혼인 살림이었으니 빈궁한 살림은 뻔했다. 오직하면 아버지만 살아 있었으면 하는 생각을 하였겠는가? 그런 원망 아닌 원망을 하면서도 아버지에 대한 그리움은 끊어낼 수 없이 질긴 것이었다. "가난한 몸뚱어리 하나로 자식 낳고 살았어도/ 불쑥 밀려오는 그리움 어쩌지 못해/ 남몰래 울며 가슴으로만 불러보았다는/ 아부지"였다. 아무 연관도 없는 난리 통에 "무담씨 난리는 터져가지고/ 이제와서 시대를 탓한들 뭐할까마는/ 배운 것도, 가진 것도 없는 무명초 같은 이야기/ 들어줘서 고맙다" 채경배씨의 말끝에 서린 참담한 세월을 원망하고 있음을 알 수 있다. 그 고통에 대하여 아무런 노력도 보여주지 않는 대한민국은 채경배씨를 국민으로 여기고 있는지 궁금하다. 국민으로 그들은 실재하지만, 국민생존권을 보장받지도 못했을 뿐더러 아무런 지원도 없었다는 것을 생각해 본다.

홀로 자란 풀 한 포기가
잎이 되고 꽃이 피고
씨가 여물어 그 씨가 바람에 날려
어느 돌 틈에 떨어져
숲을 먹고
뿌리를 내리고
새벽이슬을 머금고
또 잎이 되고 꽃을 맺고
그 꽃의 씨가
영글어 가는 모습을 보면서

너는

어찌 내가 살아온 세월과 같구나

- 최광두, 〈세월〉 전문(《해원의 노래》)

최광두씨는 여순 10·19 당시를 기점으로 참화를 겪은 구례유족회원 중 한 사람이다. 이 글을 눈여겨본 것은 그분의 살아온 삶과 '한 포기의 풀'이 의미하는 바가 크다고 보았기 때문이다. 아무리 세상이 매몰차게 자신을 짓밟아도 쓰러지지 않고 하나의 온전한 생명으로 꽃을 피우는 질긴 생명력을 보며 자신 그와 같다는 것을 말하고 싶어 한다. "홀로 자란 풀 한 포기가/ 잎이 되고 꽃이 피고"처럼 세상의 힘난함을 탓하지 않으면서 자신의 길을 꿋꿋하게 버텨 온 것에 대한 자긍심으로 보았다. 최광두씨도 '여순 사건' 당시 불행에 휩싸인 고통의 굴레를 안고 살아왔을 것이다. 그런 불행에도 꺾이지 않는 끈질긴 근성을 보여주는 '풀 한 포기'처럼 꽃으로 피었다가 스스로 여물어 씨앗이 되었다가를 반복하는 삶을 살아왔다. 그 세월이 자그마치 70여 년이었으니 그 삶도 가볍지 않은 생의 위중함으로 다가왔다. 돌 틈에 돋아 생을 온전히 지켜낸 풀을 보며 회한에 찬 지난 과거를 회상하고 있다. 그러면서도 이제는 모든 것을 잊고 마음 편하게 살고 싶은 소망을 염원하고 있다. "새벽이슬을 머금고/ 또 잎이 되고 꽃을 맺고/ 그 꽃의 씨가/ 영글어 가는 모습을 보면서/ 너는/ 어찌 내가 살아온 세월과 같구나"라며 억울한 일을 당하게 한 국가가 나서 잘못을 사과하고 그들의 마음을 위로해 주어야 할 때가 아닐까? 이제 그들은 원망마저도 가슴에 담고 싶지 않은 것이다.

구름 한 점 없는 하늘이다

수천의 갈매기 떼처럼

군중은

한 곳을 바라보고 앉아있다

한마디 변명도

자비를 바라는 중얼거림도 없는

침묵,

한 순간의 정지

소년은

아버지 가슴에 총알이 파고드는 것을 보고 있다

사진 속 늙은 여자가

널브러진 시신을 차례로 뒤집어가며

아들을 찾고 있다. 아직도

*칼 마이던스 기자

- 남길순, 〈평화로운 천국*〉 전문《해원의 노래2》

한 장의 사진이 증언하는 위력은 모든 세상의 말들을 잠재울 수 있다. 아무리 그 당시의 일들이 다 거짓이라고 거짓된 증언으로 세상을 호도하려 해도 거짓된 말을 이겨 버리는 사진의 진실됨은 모든 증언보다 우위를 점유한다. 1948년 칼 마이던스 기자가 여순 당시의 현장을 찾아다니며 카메라에 담은 사진이 300여 장이나 된다. 그중 몇몇의 사진은 너무나 리얼하여 당시의 살벌한 현장이 적나라하게 노출되어 사진만으로도 실상을 명확하게 인지할 수 있다. '평화로운 천국'이란 말은 매우 상징적이면서 역설적으로 다가왔다. 결코 평화롭지 않은 1948년의 '여순' 당시 여수와 순천 그리고 인근 지역의 분위기는 광기에 찬 야만의 시대였음을 알 수 있다. 사진에 담긴 사실을 조곤조곤 풀어내는 화자의 심정은 문장을 하나씩 풀어가면서도 몹시 고통스러웠을 것이다. "구름 한 점 없는 하늘이다// 수천의 갈매기 떼처럼// 군중은// 한 곳을 바라보고 앉아있다// 한마디 변명도// 자비를 바라는 중얼거림도 없는// 침묵,"만 감도는 그곳은 이미 죽음을 목전에 둔 공포에 질린 사람들의 모습임을 알 수 있다. 이어 어린 소년이 "아버지 가슴에 총알이 파고드는 것을 보고 있"는 그야말로 충격적인 모습이 찍힌 사진을 설명하고 있다. 소년은 무엇을 본 것일까? 이후 소년은 끔찍한 트라우마를 안고 제대로 살아갈 수는 있었을까? 우리는 인간으로 해선 안 될 만행과 봐선 안 될 지옥 같은 공포를 기록으로 남긴 칼 마이던스 기자의 인류애적인 마음을 잊을 수 없다. 카메라 앵글은 한국의 아름답기만 한 여수에서 벌어진 전쟁터보다 더한 국가 주도의 갖은 만행을 기록하고 있다. 그중 이미 총알받이가 되어 버린 아들의 시신을 찾기 위해 "사진 속 늙은 여자가// 널브러진 시신을 차례로 뒤집어가며// 아들을 찾고 있다. 아직도"라며 '여순 10·19'의 실상과 그 진실은 무엇이었는가를 묻고 있다. 과연 그 상처를 가슴으로 안아 주며 치유해 줄 진정한 위정자들을 자유민주주의를 천명하는 대한민국에서는 찾아볼 수 없는 것인가? 아니면 비굴하게 가슴속 진실을 숨기면서 사는 것인가를 묻고 있다.

아픔보다 더한 참극, 여수와 순천은
– 조태일·신병은·김영애·박주길

'여순 사건'으로 연관된 일들을 보고 듣고 했어도 하도 세상이 얼어붙어 말조차 꺼내지 못했던 사람들이다. 그 가슴속에 응어리진 말들을 누르고 억눌러도 사람인지라 간간이 명치끝을 욱하며 치고 나왔다. 그래도 살아야 하기에 아무 일 없는 듯이 하늘 쳐다보며 허허거리며 살았다. 가해자(국가)는 아무렇지 않은 것처럼 '여순 10·19' 당시 양민에게 가한 학살과 만행을 덮으려 하였으나 덮어지지 않았다. 다들 그 당시 벌어진 일들을 본 사람이 있었고 당한 사람도 너무 많아 쉽지 않았다. '빨갱이'라고 그들을 짐승 죽이듯이 죽여 놓고 아무런 양심의 가책도 없이 같은 하늘 아래 살고 있다. 오히려 고개 쳐들고 잘 살아가는 가해자와 달리 피해 유가족은 평생 죄인처럼 지내야 했다. 힘이 들어간 총부리에 대한민국이란 거대 권력이 든든히 떠받치고 있으니 그럴 법도 하다. 똑같은 총을 들었는데도 그들은 반란군이란 딱지가 붙어 토벌되어야 할 대상이 되었다. 여수 14연대에서 뛰쳐나온 반란군이라고 하는 군인들은 그렇다 해도 어쩔 수 없이 아니면 아무런 혐의가 없는데도 그랬을 것이라는 혐의를 씌워 양민을 죽였다. 그렇게 사람을 죽이더라도 아무런 죄가 되지 않은 폭력의 끝은 모르쇠로 현재에 이르

고 있다. 그렇게 죽어갔고 어떻게 누구에 의해 무슨 죄를 지어 죽어야
만 했는가를 물을 수도 없다. 다만 그들은 죽임당한 그 사람들을 부역
자라거나 좌익에 물든 빨갱이라고 딱지를 붙여 주면 만사가 일사천리
였다. 조태일 시인의 유년기를 보낸 곡성 태안사는 보성강이 흘러나와
섬진강과 합수하는 압록에서 그리 멀지 않은 곳이다. 바로 크고 작은
산들이 연이어 강을 따라 쫓다 섬진강을 사이에 두고 지리산과 접해
있는 곳이다. 그곳에서 체험한 '여순 사건'을 시적으로 보여주고 있는
'친구들'을 살펴보자.

긴긴 해를 산짐승 날짐승이랑 함께
가파른 산을 뛰어넘어
가시덤불 살이 찢겨 흐르는
피를 문질러가며,

산열매로 가득 배를 채우고
찔레꽃 개나리꽃으로 입술 물들이며
짐승들보다 더 빠르게
신나게 뛰던 친구들,

외지 포수의 사냥길 따라나서
포수의 화살에 맞아
영영 돌아오지 않던 친구들 원통해 하다가

밤나무그루 돌로 치고 쳐서
쏟아지는 알밤을 소나기 맞듯 맞으며
짜릿한 아픔을 함께 하던 친구들,

어둠속에서 두근거리는 가슴 조이며
한밤내 대창 부딪는 소리 들으며
친구들 생각에 밤잠을 설치고,

서로 무사했는지 새벽에 일어나
고함지르며 골목골목 뛰며
아침 안부를 나누던 친구들,

그 모습만 모습만
동리산 기슭에 가득 고였다.

- 조태일, 〈친구들〉 전문《조태일 전집1》

   조태일 시인은 성장기 유년 시절 친구들을 회상하고 있다. 그 순박한 친구들은 산을 놀이터 삼아 눈 뜨면 모여 뛰어놀기도 바빴다. "긴긴 해를 산짐승 날짐승이랑 함께/ 가파른 산을 뛰어넘어/ 가시덤불 살이 찢겨 흐르는/ 피를 문질러가며,// 산열매로 가득 배를 채우고/ 찔레꽃 개나리꽃으로 입술 물들이며/ 짐승들보다 더 빠르게/ 신나게 뛰던 친구들,"의 모습은 그저 천진무구한 모습 그대로다. 그런 친구들의 호기심을 자극한 외지에서 들어온 포수는 바깥세상을 알 수 있는 소식통으로 그마저 세상일에 대한 호기심 때문 자칫 잘못되기도 하였던 모양이다. 그것도 잠시잠깐 가을이면 먹거리를 찾아나서 산밤나무를 돌로 쳐서 떨어진 밤을 줍고 놀던 아이들이었다. 그렇게 자연과 더불어 함께 놀던 친구들이 어느 순간 '여순'이란 참화에 휩쓸리면서 불안불안한 밤을 맞게 된다. 조태일 시인이 성장한 태안사가 있는 동리산은 앞서 말한 대로 보성강 줄기를 타고 내려 섬진강 압록과 맞닿은 지리산과 인접해 있는 오지다. 지리산과 연계된 빨치산(산사람)이 밤이면 내려왔고 그들을 토벌하기 위한 군경과 빈번한 교전이 있었던 곳이다. 그토록 긴장된 밤을 곤두세우며 보낸다는 것은 곤혹 같은 고통이다. 그렇게 소중한 친구들이 하나둘씩 다시는 볼 수 없는 죽음을 맞곤 사라졌다. 조태일 시인은 그 친구들이 얼마나 순수했는가를 누구보다 잘 알고 있고, 좌익이라는 사상과는 아무 상관이 없다는 것을 시적으로 증언하고 있다. 세상이 조금씩 그나마 바뀌고 있다. 닫힌 말문을 열어 못다 한 말들을 하기 시작했고, 그 말들에 세상이 관심을 보이며 다가가려 하고 있다.

    어김없이 시월입니다
    들녘 마다 하얀 구절초가 피었습니다
    연보라빛 쑥부쟁이도 피었습니다

    그러니까 그때,
    1948년 10월의 푸른 밤의 기억입니다
    세월 건너도 풀어지지 않는 도돌이표 침묵만
    썰물지고 밀물지는
    조용한 아침의 마을

    어둠 속 반역의 도시라고
    바람처럼 부풀어 올랐던 정직한 기사는
    한 편의 드라마였습니다
    제 나라 제 국민을 싹쓸이 하는 살육의 픽션이었습니다
    이유도 없이 그냥 죽어야만 했습니다

묻지도 따지지도 못했습니다
눈물도 사치였습니다

인간이 인간을 외롭게 하는 것만큼
무서운 일은 없습니다
생존보다 더 간절한 숨 막힌 침묵의 순간,
이웃도 형제도 부모도 떠나버린
마음이 마음을 찢던 기억들이
해마다 이맘때면 만조 되어 부풀어 오릅니다

'이런 증언을 살아서 할 줄은 꿈에도 몰랐소'
    - 신병은, 〈아, 핏빛 노을이 내일의 환한 아침햇살이 됩니다〉 부분
                                   《아픔, 기억 그리고 치유》[2]

  늦었지만, 이제라도 '여순 사건'의 진실을 방치해선 안 된다. 국가로 인해 발발한 '여순 사건'에 대한 진실을 더는 외면해선 안 된다는 것으로 이 시대를 살아가는 우리(국민)가 나서야 한다. 해마다 찾아오는 시월이다. 세월은 흘렀지만, "어김없이 시월입니다/ 들녘 마다 하얀 구절초가 피었습니다/ 연보라빛 쑥부쟁이도 피었습니다"라며 1948년 그 당시와 별반 다를 것도 없는 시월이다. 하지만, 그 긴 세월 속에서 온몸으로 고통을 견디며 살아온 사람들이 있었음을 우리는 간과해선 안 된다. 신병은 시인이 말하고 있는 "그러니까 그때,/ 70년이 지나도 풀리지 않은 매듭은/ 먼 과거의 이야기가 아니었습니다/ 껴안고 뒹굴

---

[2] 《아픔, 기억 그리고 치유》는 2018년 여순 사건 제70주기 추모 전국 문학인대회(한국작가회의 주관) 때 엮음.

어온,/ 죽어서 한이 되고 살아서 고통이 된 진행형의 절규입니다"라며 '여순 사건'으로 억울하게 당한 사람들에 대한 고통을 그동안 남 일처럼 등한시했던 것에 대한 반성이다. 어느 한 맺힌 유가족이 던진 " '이런 증언을 살아서 할 줄은 꿈에도 몰랐소' "라는 원망에 찬 희망을 우리는 저버려서는 안 된다. 그들이 살아온 세월의 고통을 단적으로 드러낸 것으로 우리 모두 심히 미안함을 가져야 한다. 대한민국 국가가 참혹한 시대의 진실을 알려하지 않았던 것을 방임한 우리도 역사의 책임에서 질책 받아 마땅한 일이다.

"할매는 뭐가 그리 무서웠어"
교복을 벗던 손녀가 던진 한마디에
노할머니 안경 너머 눈빛이 흐려진다

니는 모른다
암만, 자식들 뭔 일 생길까
왜정 때도 앞잽이 무서워 숨소리도 죽이며 살았고
해방되어 숨쉬고 살랑갑다 했는디
장차 한 인물 할 거라는 아들은 운동장으로 불려나가
탕탕!
전깃줄의 새들은 놀라 날아갔고
아들도 새떼를 따라 하늘로 갔지
암만, 내 속울음은 땅속으로 스며들었지

여수 순천 반란사건, 여수 14 연대 반란사건, 여순 봉기,
여순 항쟁, 여순 군란,
여수 순천 사건, 여수 순천 10·19 사건

> 아직 이름을 얻지 못한 가락은 방파제를 철썩철썩
> 물보라를 일으키며 서럽게 피었다 하얗게 진다
> — 김영애, 〈여순 별곡〉 전문《아픔, 기억 그리고 치유》

    오래전 기억 속의 불편한 상처가 70여 년이 지난 현재도 두려움으로 되살아난다. 철없는 어린 손녀가 할머니 가슴속에 도사리고 있는 기억을 환기시키고 있다. 할머니가 할 수 있는 말이라곤 어린 너는 모른다라며 당시 있었던 일들을 들려준다. 하도 똑똑하여 훗날 집안을 일으켜 세울 거란 기대를 한 몸에 받고 있던 아들이었다. 왜정 때도 몸 건사 잘하며 살아남았는데 해방된 대한민국에서 멀쩡한 아들 끌어다 학교 운동장에서 총을 쏴 죽이는 청천벽력 같은 일이 벌어진 것이다. 그 죽음마저 도무지 이유도 모른 채 그저 성한 아들을 잃어버렸으니 할머니가 살아온 세월은 죽지 못해 살아온 지옥이었다. 아들의 억울한 죽음만큼이나 '여순 사건'에 대한 명칭도 각양각색으로 "여수 순천 반란사건, 여수 14 연대 반란사건, 여순 봉기,/ 여순 항쟁, 여순 군란,/ 여수 순천 사건, 여수 순천 10·19 사건"으로 불리면서 제대로 된 정명이 없어 혼란스럽다. 위에서 열거한 '여순 항쟁'을 제외한 여러 명칭들을 살펴보면 대다수가 당시 국가 정치권력에 의한 이해관계가 개입되었을 것이라는 추정을 해 볼 수 있다. 그토록 엄청난 환란적 재앙을 단순한 '사건'처럼 다뤘다는 것에서 문제의식을 드러내고 있다.

> 산천초목 아우성치고
> 바다는 피눈물로 채워진
> 1948년 10월 19일

좌익과 반란군은 누구였고
우익과 진압군은 누구였던가
가리키는 손가락 하나로
눈앞에서 무고한 부모형제를
주검으로 보내야 했던 비극이여
고래 싸움에 새우들 죽어 간다고
이데올로기 싸움에
이슬로 사라진 희생이여
10월의 하늘은 잿빛으로 물들고
머리 풀고 흐느적거린 구름은
못다 핀 한 많은 영혼인 듯
빗물되어 내린다
이 생애 한 다 여의시고 고이 잠드소서
　　　- 박주길, 〈1948년 10월의 여수〉 전문《아픔, 기억 그리고 치유》)

　이 시의 성격은 "이 생애 한 다 여의시고 고이 잠드소서"에서처럼 진혼하려 한 염원을 담고 있다. 어찌되었든 역사의 소용돌이 속에 휩쓸려 억울한 죽음이 있었고 그들의 원혼에 대한 위로를 담고 있다. 지금껏 떠돌이처럼 이 땅의 산하를 맴돌고 있을 영혼들에 대한 "1948년 10월 19일/ 좌익과 반란군은 누구였고/ 우익과 진압군은 누구였던가"를 묻고 있다. 우익도 좌익도 해방을 함께 이뤄낸 대한민국의 소중한 국민이었지만 결과는 그렇지 않았다. 박주길 시인은 국가 위정자들의 편협한 생각들을 거론하고 있다. 좌익이든 우익이든 대한민국의 소중한 사람들로 그들을 정치적인 이해와 포용으로 함께하려 하지 않았다. 네 편 내 편으로 단순 분리하려 했던 진영적인 발상과 묵인과 방관에 대한 질타임을 알아야 한다. 마치 전쟁 중 피아를 구분하듯 좌익과 우익을 가르는 기준은 오직 손가락으로 결정되었고 그것의 결과는 합리적인 의심과 법적 절차에 준하지 않고 오직 총을 가진 자들의 전결에 따르도록 했다는 데 있다. 사지로 몰아간 그들은 최소한 동포애로써 인권도 전혀 배려하지 않았다. 그것도 거리낌 없이 유가족이 보는 앞에서 생때같은 목숨을 일순간 주검으로 만들어 버린 사례도 다반사였다. 해방된 조국에서 국민인 피붙이를 죽음으로 몰아간 대한민국 정부에 대한 원망도 깊거니와 그들(피해 유가족)에게 단 한 번도 손을 내밀어 준 적 없는 긴 세월도 무심한 것이다. 앞서 인용한 말처럼 "이 생애 한 다 여의시고 고이 잠드소서"라며 이제라도 간절한 염원이 현실이 되길 바란다. 박주길 시인의 말대로 지금이라도 잘잘못을 명확히 가려 억울한 피해자에 대한 신원 회복의 계기를 마련해야 한다.

제5부

화해와 해원의 의미항

기억에만 존재한 시간
- 고선주·맹문재·복효근·이은봉

사람이기에 들으려 하지 않아도 듣게 되는 말이 있다. 아무 관련이 없다 해도 자꾸만 귀에 박히는 말을 곱씹다 보면 자신도 모르게 말 주위를 맴돌게 된다. 그 말인즉슨 흔히들 '여순반란사건'으로 교과서에서 배웠던 지난 역사의 사실이 진실과 많이 달랐다. 누구나 본능적으로 자신이 잘못을 저질렀더라도 발뺌부터 하는 것이 사람 마음이다. '여순 사건'에 대하여 잘못되었음을 말하는 사람이 한두 사람이 아니다. 그 피해 유가족이 입은 피해뿐만이 아니라 생목숨을 많은 사람들이 잃었다는 데 국가는 침묵하고 있다. '여순 10·19' 당시 당한 사람들이 너무 억울하다는데 그토록 외면할 수 있는가를 우리들은 국가에 반복해서 물어야 한다. 응당 피해 유가족을 찾아내 당시의 정황을 듣고 정말 억울하게 누명에 의한 것인가를 판단할 수 있는 조치가 이뤄져야 한다. 최소한 그 정도라도 시작해야 되는 것이 국가의 존재 이유인 것이다.

그날 이후
상처는 아물지 않았다

보통은
상처에 딱지가 입혀지는데
여전히 선홍빛 속살 그대로다
연고를 바르고 하면
새로운 살과 피부가 돋아나거늘
여즉, 상처 그대로라니

가슴팍을 뚫고 들어온 총알
거꾸로 박힌 그날의 잔상들
시간이 흘러 흘러 기억의 지층에는
먼지가 가득 쌓이고
항쟁을 관통했던 구순의 소년은
그 먼지를 털어낼 때마다
기침 잦더니
약봉지가 제법 두툼해졌다

가족 모두 떠났는데
혼자 살아남아 기가 찬 시간들
한숨 쉴 때마다 꽃가루처럼 하얗게 날린다
남루한 노년의 시간
힘겹게 살아온 세월이 허리처럼 휘어버린,
그래서
그림자처럼 축 늘어져 기우는 오후

그날 이후
석양이 다 지도록
상처는
붉은 노을빛 그대로였다

> 밤새 뒤척이다 아침을 맞았다
>
> — 고선주, 〈그날 이후〉 전문(《그날 이후》, 심미안, 2023)

 특정한 날을 가리키는 '그날 이후'는 기억 속에만 존재한다. 그것도 특정한 사람의 기억으로 존재한 불편한 진실이다. 오랫동안 어디에다 말도 못한 세월의 이야기를 막연하게 '그날 이후'라고 말하고 있다. 나는 진짜 억울하니 당당할 수 있다 쳐도 어느 순간 그 당당함을 외쳤다가 되레 더 많은 사회적 불이익을 당해야 했기에 아무한테도 발설하지 못한 암흑 같은 세월을 감당해야 했다. 아무리 혹독하게 당한 상처라 해도 시간이 지나면 스스로 치유하는 신체 회복 반응으로 조금씩 나아져 상처의 흔적만 남을 뿐이지 아물고 만다. 하지만, '여순 10·19' 당시 당한 당사자나 피해 유가족에게는 생각하기도 싫은 참담함이 사무치게 깊다. 시간이 더할수록 덧나 상처를 깊게 하기에 더 괴로운 것이다. 주변의 그 어느 누구에게도 도움을 받을 수 없는 현실도 비통한 것이고 오직 당한 자만의 고통을 안고 살아야 했다. 그런 비감에 젖어 가만가만 짚어 보는 가슴의 상처를 관통해 들어간 총상 같은 충격은 여전하다. 생목숨 죽이려고 쏘아댄 총알이었으니 오죽하겠는가? 맞았다 하면 푹 꼬꾸라져 죽을 판에 구사일생으로 살아남은 "항쟁을 관통했던 구순의 소년"이다. 당시 누가 봐도 어린 티가 난 아이의 가슴을 향해 총을 쏜 자가 누구였는가? 가족 모두 몰살당하고 홀로 남아 생을 유지하는 것도 벅찬 시간이었다. 총알에 맞은 가슴이 유독 찬바람이 들면 천식처럼 끊이지 않는 기침에 자지러져야 끝나는 하루를 몽땅 삭히느라 한 움큼의 약봉지를 털어 넣는다. 세끼를 챙길 때마다 더 고달파지는 생이 아직도 힘이 든 것은 '여순' 당시 당한 상처가 너무 컸기 때문이다. 가난도 '여순'으로 비롯되어 대물림된 것처럼 천식 도진 잦은 기침도 집안을 온통 뒤집어놓듯 생의 자욱한 고통이 먼지처럼 뿜어져 나온다. 눈뜨고 시작된 고통이 끝나가듯 저문 석양을 물고 오는 핏빛 노을이 다시 가슴을 관통하며 핏물처럼 붉게 흘러나와 젖어든다. 도저히 잊히지 않는 그날의 기억이 아무 일 없었던 것처럼 환해졌으면 하는 바람이다.

    기념사진을 찍으려고 사람들과 함께 줄을 서다가
    왼쪽으로 자리를 바꾸었다
    왼쪽에 서면 왼쪽을 망각하지 않고
    지킬 것 같았다

    오른쪽에 서면 의심을 받지 않아
    마음이 놓이지만
    왼쪽의 불안도 아픔도 느끼지 않고
    분노도 들지 않을 것 같았다

    중앙에 서면 내가 중심이라는 착각으로
    결정권을 쥐려고 할 것 같았다
    좌우를 살피지 않고
    타협도 양보도 내버리고
    나에게 투표할 것 같았다

    붉은 색이 여전히 위력을 발휘하는 투표장을 떠올리며
    나는 왼쪽에 섰다

> 왼쪽에 서야만
> 빨갱이라고 욕먹는 사람들을 망각하지 않고
> 나를 지킬 것 같았다
>
> - 맹문재, 〈왼쪽에서 사진을 찍다〉 전문(《그날 이후》, 심미안, 2023)

　우리가 평소 행동할 때 가질 수 있는 인간의 다양한 심리 현상을 맹문재 시인은 말해 준다. 어느 행사장이든 기념으로 전체적인 사진 촬영이 빈번히 있곤 한다. 그럴 때마다 중앙에 서느냐 아니면 양 가장자리에 설 것인가 그것도 아니면 앞줄에 설 것인가 뒷줄에 설 것인가를 고민하게 된다. 어디에 서던 그날 행사의 중심은 위치가 아니라 참가하는 데 의미가 있는 것이지 굳이 사진 촬영에 있는 것은 아니다. 그런데 꼭 누군가에게 보여지는 것에 신경을 쓴다는 것이다. 맹문재 시인도 일반적인 생각에서 자유로울 수 없었을 것이고 그런 생각을 매번 판단해야만 할 때가 있다. 맹문재 시인은 스스로 자신이 갖고 있는 사회적 위신을 내려놓기로 작정한다. 중심도 아니고 우도 아닌 누구나 꺼릴 수 있는 왼쪽을 선택한 것이다. 그 왼쪽의 의미는 단순하지 않다. 사방을 나타내는 방위에서 동서남북이 있지만, 신체 중심을 좌우로 나누며 똑같은 위치 표시를 오른쪽과 왼쪽으로 구분한다는 것이다. 그것의 기준이 좀 더 명확하게 어원적 근원이 되었던 것은 시대의 언제, 어떤 연유로 그랬는가는 정확하지 않다. 조선조 신분 사회에서도 문무 대신의 신분을 나타내는 위치도 좌와 우로 나뉘고 있다. 즉 문신 계급은 정1품부터 우측에 위치하도록 했고 무신은 좌측에 위치토록 하여 '오른쪽'이 우선임을 드러낸다. 서양도 마찬가지로 우익과 좌익의 의미를 부여한 듯하다. 그 시초를 18세기 말 프랑스 혁명 때로 보는 경우다. 분명한 것은 이데올로기적인 측면에서 정책적인 대립이나 쟁점에서 상대의 주장에 반하게 된다. 중요한 논제의 판단 근거로 양립적인 위치를 점유한 대립 성향에서 결정된 것이다. 일반적으로 '좌'는 '진보, 자유. 평등'을 '우'는 '보수, 권위와 질서'로 인식한다. 이보다 진보적인 생각을 가진 맹문재 시인은 스스로 심리적 영향에서 자유로워지기 위해 "붉은 색이 여전히 위력을 발휘하는 투표장을 떠올리며/ 나는 왼쪽에 섰다/ 왼쪽에 서야만/ 빨갱이라고 욕먹는 사람들을 망각하지 않고/ 나를 지킬 것 같았다"며 역사의 상처를 안고 살아가는 '여순 사건'의 피해자 및 유가족에 대한 아픔에 한발 다가간다.

> 다른 생각을 가졌다고 생각이 빨간색이라고
> 동족을 죽일 수 없다며 진압을 거부했다고
> 그날 거기에 갔었다고
> 우리는 하나다라고 말했다고
> 또는 아무 말도 안 했다고
>
> 주먹밥 한 덩이 뭉쳐서 건네주었다고
> 죄 없이 쫓겨온 사람 살려 달라 해서 헛간에 숨겨줬다고
> 머리를 짧게 깎았다고
> 지까다비를 신었다고 흰 고무신을 신었다고 군용 빤쓰를 입었다고
> 손바닥 굳은살로 미루어 분명 총을 잡았을 거라고
> 그렇게 손가락총 한 방에 즉결 처분 당해야 했다면
> 죽지 않을 사람 어디 있나
> 죄인 아닌 사람 어디 있나
>
> 무서웠던 게지

외세를 등에 업고 천년만년 권세를 누리려 했는데
분단에 기생하며 누누대대 단물 빨며 영화를 누리고 싶었는데
그 검은 속을 들키고 싶지 않아
바른 생각 옳은 말 하는 사람들이 두려웠던 게지

지금이라고 다른가
자기 생각과 다르면 빨간색으로 낙인찍고
감옥에 보내고 압수 수색하고
밥줄을 끊어버리고 사회적으로 매장시켜버리지
거시기가 왼쪽으로 기울었다고 나는 잡혀갈지 모른다
여순은 끝나지 않았다

애기섬 바라보이는 오동도 동백은 붉다
붉다 말 없다
조심하라 동백꽃
말없이 붉다고 즉결처분 총 맞을지도 모른다
— 복효근, 〈조심하라 동백꽃〉 전문《그날 이후》, 심미안, 2023)

꽃은 봄을 맞아 본색을 드러낸다. 꽃으로 피기 전에는 온통 마른 나뭇가지 속을 알 리가 없다. 태생부터 즉 근본인 뿌리에서부터 붉게 물들어 꽃눈이 만들어지고 긴 겨울을 애써 견딘다. 서서히 몸이 뜨거워지고서야 꽃이 유난히 붉어 시선을 유혹하는 동백이다. 동백이라고 다 붉은 것이 아니다. 어떤 것은 진홍색을 띠지만, 그보다 덜한 붉은 계열의 다양한 색감을 드러낸다. 인간이 눈으로 분별한 동백꽃의 색감 차이를 두고 '동백'이 아니라고 하지 않는다. 사람도 마찬가지 근본이 따로 없어 모태를 통해 세상에 나오고 성장을 거듭한다. 본성을 통해 자

신의 의지가 반영되어 세상에서 단 한 사람만이 갖는 고유성을 갖추게 된다. 그런 과정에서 많은 사회 변화 및 성장 환경에 영향을 받으면서 그 나름의 자아 형성에 변화를 맞게 되는 것이다. 복효근 시인이 바라본 동백꽃은 '여순 10·19'에 대한 상관성을 함의하고 있다. 따라서 상상 속의 꽃이든 실제 여수 오동도의 동백꽃이든 간에 한겨울에 개화한 붉은 동백은 똑같이 동백이다. 혹독한 긴 겨울을 이겨낸 동백꽃에서 아름다운 마음을 교감하면서 꽃을 따지 않고 그저 바라볼 뿐이다. 그 붉다는 것을 통해 과연 인간의 정신적인 영역인 사상의 자유가 아무리 좌익에 치우쳤다 해도 자유 민주주의를 국가 이념으로 한 나라에서 죽음을 맞을 정도의 죽을죄인가를 묻고 있다. 누구나 자신의 내면에서 꿈꾸고 있을 자유와 공정한 세상과 사회를 구현하기 위해 생각(사상)의 분방을 꿈꾸었다 해서 죽음을 맞아야만 했는가를 묻고 있다. 유난히 붉은 동백꽃을 향해 시선이 쏠릴 수밖에 없는 신체 반응도 자칫하면 죄가 되어 죽음에 이를지 모른다는 불안이 기우이길 바라는 마음이다. 사람이 사람한테 다가온 것을 어찌 말릴 것이며 배고프다며 다가왔고 차마 내치지 못하여 "주먹밥 한 덩이 뭉쳐서 건네주었다고/ 죄 없이 쫓겨온 사람 살려 달라 해서 헛간에 숨겨줬다고/ 머리를 짧게 깎았다고/ 지까다비를 신었다고 흰 고무신을 신었다고 군용 빤쓰를 입었다고/ 손바닥 굳은살로 미루어 분명 총을 잡았을 거라고/ 그렇게 손가락총 한 방에 즉결 처분 당해야 했다면/ 죽지 않을 사람 어디 있나/ 죄인 아닌 사람 어디 있나"라며 지독했던 지난 역사 속 비극사를 상기하며 애통해 하고 있다.

하느님 아래, 예수님 아래 사람은 다 형제다
주일학교 다닐 때 목사님한테 이렇게 배웠다

그 한 형제가… 지난 시대 어느 날
다른 한 형제를, 빨갱이 형제를
빨갱이 형제도 형제이거늘 무더기로, 무더기로 죽여버렸다

그렇게 죽은 형제의 묘
산비탈 아무렇게나 버려져 있는
아우의 묘에 가게 되었다

으스스 무서웠다 가랑비
자꾸만 젖은 바지 끝을 잡아다녔다

미제 우산을 쓰고 있어도
무섭기는 마찬가지였다

궂은 날씨 탓일까 도둑고양이들
형의 무덤들 주위를
몰려다니며 흐엉흐엉 울었다

발밑 저쪽 바닷가에서는 너무도 서러운 파도
소박맞은 늙은 여인처럼 징징거리고 있었다

여수바다, 마래터널 근처, 형제묘에 가서 보았다
한 죽음이 다른 죽음을 앞니로 물어뜯으며
아직도 떠돌고 있는 것을, 피 토하고 있는 것을!

— 이은봉, 〈형제묘〉 전문(《그날 이후》, 심미안, 2023)

마래터널 안 중간쯤에 형제묘가 있다. 그 형제묘는 다름 아닌 '여순 10·19' 당시 반군에 협조했다고, 그 사람들 바라보며 동조했다고 이런 저런 이유를 달아 굴비처럼 엮어 끌어다 죽인 곳이다. 끌려간 사람들 스스로 불태워질 불쏘시개로 쓰일 장작더미를 들게 하여, 어떤 사람은 기름통을 들려 그곳으로 끌고 갔으니 불태워질 것들을 잘도 챙겼다. 그 사람들을 어떻게 하면 살릴 수 있는가 하는 방도를 챙겼어야 했다. 한때 잘못한 일이 있었다 치면 반성하고 참회케 해서 진짜 대한민국 (이승만)이 원하는 국민으로 잘살게 할 방책을 세웠어야 했다. 따지고 본다면 좌익 사상을 쫓는 것이 죄가 된다면 좌익이 꿈꾼 세상보다 훨씬 잘 살게 하면 그만 아닌가? 기가 막힌 것은 몇 다리 건너면 친척이고 아는 사람인 여수, 순천 땅에서 아무렇지 않게 손가락질 시켜 잡아다 죽일 생각부터 한 국가 폭력의 전횡을 보여준다. 오죽하면 형제묘라 했을까? 온통 죽은 시신이 겹겹이 쌓여 불태워지면서 사흘 넘게 송장 타는 냄새가 진동했다는 그곳이다. 유골이 서로 뒤엉켜 형체를 도저히 분별할 수 없는 지경이 되어 한날 같은 시각에 죽었으니 그냥 형제묘로 칭한 것이다. 죽어서야 끈끈해진 저 억울한 원혼들의 시신들이 비로소 한 몸이 되어 그토록 외쳐대던 한민족 한 핏줄임을 형제묘로 증명케 한 것인가? 죽은 자는 말이 없다. 그곳을 찾아간 화자의 등골이 으스스해졌다는 '여순'의 공포는 여전히 살아 있어 그날의 죽음을 말해 준다.

사람이 먼저다
- 이복현·최기종·조경일·장진희

살아 있음과 죽음이란 것의 극명함은 현실 속에 소리의 존재와 부재로 확인된다. 방금 전까지 살아 조곤조곤한 말로 일상을 전하던 사람도 순간 눈을 감으면 어떤 말도 다시는 할 수 없다. 비로소 죽음의 심각함을 깨닫게 된다. 한 집안의 대들보처럼 든든한 자식이 어느 순간 죽어 사라진다면 살아 있는 사람들은 비통한 슬픔에 빠질 수밖에 없다. 그것도 까닭 모를 죄에 몰려 생목숨을 잃었다면 그처럼 원통한 일이 어디 있겠는가? 여기에서 이야기하는 대부분이 '여순 10·19'로 인해 벌어진 국가 폭력에 의하여 집단학살을 당하거나 광기에 찬 폭력에 노출되어 일어난 진실들이다. 그것의 실상은 살아남은 자의 육성으로 증명된 가슴 아픈 참담한 당시의 이야기들이다.

　　1948년 초, 전라남도 승주군 별량면 대룡리
　　청년 L의 집안, 열 남매 중에
　　가장 잘 생기고 똑똑하다 소문난 셋째 아들

　　키 크고 용모조차 훤출한 데다
　　공부도 많이 하여 박학다식한, 한 청년이

국가의 명에 따라 입대영장 받아 들고
여수 제14연대 병사로 배치받았었는데
입대하고 얼마 안 된 신병시절, 어느 날
갑자기 영문도 모를 빨갱이 반란군으로 몰리고 나서
종적이 묘연하여 백방으로 수소문을 하였건만
그 후로 죽었는지 살았는지 도무지 모를,
영영 돌아오지 않은 불귀의 혼이 되었다는데

어미 강씨는, 죽는 날까지 아들 생각에
눈물 마를 날이 없었다 하고
그 청년의 아비, 이 씨는
조그만 산골마을을 위해 봉사할 사람이 없어
하기 싫은 이장 일을 억지로 떠맡았는데,
낮 시간에 지서 순경이 마을을 순찰하고 돌아간 후
해 지고 어둑어둑할 무렵이면
산에 숨어있던 빨치산들이 어슬렁거리며
마을로 내려와 동네 사람 죄다 불러 모아놓고
마을 이장 이 씨를 정부와 관아의 편에 선 반동이라며
무참히도 몽둥이를 휘둘러 패서
심한 부상으로 다치게 한, 그 후유증으로
시름시름 앓다가 돌아가시고 말았다는데

아아— 이 어찌 천하에 있을 일인가!

자식은 국가에 충성코자 입대했다가
죄 없이 하루아침에 빨갱이 반란군으로 몰려 행방불명되고
그 아비는 빨치산에 의해 반동이란 어이없는 굴레를 쓰고

억울한 죽임을 당한 아이러니라니,
- 이복현, 〈그 이름, 목 놓아 부르리〉 부분(《그날 이후》, 심미안, 2023)

먼저 한 집안의 기구한 이야기를 담고 있다. 이런 사실은 "1948년 초, 전라남도 승주군 별량면 대룡리/ 청년 L의 집안, 열 남매 중에/ 가장 잘 생기고 똑똑하다 소문난 셋째 아들"로 구체적인 확인이 있었음을 알 수 있다. 그런 정황은 피해 유족의 구술을 통해 채집한 증언록을 바탕으로 재현되었음을 말해 준다. 피해자인 셋째 아들은 모든 것에 결격 사유가 없어 대한민국의 명에 따라 제14연대에 입대를 하게 된다. 이후 엉뚱하게도 "갑자기 영문도 모를 빨갱이 반란군으로 몰리고 나서" 이후 영영 소식마저 끊겨 집안은 초상집 분위기가 된다. 그것도 국가에 맞선 '반란군'으로 '빨갱이'라고 하는데 천하없어도 어찌 해 볼 도리가 없다. 그런 와중에 동네 이장 일을 맡은 남편도 자꾸만 하는 일이 꼬이고 만다. '여순 10·19'가 터진 뒤 일부 산으로 숨어든 반란군이 밤이면 보급투쟁이란 명목 하에 마을로 내려와 이것저것을 빼앗아 간 것이다. 그것도 모자라 마을 이장이니 그들이 그토록 혐오하는 대한민국(이승만)에 협조한 '반동'이라며 몽둥이를 휘둘러 치도곤을 쳤다. 그 후유증이 깊어 결국은 더는 목숨을 지탱하지 못하고 죽고 말았다. 이만하면 멸문지화를 당한 셈이다. 잘난 아들 국가에 바쳤더니 반란군(빨갱이)으로 몰려 행방도 알 수 없이 되어 버렸고, 남편은 나라 위해 이장 일 했다고 반란군에 맞아 죽은 것이니 한 집안이 쑥대밭이 되어 버렸다. 국가도 자식을 패대기쳤고 그것도 모자라 이장일 한 것도 죄라고 반란군에 맞아 죽은 지아비를 두고 사람들은 비극이라 말하지만, 이런 비참한 일이 있겠는가고 묻는다.

눈감아도 귀 막아도 쟁쟁합니다.
하늘에 닿고 산천을 울린 그날의 비명
쩌렁쩌렁 그침 없는 메아리로 울려옵니다.

억울한 누명 쓰고 변명할 틈도 없이
붉은 피 토해 놓고 꽃잎처럼 스러져 간
10·19, 여순 항쟁의 눈물겨운 영령들이여

분하고 억울함으로 쏟은 피눈물을
살아남은 우리들의 슬픔만으로서
어찌 다 그 흔적 지우리오만

휘몰아친 비바람에 붉은 동백
꽃 모가지 똑똑 떨어지듯이
이 땅의 서러운 골짜기마다
흩어져 아픈 기억을 모아
영전에 눈물로서 용서를 구합니다.

깨끗한 명주처럼 무구한 백성,
순정한 촌민들의 천수를 빼앗아
하늘을 거슬러 학살을 감행하고
억울하게 짓밟은 간악한 죄를
어찌 다 용서할 수 있으리까

빨갱이란 누명을 뒤집어씌워

가차 없이 총부리를 마구 겨누고
영문도 모르는 순박한 민초들을
군홧발로 마구 짓밟으라 명한
불의한 정권의 폭력에 맞서
의연히 항명하고 목숨을 다해 마친
의롭고 안타까운 젊은 전사들과
영문도 모른 채 희생된
슬픈 영령들이여

분연히 일어서서 아닌 것은 아니라고
외쳐 부른 함성이 지금도 쩌렁쩌렁
지리산 산천을 크게 울리고
여수 앞바다 푸른 파도로 치솟아
밤낮없이 소리 높이 울부짖습니다.
동족상잔 하라는 게 웬 말이던가요!
너 죽고 나만 살리란 가혹한 불의가
6·25 상잔까지 불러왔던 것

소리 한번 못 지르고 일언 항변 못 한 채
큰 바람에 가랑잎 지듯 스러져간
억울하고 순결한 목숨들이여

수없이 죽어간 우리들의 어버이,
처참하게 숨진 형제자매들
정답게 어깨동무하던 친구들까지
한순간에 이슬처럼 사라져 버렸는데
칠십여 년 세월이 무심히 흐를 동안

> 아무도 임들의 억울한 눈물을
> 닦아 주려 하는 이 없었으니
> 오늘에 우리가 무슨 염치로
> 잊혀간 이름을 부르면서
> 다시 한 번 용서를 구하겠습니까
> – 이복현, 〈그침 없는 메아리_10·19 여순 항쟁 희생자 영전에 부침〉 부분
> 《91.01.8491, 反》

　그 당시 절망 말고는 도무지 기댈 곳이라고는 도무지 없는 피해자와 그 유가족에 대한 해원을 간절한 마음으로 담아낸 시다. 이복현 시인은 순천에서 태어나 지역이 안고 있는 참혹한 역사를 누구보다 잘 알고 있다. 당시의 순천은 작은 도시로 서로 알 만한 사람은 몇 집 건너 왕래하던 사이였을 것이다. 그런 소읍에서 비슷한 사람들끼리 친분을 유지하고 끼리끼리 모이기도 하면서 그간의 안부와 읍내에서 있었던 사소한 일들에 관심을 갖고 의견을 나누는 것은 다반사다. 그런데 그토록 한적한 소읍에 1948년 10월 19일을 기점으로 분위기는 확연히 바뀌게 된다. 그동안 안면에 의한 친분관계가 문제가 되거나 사소한 시비 거리를 안고 있었다면 여지없이 손가락질(손가락총)로 생사가 갈리고 만다. 여기저기서 알고 지냈던 사람들은 누군가를 향해 손가락질을 압박당해 서로를 죽음으로 몰아갔다. 없는 죄를 죽을죄로 둔갑시켜 죽음으로 내몰기는 너무도 간단한 '빨갱이'란 딱지만 붙여주면 모든 것이 끝이었다. 거기다 '여순 사건'에 협력한 '부역자'란 딱지도 사람 잡아다 족치는 데 활용하기 좋은 구실이 되어 주었다. "눈감아도 귀 막아도 쟁쟁합니다./ 하늘에 닿고 산천을 울린 그 날의 비명/ 쩌렁쩌렁

그침 없는 메아리로 울려옵니다."라며 그 당시 여수와 순천에서 일어난 상황을 사실적으로 표현하고 있다. 알 만한 사람은 안다. 죽음을 맞은 그 사람들이 그럴만한 사건에 연루되어 정말 그렇게 된 것인가를. 군과 경찰이 혈안이 되어 의심만으로 불순한 사람을 색출한다며 가차 없이 겨눈 총구를 피할 수 없었다. 이복현 시인은 '여순 사건' 때 제주 파병에 항명한 군인들을 동족상잔의 비극을 막겠다는 신념에 찬 "분연히 일어서서 아닌 것은 아니라고/ 외쳐 부른 함성이 지금도 쩌렁쩌렁/ 지리산 산천을 크게 울리고/ 여수 앞바다 푸른 파도로 치솟아/ 밤낮없이 소리 높이 울부짖습니다./ 동족상잔 하라는 게 웬 말이던가요!/ 너 죽고 나만 살리란 가혹한 불의가/ 6·25 상잔까지 불러왔던 것"이라며 그들의 참다운 용기를 말해 주고 있다. 여순 사건으로 "수없이 죽어간 우리들의 어버이,/ 처참하게 숨진 형제자매들/ 정답게 어깨동무하던 친구들까지/ 한순간에 이슬처럼 사라져 버"린 것을 보면서 우리는 너무나 많은 희생을 치렀다는 것을 알고 있다. 누구 하나 이들을 위해 나설 수 없었던 것에 반성해야 한다. 이제라도 억울하게 죽어간 영령에 대한 화해와 해원의 노력을 기울이자는 "임이여, 이제는 용서하고 용서하소서/ 억울한 비명과 울음눈물 다 씻어내고/ 슬픔 지워낸 환한 웃음으로/ 아프고 시린 우리 가슴 가슴에/ 늘 푸른 평화를 심어 주소서!"라며 이복현 시인의 염원을 잊지 말자. 그 마음이 우리 모두의 마음일 것이다. 해원과 화해를 다시 생각해 본다.

뭐 헌다고 이제서야
그렁 걸 물어보고 그런다요
아버지 부역질혔다고 끌려갔지요

어머니는 몽둥이 맞고 앓다 죽었지람

그려도 언니라도 있어서는 성제들 구안혔지람

살던 집 꼬실라져서 핵교 마당에다 움막을 치고

요상허게 솥단지를 걸었는디 뭐 끓일 게 없었어람

불난 터에서 뭐라도 있을까 뒤지고 꾸어오고 동량질허고

거지도 그런 상거지가 없었지람 아이고! 가래 냄새 나고

이자 그런 세상 오면 못 살아람 징글징글혀서

그런 얘기 허면 거짓말인 줄 알어요 그게 뭔 소린고이 그런당께요

펄써 70년이 넘었구만요 모진 세월이었지람

빨갱이 집안이라고 손가락질 당허고 숨도 쉬지 못했당게요

지식들 신원조회 걸리고 취직도 못히고 농투성이되얐구만요

지금 생각혀도 억울하고 원통하구만요

산사람들 내려와서 밥해 달라고 혀서 밥해 주었고

거절하면 총질헐까 봐 아버지 등짐 져다 주었는디 그게

뭔 죄가 된다고 잡아다가 아버지는 행방불명이고

어머니는 몽둥이로 몰매 당혀서 보름도 못 버티고 죽었당게요

우리집만 그렇게 아니랑게요 동네사람 다 모태 놓고는 총질허고

씽씽한 남재들은 모다 끌고 가서는 몰살혔다고 그러대요

썩을 놈들 집이란 집 불 질러서 못살게 허고는 그게 헐 짓인가람

펄써 70년이 넘었구만요 모진 세월이었지람

마을에서 합동 지사를 지내지람 그날만은 시끌벅적허당게요

　　- 최기종, 〈썩을 놈들_여순 항쟁 어느 유가족의 항변〉 전문 (《그날 이후》,

심미안, 2023)

　말로 다 할 수 없을 때 기가 막히다고들 한다. 사람으로 차마 해선 안 되는 일들이 아무렇지 않게 일상처럼 벌어졌던 광기의 시대가 있었다. 그것도 일제에서 해방된 대한민국(이승만)에서 말이다. 해방된 뒤

어수선한 틈을 타 미군정이 이승만과 손을 잡고 임시정부를 수립했고 그 여파로 단독정부 반대를 외치면서 국론이 분열된다. 때마침 1948년 내재된 불만들이 터지면서 '제주 4·3'이 발생한다. 해방 이후 들어선 신생 대한민국의 정정 불안이 전국화되면서 그중 제주도는 무장대의 봉기로 인해 예측 불가한 상황으로 치닫고 만다. 그 해결 방법으로 군의 증원이 필요해졌고 여수에 주둔 중인 제14연대 소속된 군을 파병키로 결정한다. 이에 반대한 군인들의 일부가 항명에 나섰고 그 여파는 여수와 순천 전역과 주변으로 들불처럼 번져 나갔다. 삽시간에 여수와 순천을 장악한 반란군과 좌익 세력에 의한 시간은 일주일 여로 길지 않았다. 이승만 정부는 군인과 경찰을 대대적으로 증원하여 '반군토벌사령부'를 설치 진압에 들어간다. 7일 만에 여수와 순천이 평정되면서 반란군인들과 좌익인사 또는 협조나 부역을 한 사람들을 대상으로 대대적인 색출 작전을 감행한다. 때마침 발동한 계엄령으로 초법적인 폭력과 살상이 아무렇지 않게 자행된다. 그런 와중에 반군 일부는 주변의 조계산과 백운산 그리고 섬진강을 건너 지리산으로 숨어든다. '여순 10·19'의 후유증은 여수, 순천에서 빠져나간 반란군에 의해 지리산에서 빨치산 활동의 단초가 된다. 그렇게 살기 위해 입산한 그들로 인해 여파는 상당했고 지리산 인근의 사람들이 겪어야 할 고통은 엄청난 것이었다. 낮에는 토벌대인 군·경이 와서 치도곤을 했고 밤이면 산에서 내려온 산사람(빨치산)이 마을 사람들을 가만두지 않았다. 도저히 살 수 없는 지경에 내몰린 산마을 사람들을 국가도 빨치산도 이유 같지도 않는 이유를 들어 하루하루가 파리 목숨보다 더 위태로웠다. 최기종 시인이 시적으로 전언한 전체적인 내용은 사실을 근거로 참혹한 피해를 당한 유가족의 증언이란 것을 알 수 있다. 시 전편에 담고 있는 가족사의 비극은 당시 힘없는 양민에게 얼마나 처참하게 강요했는가를 말해 준다. "아버지 부역질혔다고 끌려갔지요/ 어머니는 몽둥이 맞고 앓다 죽었"다는 할머니의 비극적인 삶의 과거를 묻는다는 것조차 조심스럽다. 살던 집을 불살라 버린 뒤 오갈 데 없어 움막치고 살았다며 살기 위해 갖은 고생 다했다는 "살던 집 꼬실라져서 핵교 마당에다 움막을 치고/ 요상허게 솥단지를 걸었는디 뭐 끓일 게 없었어람/ 불난 터에서 뭐라도 있을까 뒤지고 꾸어오고 동량질허고/ 거지도 그런 상거지가 없었지람 아이고! 가래 냄새 나고/ 이자 그런 세상 오면 못 살아람 징글징글혀서" 생각도 싫다며 손사래를 친다.

화엄사골, 문수골을 경유하는 지리산 반야봉 오르다
여수 돌산 죽포에서, 순천 주암 오산에서,
보성 벌교 율어에서, 광양 진상 어치에서,
곡성 태안사에서 구례 간전에서
고흥까지
외서댁 별이 그려진 좌표로 풍향등 세운다
낙안골 사나이 제14연대 병사와 의형제 맺다
혁명과 변혁의 사이
빼곡이 그려놓은 시공이 적혀 있는
야산대 나침반이 된다
신들린 보급투쟁만 지친 삶 속의 부용산이 된다
창공에는 귀순 전단지 하늘하늘거리고
간도특설대 지휘관들이
엄숙한 아지트를 발견하여

뱀사골에서 느그적느그적 비수를 꽂는다
전사들이 이곳저곳으로 흩어졌다 모이는
깃발에서 솟구친 총칼을 세운다
민족반역의 길을 걸은 자들을
현해탄에 수장시켜야 하거늘
해방의 여정에 코쟁이들 어수선하다
일십사연대 그들의 광복을 보았지 않았던가
민중들은 용소음치는 머리띠 봉화로
장총 한 자루 쥐고
백운산 선우봉에서 달무리 한다
가지지 못한 자를 위한 전쟁은
마천루에서 펄럭거린다
빨치산들 나팔 진군 수평선이다
함꾸네 함꾸네 농자천하지대본農者天下之大本

- 조경일, 〈빨치산〉 전문(《그날 이후》, 심미안, 2023)

　　조경일 시인이 시적 행간에서 언급하고 있는 지명 "화엄사골, 문수골을 경유하는 지리산 반야봉 오르다/ 여수 돌산 죽포에서, 순천 주암 오산에서,/ 보성 별교 율어에서, 광양 진상 어치에서,/ 곡성 태안사에서 구례 간전에서/ 고흥까지/ 외서댁 별이 그려진 좌표로 풍향등 세운다"는 '여순 10·19' 당시 반군 및 부역했던 자들이 토벌대를 피해 숨어든 산악 지역이 위치한 곳이다. 대대적인 토벌 진압 작전이 여수와 순천에서 이뤄질 때 살기 위해 사방으로 흩어진 곳이다. 그들은 숨어들어 험준한 산악의 지리적 특성을 최대한 활용했다. 만약을 대비해 식량을 쉽게 구할 수 있는 산 아래 자연부락이 옹기종기 모여 있는 곳은 생명을 부지하는 데 있어 먹거리를 충당할 수 있어 표적이 되었다. 그렇게 하루하루를 연명하며 버텨 보지만, 그들이 꿈꾸는 세상은 쉽게 오지 않았다. 어둑어둑한 산 그림자를 밟으며 내려온 보급투쟁이란 것도 목숨을 걸어야 하는 숨 막히는 행렬이다. 그마저 여의치 않아 빈곤해진 산 생활은 모든 것에서 궁핍하기만 했다. 수없이 다짐했던 혁명에 대한 자괴감마저 슬퍼질 때 뒤틀린 나침반을 보며 창공의 별자리를 손으로 짚어가며 걷는 대오의 발길과는 시시각각 어긋나는 생이어서 숨 돌릴 겨를마저 없다. 가슴에서 흘러나온 끈적한 피가 혼곤해질 때면 토벌대의 총구에서 빠져나온 총알이 가슴을 관통한 뒤였다. 단말마의 비명은 산골짜기를 돌아 한참 후에 돌아왔다. 이어 핏발 선 산 그림자가 난사한 총탄에 맞아 힘없이 쓰러졌고 그들의 꿈은 더 멀어져갔다. "민족반역의 길을 걸은 자들"과 "해방의 여정에 코쟁이"들에 대한 반감으로 맞서 보았지만, 죽음 앞에서 더는 해 볼 방도가 없었다. 그마저 나약한 우리의 역사가 자초한 업보임을 모를 리 없다. 이제 괭이 대신 "장총 한 자루 쥐고/ 백운산 선우봉에서 달무리 한"다는 사내도 알고 보면 까막눈에 농투쟁이(농사꾼)였을 뿐이다. 산에 숨어들어서도 궁색한 책머리로 뻔한 농사 월력을 이리저리 궁리하며 조금이나마 나아질 먼 훗날을 헤아렸을 꿈마저도 소용없는 일이 되고 말았다. 그들(빨치산)은 이상과 현실 사이에서 고뇌의 시간을 보냈을 테지만, 소망했던 세상을 위해 뜨거운 피를 산에 뿌렸다.

여순항쟁?
이라 쓰고 '여순항쟁탑' 사진을 붙여놓은 게시물에
댓글이 벌떼처럼 달라든다

역시 반란과 폭동의 고장,
　　대한민국 정부와 군대에게 항명한 '반란'이 맞지 왜 항쟁이냐,
　　폭동 반란 국가전복기도,
　　왜 저짝 동네만 가면 5·18, 4·3 폭동 반란이 항쟁, 민주화로 변질 왜곡되느냐,
　　총질을 한다
　　총질을 한다

　　추석을 앞둔 비 오는 밤
　　저녁밥도 먹지 못 하고 밤늦게까지 배달 하는 택배기사가 안쓰러워
　　택배를 시킨 자신의 죄를 물어 가슴을 뜯는 사람의 시를 본다
　　우리는 형제

　　내 부모형제를 쏘아죽이라는 명령을 내린 놈들을 쏘아죽이지 못한 게 한이다
　　살리기 위해, 죽이지 않기 위해 싸웠다
　　그이들을 도왔다고 또 다른 부모형제 어린 누이까지
　　아니, 아무런 선의 의지도 옳고 그름 분별도 없는 애먼 사람들까지
　　총으로 쏘았다
　　지금도 쏜다
　　　　　　　　　　　- 장진희, 〈여순항쟁?〉부분(《순천작가회의 시낭송집 2024》)

　장진희 시인은 '여순' 관련 게시판의 사진 밑에 올라온 댓글에서 사회적 갈등의 장면을 보게 된다. 그 갈등의 시작은 1948년 10월 19일에 발발한 '여순 항쟁'이 발단이 된다. 이후 많은 세월이 흘렀지만, 아직도 그 당시의 격앙된 감정에서 서로(좌·우익)에 대한 증오심이 현존하고 있다. 그 증거가 될 "여순항쟁?/ 이라 쓰고 '여순항쟁탑' 사진을

붙여놓은 게시물에/ 댓글이 벌떼처럼 달려든" 것을 본 것이다. 국민의 대다수는 아직도 그 당시 일부 군인들의 '봉기'를 '반란'으로 또는 '항쟁'으로 서로 다른 각도로 접근하고 있다. '반란'이라고 보는 쪽에서는 국가 정책에 반대했다는 근거를 든다. 그와 다른 '항쟁'으로 보는 쪽에서는 제주 토벌 파병을 반대한다는 명분 즉 '동포의 가슴에 총을 겨눌 수 없다'는 말을 우선적으로 고려하려 든다. '여순 사건'을 두고 서로 다른 생각들이 수면 아래에서 암투처럼 벌어지고 있는 것이 현실이다. 문제는 '여순 10·19'에 한하여만 논쟁이 적용되는 것이 아니다. 엉뚱하게 "왜 저짝 동네만 가면 5·18, 4·3 폭동 반란이 항쟁, 민주화로 변질 왜곡되느냐,/ 총질을 한다/ 총질을 한다"라며 화자는 불편한 심정과 이에 분개하고 있다. 여순 사건에 대한 정확한 진실 규명과 수습(토벌) 과정에서 무차별적인 폭력과 살상이 자행된 것은 많은 진실들이 밝혀져 사실인 것이 분명하다. 국가 권력의 남용으로 인한 피해자와 유가족들에게 말할 수 없는 고통을 남겼다는 것에 어떠한 이유가 있어서는 안 된다는 것을 말해 준다. 그런 과거의 역사 속에서 일어난 사실들을 왜곡한 채 되레 지역감정까지 촉발하고 있다. 여순 사건의 토벌 과정에서 분명하게 있었던 혐의만으로 확증 없이 "그이들을 도왔다고 또 다른 부모형제 어린 누이까지/ 아니, 아무런 선의 의지도 옳고 그름 분별도 없는 애먼 사람들까지/ 총으로 쏘았다/ 지금도 쏜다"라며 우리 사회는 그 당시에 그랬던 것처럼 어떤 것도 달라진 것이 없음을 고발하고 있다. 또한, 현실적으로 사회 곳곳에서 정의와 불공정은 모양만 달랐지 다양한 형태로 반복되고 있다. 여순 당시처럼 대한민국 국민으로 정당하게 보호받지 못한 채 사회적 약자로 전락하고 만다. 화자는 '여순'의 문제가 해결되지 않은 것과 같이 우리 사회에 모순처럼 암존하고 있는 부정과 부패 그리고 불공정한 사회 제도 부의 편중과 비윤리적인 행위에 대하여도 문제를 제기하고 있다. 다시 한 번 '여순'의 진정한 실체가 무엇이었는가에 대한 진실 규명은 필요한 것이다. 여기에 억울하게 당한 피해자 및 유가족에 대한 신원 회복과 적절한 보상이 이루어져야 한다는 것은 일관된 필자의 생각이다.

그날의 진실을 말해도 되는가요!
- 주명숙·임호상·박해미·하지수·곽문호

　1948년 여수 넘너리 해변가, 밀려오는 파도 소리가 먼 바다의 피로를 잠재울 즈음, 수군대던 소란이 점점 거칠어지더니 이내 여수 제 14연대 군인들의 함성이 여수 시내까지 터져 나왔다. 그 사람들이 외친 명분은 동포를 학살할 수 없다는 것이었다. 하지만, 그 본의가 어디에 있든 간에 그들의 총구는 방금 전 얼굴을 맞댄 동료 군인들의 생목숨을 향해 먼저 불을 품었다. 순간 벌어진 참사로 비명도 못 지르고 군인들이 쓰러졌다. 피를 흘리며 죽어간 군인들도 동족이고 여태껏 여수 14연대에 소속되어 한 솥 밥을 먹던 전우들이었다. 그들이 맨 먼저 한 일은 동료 전우들을 죽인 것이었고 여수 시내로 나와 친일 경찰과 일본에 빌붙어 먹은 눈엣가시 같은 지역 유지라는 사람들이 대상이었다. 그들을 가차 없이 처단하면서 광포해진 반란군과 편승 동조한 일반인들이 가세, 순식간에 들불처럼 번져갔다. 여기에서 짚어봐야 할 것은 생목숨을 일거에 앗아간 참사(학살)의 시작은 '여순 사건'을 일으킨 반란 군인들에 의해서였다는 데 있다. 이 즈음에서 좀 더 타당한 절차로 진행이 되었다면 하는 아쉬움이 큰 것도 사실이다. 그들이 행한 일들로 걷잡을 수 없는 증오와 공포는 더 큰 보복으로 이어졌다. 누구나 이해할만한 충분한 절차가 없었던 것은 '여순 사건'을 일으킨 군인들과 마찬가지로 추후 토벌군으로 지역을 수복한 군인과 경찰도 그들(여순 봉기에 참여한 군인들과 좌익 활동을 한 사람들)과 다르지 않았다.

1948년 10월 19일!
국방경비대 14연대는 제주 진압명령을 거부했다

전남반란사건이라고 불리었고
여수순천 반란사건이라고도 각인시켰다
이제 여순 사건이라고 부르지만
여전히 반란이냐 항명이냐 항쟁이냐고 묻는다

엿새간의 피바람이 몰아치고
부역자 심사라는 벗어날 수 없는 굴레에
단 한 번의 손짓이 생사를 갈랐다는
손가락총!
그 무시무시한 생무기에 수많은 목숨들
속절없이 스러졌으리라
후줄근한 등짝들 죄다 민초들이었으리라

마래터널을 지나 만성리 쪽으로 언덕을 오르면
슬픈 묘비명을 만난다
운명을 태울 장작더미 짊어지고 걸어간 길에
묻혀서 형제가 된 영혼들을 호명하는 이름
부역자로만 남은 이름
차마, 텅 빈 비문으로 남은 숨결들을 생각한다
죽어서라도 외롭지 말라는 비손

형제묘에서 125명 통한의 이름을 새겨본다

죽음조차도 숨죽여야 했던 시절 속에
어느덧 70년
긴 어둠을 견디어낸 여순의 진실은
한겨울을 건너 봄을 피우리라
- 주명숙, 〈한겨울 건너 봄을 피운다_여순 70주년에 부쳐〉 전문
《아픔, 기억 그리고 치유》

주명숙 시인은 그 당시의 참상을 증언이라도 하듯 여수 마래터널 안 무덤으로 존재하는 학살터를 답사하며 젖어든 생각을 말하고 있다. 주변을 둘러보며 감상적으로 파동해 온 불행한 역사가 현재까지 미해결 상태로 존재한 것을 인식한다. 그날의 행적에 대한 추상적인 소문만 무성하게 떠돌며 많은 세월이 흘렀지만, 여순 사건을 둘러싼 여건은 아직껏 변한 것이 없다. 이후 들어선 어떤 정권도 진실에 다가가기 위한 노력이 없었다는 것을 말하고 있다. 당시 봉기한 군인들이 명분으로 내세운 "1948년 10월 19일!/ 국방경비대 14연대는 제주 진압명령을 거부"한 것에 대한 평가가 반영되지 않았다는 것에 이의를 제기한다. 제대로 된 진실 규명이 안 되었기에 "전남반란사건이라고 불리었고/ 여수순천 반란사건이라고도 각인시켰다/ 이제 여순 사건이라고 부르지만/ 여전히 반란이냐 항명이냐 항쟁이냐고 묻는다"라며 정리되지 않은 과거의 역사로 남아 있어 혼란스러운 것도 사실이다. 그들이 이루고자 했던 시간은 길지 않았다. 곧바로 이승만 정부는 여수와 순천에 대대적인 병력을 투입하게 된다. 궁지에 몰린 '여순 사건'에 동조

한 군인들은 여수와 순천 시내를 빠져나가 더 멀리 지리산으로 숨어들어 빨치산이 된다. 여수와 순천을 점거한 일주일간의 후유증은 봉기를 일으킨 주동자들이 빠져나간 뒤부터였다. 엿새간의 피바람 속에 선동에 앞선 자를 부역자로 규정하고 그들을 색출하기 위한 대대적인 검속이 시작된다. 학교나 공터에 지역민들을 몰아넣고 그중 있을 여순 사건의 협조자를 색출한다는 살인적인 광기가 시작된 것이다. "엿새간의 피바람이 몰아치고/ 부역자 심사라는 벗어날 수 없는 굴레에/ 단 한 번의 손짓이 생사를 갈랐다는/ 손가락총!"은 그야말로 가장 무서운 공포였다. 그렇게 손가락으로 지명된 사람들은 항변 한 번 하지 못한 채 만성리 마래터널이 있는 외진 협곡으로 끌려갔다. 그들은 죽음을 예견하며 고통스런 행로에 따랐을 것이다. 그들은 죽어가며 사랑하는 아내와 아이들을 생각하며 조국을 원망했을 것이다. 그들은 떠나가고 없지만, 남은 유가족들은 기피의 대상이었고 외면당해야만 했고 이후 수십 년을 연좌제란 사슬에서 꼼짝할 수 없었다. 오직 유족들만의 슬픔이었고 불태워진 학살터엔 처절하게 죽어가며 몸부림치다 엉킨 유골뿐이었다. 그 유골을 모아 만든 무덤이 지금의 형제묘였다. 그날의 참상과 진실을 규명하여 그곳에 묻힌 125명의 영혼들은 역사에 무슨 죄를 지었기에 그토록 죽어야만 했던가?

    그때 어느 계곡인들
    그때 어느 골짜기인들 숨죽이지 않았으리
    하룻밤은 그들이 내려왔고
    하룻밤은 다른 그들이 내려왔다
    다른 듯 같은 눈빛

다행히 내줄 수 있는 것들이 있어
또 하루가 갔다
밤마다 바뀌는 세상
오늘 살면 내일 죽고
내일 살면 더 깊은 어둠 밀려 내려왔다
피아골, 뱀사골, 대성골
이유 없이 묻힌 그 많은 목숨들
눈물이 마르지 않아
아직 습하게 그늘로 산다

누이의 아들도 당신의 아들도
살기 위해 살리지 못했다
무슨 그림자가 그리도 숨 막히게 검었나
서로가 서로를 지키지 못하고
결국 등을 돌려버린 시간
살아도 죽어도 아픈 이름으로
오래 숨어 살았던 종양 같은 이야기
살아서 남이 되어 버린 시간
되돌아봐야 할 늙은 뼈마디가 있듯이
우리 하얗게 굳어가고 있으니
오늘은 한번 보듬어보자
70년 침묵도 힘겹지 않은가
으스러지기 전 손 한 번 잡아보자
안을 수 있을 때 누이를 불러보자
잃어버린 내 오래비의 이름 불러보자

   - 임호상, 〈시월은 아직도 그늘로 산다〉 전문《아픔, 기억 그리고 치유》)

해마다 용케도 알고 찾아오는 계절이다. 가을이라는 풍요로움을 안고 산과 들이 붉어지는 계절이 시월이다. 1948년 10월 19일 그날 이후, 삶이 바뀌어 버린 사람들의 처절한 이야기를 잊을 수 없다. 아직도 생생한 그날은 골짜기의 산 그림자를 타고 내려오는 땅거미와 닮았다. 시월 밤 차가운 한기처럼 "하룻밤은 그들이 내려왔고/ 하룻밤은 다른 그들이 내려왔다/ 다른 듯 같은 눈빛"을 한 사람들이었다, 비록 빨치산이 되어 쫓기는 신세가 되었지만, 살겠다고 민가로 내려와 먹을 것을 찾아 들었다. 보리 됫박을 얻어 어둠처럼 다시 산골짜기로 숨어들었을 그들을 떠올리고 있다. 빨치산과 토벌대로 대치하며 서로를 향한 긴장의 눈빛으로 산과 능선을 넘나들며 총구는 그들의 목숨을 겨누었다. 언제 날아올지 모를 총탄을 의식하며 하루가 보장되지 않은 생목숨이었다. 그들이 바랐던 가슴속 뜨거운 것들은 우리가 사는 세상의 무엇을 바꾸려 했을까? 공포와 공포를 능선의 바람처럼 교환했을 "피아골, 뱀사골, 대성골/ 이유 없이 묻힌 그 많은 목숨들/ 눈물이 마르지 않아/ 아직 습하게 그늘로 산다"는 그들은 영혼 대신 육신을 그 산에 뿌렸다. 그곳을 떠나지 않고 살아온 사람들의 증언은 아직도 그 당시의 긴장감을 잊을 수 없다. 결국 어둠을 틈타 내려온 그들도 이 땅의 백성이었고 누군가의 지아비나 소중한 아들과 딸들이었다. 그토록 소중한 "누이의 아들도 당신의 아들도/ 살기 위해 살리지 못했다"는 비애가 그래서 더 비통하다. 그 원혼들이 그 산에 있다는 임호상 시인의 시적 환기는 매우 진지해서 "서로가 서로를 지키지 못하고/ 결국 등을 돌려버린 시간/ 살아도 죽어도 아픈 이름으로/ 오래 숨어 살았던 종양 같은 이야기"는 통증을 더해 아픔은 오래도록 해소되지 않았다.

품에 안긴 아기와 함께 불타는 마을을
하염없이 바라보던 어머니의 달이다
잿더미 속에서도 잠들지 못하고
엉킨 뿌리 끝에서 돋아나는
계절을 잠 못 들게 하는 것이
아픔이라든가 슬픔 때문이라고
말하지 말자
오래된 대문 밖
동백나무에 위태롭게 매달린
붉은 우체통
햇살과 바람이 기웃거리는 사이
달빛과 별빛이 기웃거리는 사이
천둥처럼 동백꽃은 피었다 지고
그럴 때에도 잎사귀마저
잠들지 못하고 반짝거렸다.

데워진 소식 따라 바람이 기웃거리는 시월

동백 열매가 쩍, 입을 열었다
열매 하나가
그 단단한 가슴을 열고
말을 하기 시작하자
그 옆에 있던 열매도
가슴을 열기 시작한다
동백나무 하나에 달린
수백의 말들이 쏟아질 때
껍데기만 남아 가지에
매달린 열매는 그대로

가지에서 꽃으로 핀다
　　빈 껍데기까지 꽃이 되는 나무

　　시월엔 타올랐던 동백 열매가 벌어져
　　뿌리로 다시 스며드는 달

　　그러니까 기어가는 시월은
　　다시 떠나가는 달이기도 하지만
　　시월은 당신처럼 다시 돌아오는 달이기도 한 것이다
　　일흔 번째 시월이 지금 증명을 해 주고 있다.
　　　　　- 박해미, 〈일흔 번째 시월 _여순 사건 70주년 추모일에 부쳐〉 전문
　　　　　　　　　　　　　　　　　　　　《아픔, 기억 그리고 치유》

'여순 사건'으로 명명된 그날, 여수와 순천 지명을 함께 넣어 사용하게 된 계기는 여수 14연대에서 봉기한 군인들(반란군에 가담한 군인)이 여수 지역을 점령한 뒤 순천으로 이동하면서 두 지역에 대한 피해가 막심했다는 근거에 의했을 것이다. 여수와 순천은 지역적으로도 인접해 있어 밀접한 공동 생활권역으로 상생했음을 알 수 있다. 그렇기에 당시 지역민들이 겪어야 했을 고통은 이루 말할 수 없는 절망 그 자체였다. 예측할 수 없는 일들이 목전에서 벌어졌을 때 당사자들은 그야말로 제정신을 잃을 정도로 큰 충격에 휩싸이게 된다. 그렇지만, 아이에 대한 지극함은 인간 본성이기에 불타는 집을 빠져나오면서도 가슴으로 부둥켜안았을 것이다. 불타 사라져 버린 삶의 터전을 바라보면서 절망하지 않고 품에 안고 나온 아기를 위해서라도 살아야 한다는 각오만큼은 포기할 수 없는 시대에 대한 저항 정신이다. 그 지독한 생에 대

한 애착은 혹독한 추위를 견디며 피워낸 동백을 닮았다. 아무리 험한 시련도 거뜬히 이겨내는 동백나무처럼 모진 사지에서도 생에 대한 오기를 꺾을 수는 없다. 제 스스로 애써 피운 통 꽃을 떨쳐내면서도 서럽지 않은 듯 고통을 삭여 안은 동백나무처럼 밤하늘에 뜬 달을 가슴으로 품어 안은 것이다. 그 1948년 10월의 달이 "그러니까 기어가는 시월은/ 다시 떠나가는 달이기도 하지만/ 시월은 당신처럼 다시 돌아오는 달이기도 한 것이다"라며 그 한 많은 70년 전 그날처럼 달이 휘영청 솟아올랐다.

엄마, 우리 어디 가오?
학교에 간다. 아가 이거 챙겨 들어라

엄마 학교는 오지 말랬는데 어째 가오?
어여 가자

책보 대신 흰 이불 홑청 안고 학교로 간다
동생의 조막손이 치마를 붙잡고 졸랑졸랑 따라온다
운동장에 흰옷을 입은 아저씨들이 거적도 없이 누워 있다
엄마, 이거 아버지요?

엄마는 넋이 나가 말이 없다
엄마는 검정고무신 벗긴 맨발의 사내 발을 모아 한데 모은다

아가, 그 천 이리 다오
엄마는 천으로 사내를 덮는다
치마를 놓은 조막손이 눈을 가리고 운다

하늘 향해 운다

아가, 소리 내어 울지 마라
아가, 소리 내어 울지 마라

- 하지수, 〈아가, 소리 내어 울지 마라 _LIFE를 통해 본 여순 사건 사진 앞에서〉 전문(《아픔, 기억 그리고 치유》)

역사의 진실을 말할 때 실재했던 사건을 증명할 수 있는 정황이 존재한다면 비록 세월이 흘러 희미한 기억이라 해도 신빙성은 훨씬 높아진다. 하지수 시인은 '여순 사건' 당시 증거물인 사진을 통해 실재한 사실임을 말해 준다. 당시를 증언해 준 한 장의 사진이 누구에 의해 어떤 의도로 남겨졌는지 모르겠으나 70년이 지난 현시점에서 가장 신뢰할 증거가 된다. 그 사진 한 장에 찍힌 구도 속 배경은 학교라는 것과 주변의 정황까지 추정할 수 있게 한다. 여순 사건 당시 동조한 군인과 부역자를 색출한다며 사람들을 학교에 모아 놓고 혐의자들을 즉결로 몰아간 사례 중 하나일 것이다. 그런 정황은 여러 기록에도 등장하기 때문으로 객관적인 증거물로 확신했을 것이다. 그런 사진을 통해 하지수 시인은 거의 사실에 가까운 상상력으로 참담한 장면을 고스란히 증언하고 있는 시 전반으로 재현했다. 어머니의 주변을 맴돌기를 멈추지 않은 아이를 채근하는 어머니다. 남편의 죽음을 전해 들었을 어머니는 혼이 나가 버린 정황에서도 침착함을 잃지 않는다. 그런데도 어머니만 의지하는 어린아이와 갓 학교에 들어갔음직한 손위 아이를 앞세워 집을 나서는데 "엄마, 우리 어디 가오?/ 학교에 간다. 아가 이거 챙겨 들어라"라는 어머니의 말을 이해할 수 없는 아이였다. 마침 선생님께서

"엄마 학교는 오지 말랬는데 어째 가오?"라며 물었지만, 침통한 엄마는 아이를 채근하며 "어여 가자"는 말뿐이다. 그 몇 마디의 말이 함축하고 있는 행간은 매우 비통한 것으로 철없이 쫑알대는 아이 때문 슬픔을 억누른다. 그 사진을 통해 연상되는 행간을 더 짚어 보자. "책보 대신 흰 이불 홑청 안고 학교로 간다/ 동생의 조막손이 치마를 붙잡고 졸랑졸랑 따라온다/ 운동장에 흰옷을 입은 아저씨들이 거적도 없이 누워 있다/ 엄마, 이거 아버지요?"라고 묻는 말에 모성애는 지독하리만치 강한 것이지만, 단말마처럼 통곡하고 만다. 그런 상황에서도 지아비에 대한 마음을 모아 망자에 대한 예를 다해 "엄마는 검정고무신 벗긴 맨발의 사내 발을 모아 한데 모은" 다음 아가의 조막손에 들린 하얀 천을 남편의 몸에 덮는다. 순간에 유명을 달리해 버린 사내(남편)는 여수 시월의 높고 파란 하늘과 갯내 품은 파도소리를 마지막으로 눈을 감고 말았다. 두 아이들을 끔찍이도 예뻐했던 아버지의 웃는 표정도 다시는 볼 수 없게 되었다. 땅거미가 든 저녁 어둠을 물린 불빛으로 온기를 어르던 시간을 다시는 함께할 수 없다. 이런 저런 생각에 만감이 교차했을 어머니가 아버지의 죽음을 알아차린 아이의 통곡을 달래며 할 수 있는 말은 "아가, 소리 내어 울지 마라/ 아가, 소리 내어 울지 마라"라는 말이 전부였다. 저 어린 아이들을 두고 떠난 생때같은 지아비의 죽음 앞에서도 슬픔을 다독여야 하는 어머니의 비통한 심금이 참으로 애처롭다. 당시 한 장의 사진 속 비참한 광경으로 남아 있는 사람들을 생각하며 이 땅의 고통을 시적으로 형용하고 있다. 슬픔을 슬픔이라 말할 수 없었던 '여순 사건'의 상처는 지금도 피해 유가족의 가슴속에 억눌려 있는 통증이다.

칼 마이던스 기자가 찍었다는
사진들의 참상을 보았다

주검들을 헤치며
울부짖는 가녀린 어머니의 심정처럼

군인들이 겨눈 총구에
꼼짝없이 두 손을 든 채
길 양 옆으로 도열해 있는
행색들을 보면 누가 봐도
양민이 맞을 것 같은데,

그 사진들을 본 이후
한동안 까맣게 잊고 있었다

그러다 아이들과 여행 삼아
순천과 여수를 다시 찾은 10월

내가 밟고 있는 이 땅이
억울하게 죽어간
사람들이 서 있던 곳은 아닐까
하는 마음이 문득 들었는데

여수와 순천은
10월이면 슬픔이 파도친다
그동안 기억은 있으되
숨겨왔던 진실들이

하나둘, 은밀한 울음으로 번져
서로 다른
이념의 바다 앞에서 서성인다

바다는 말이 없다
그날의 총성과 울음이
파도에 실려
돌아오지 못한 이름들은
갈대숲에서 윙윙거린다

낮은 숨결로 살아남은 기억
잊으려 했던 것이
가을빛에 젖어 다시 피어날 때
우리는 묻는다
묻혀버린 진실을
그리고
묻히지 못한 슬픔을

- 곽문호, 〈여순, 은밀한 10월〉 전문

  여수와 순천을 알지만 '여순'에 대하여는 전혀 알 수 없었던 곽문호 시인이다. 여수와 순천을 아는 것이라고는 풍광 좋은 풍경 말고는 없다. 여수의 섬과 바다 그리고 누구나 다녀왔음직한 여수 오동도의 동백이 통 꽃을 툭툭 떨굴 때 왠지 가슴이 찡해지는 여운 정도였다. 순천 또한 송광사와 선암사 그리고 순천만의 갈대밭과 국가정원의 잘 꾸며진 풍경들에 빠져들곤 했을 것이다. 그러나 언젠가 '여순'의 당시 비극을 알리는 칼 마이던스 기자의 사진들을 보면서 충격을 받게 된다. 곽문호 시인도 오랫동안 무거운 카메라를 들고 우리가 사는 생활 속을 쫓아다니며 사진을 통해 삶의 모습들을 기록으로 남기는 작업을 해 왔기 때문이다. 누구보다 사진이 갖고 있는 진실을 잘 알고 있다. '여순' 당시 실상을 적나라하게 찍은 사진들 속에 통절하게 담겨 있는 비극을 보면서 1948년 10월의 여수와 순천을 알게 된다. "주검들을 헤치며/ 울부짖는 가녀린 어머니의 심정처럼/ 군인들이 겨눈 총구에/ 꼼짝없이 두 손을 든 채/ 길 양 옆으로 도열해 있는/ 행색들을 보면 누가 봐도/ 양민이 맞을 것 같은데," 사진을 보고 또 보고 그러다 지금껏 '여순'의 아픈 기억을 잊고 지냈다는 고백도 가슴 아픈 것이다. 다행스러운 것은 여수와 순천을 다시 찾게 되면서 1948년 10월 19일 당시를 "여수와 순천은/ 10월이면 슬픔이 파도친다/ 그동안 기억은 있으되/ 숨겨왔던 진실들이/ 하나둘, 은밀한 울음으로 번져/ 서로 다른/ 이념의 바다 앞에서 서성인다"며 그날을 다시 떠올린다. 우리는 지난 역사의 잘못을 반성에 앞서 용서하거나 먼저 잊어서는 안 된다.

'여순'의 가슴속 상처들
– 김수자·김영덕·엄정숙·이말순

사람들의 기억 속에 숨겨 온 '여순 사건' 당시의 이야기가 조금씩 진실이란 실체로 밝혀지면서 세상에 모습을 드러내고 있다. 차마 말로 형언할 수 없는 고통을 겪었으면서 누구에게 억울한 사연을 하소연할 곳도 아예 없었다. 오히려 억울함을 말했다간 더 큰 고초를 당할 수 있기에 평생을 가슴에 묻고 살아온 사람들이었다. 철저히 좌익과 우익의 시각으로 이분하여 돌이킬 수 없는 생과 죽음은 그 순간 정해져 버린 것이었다. 여수 제14연대 일부 봉기에 참여한 군인들로부터 시작된 참화는 먼저 일제 친일 부역자 처단이라는 명분과 악덕한 대지주들을 향하고 있었다. 여기에 사사로운 감정까지 더해져 그야말로 힘 있는 자들의 세상이 된 것이다. 그런 피해 사례 중 하나인 순경이라는 이유 하나만으로 죽음의 사지에서 천운으로 살아난 이야기부터 해 보자.

견딘다는
말 속에는 고통의 향기가 있다

마래산 형제무덤 오르다
무성한 소문 날아와 쌓인

손바닥만 한 터를 제집 삼아 피어난
한겨울 풀꽃들을 보면
겨울을 견딘다는 힘은 무엇인지
속 뜨거운 것을 쏟아내지 않으면 안 될
간절한 그리움은 무엇인지
아픔은 아픔으로 견딘다고

씨앗처럼 묻힌 말
오소소 소름 돋는
겨울 꽃, 고요한 통증

기억조차 희미해진 이름들
불러주는 이 없이 아득한 그날의 이야기를
가만 가만 풀어놓고
겨울 속 겨울을 견디고 있다
  - 김수자, 〈겨울꽃〉 전문(《아픔, 기억 그리고 치유》, 전국문학인 대회 추진 위원회 간행)

    사물로 대상화된 현실 속에서 마래터널 속 형제무덤은 하나로 존재한다. 그렇게 되었던 이유가 있다. '여순 10·19' 당시 사람들을 끌어와 집단으로 학살한 마래터널 안의 참혹함은 형언할 수 없을 정도였다고 한다. 그때 많은 사람들이 끌려와 불에 태워 죽임을 당하면서 시신이 엉켜 있어 어쩔 수 없이 하나의 무덤 안에 같이 모신 것이다. 말만 들어도 참담하기 그지없는 그 무덤 속 원혼들의 저마다의 가슴 아픈 사연들은 당연히 다를 수밖에 없다. 불타 죽은 사람들의 뼈마디가 수천 개에 이르듯, 형제 무덤을 통해 발원하는 시인의 마음을 파고드는 비극의 재현도 하나일 수 없다. 많은 시인이 '형제무덤'의 비극을 전하면서 '슬픔'과 '참담함', '분노'와 '안타까움'의 충격이 무한 충돌하며 교란해 왔을 것이다. 화자는 그것의 심정적인 파동을 분출하는 데 있어 "견딘다는/ 말 속에는 고통의 향기"라고 표현했지만, 아마도 '고통의 전율로 전해지는 격한 떨림'을 말하고 싶었을 것이다. 시선을 붙잡으며 다가온 먹먹함이 마음을 흔들어 스치듯 다가오는 전언들이 무덤 안 원혼들의 침묵한 시간만큼 아픔으로 다가왔다. 그 마음이 더해져 주변의 풀꽃들도 예사롭지 않게 보였다. 그러면서 못다 살아 본 세상과 못다 이룬 당신들의 꿈을 담아 무덤 속에서 용케도 솟아 봄철 한때나마 꽃으로라도 말하고 싶었을 그 마음을 헤아려 본다. "한겨울 풀꽃들을 보면/ 겨울을 견딘다는 힘은 무엇인지/ 속 뜨거운 것을 쏟아내지 않으면 안 될" 울컥울컥 치밀어 올라오는 원한에 찬 소리였다. 그 외침은 원한에 찬 망자의 한 맺힌 소리가 아니라 산자의 눈빛으로 돌아와 그날의 진실을 말하고 싶은 것이다. 그토록 전하고 싶은 말을 가슴에 묻은 채 긴 세월을 견뎌왔다. 기어이 먼 훗날을 위해 말하고자 한 진실이란 것도 한 겨울 피어난 '풀꽃'과 다르지 않다. 아무런 죄가 없다는 것과 아직도 이유 모를 죽음에 대하여 "씨앗처럼 묻힌 말/ 오소소 소름 돋는/ 겨울 꽃, 고요한 통증" 같은 고통의 전언은 아직도 신중하다. 화자는 죽어 이름조차 남기지 못한 누구의 손인지 누구의 발가락인지조차 말해 줄 수 없는 당신들을 "한겨울 풀꽃"으로 다시 만난 듯 마음을 내민다. 세월에 묻힌 한도 깊어서인지 이젠 그 모습도 견딜 만한 것인가 싶게 연민 깊어진 "그날의 이야기를/ 가만 가만" 들려주는 듯 '풀꽃'이 하는 말을 받아 적고 있다. 아픔의 크기만큼 혹독한 시절을 견뎌온 흉중의 시간들을 환기하며, 그동안 내밀지 못했던 부끄러운 손으로 원혼으로 피워낸 꽃인 듯하여 그들을 만진다. 지독한 일을 당한 이후 놀란 가슴으로 파르르 떨어 본 사람들은 고통의 크기를 안다.

몸서리쳤던 구순의 왕언니 기억
1948년 10월 20일
순경이라는 죄목은
굴비 엮음의 포승줄 손목이었다
감각마저 마비된 몸은
삼일 째 경찰서 바닥신세였다
함께 근무했던 순천경찰서 서장은
찢겨나간 무릎에 한쪽 눈이 빠진 채
'나는 인민의 개요'
등짝에 써 붙인 채 끌려왔다

다음 날 호명당해 불려 나간 후
좌익과 우익의 완장 앞에 한낱 파리 목숨이었다
총 끝에 꽂힌 날선 칼끝에는
핏방울이 뚝뚝 떨어졌다
인민공화국 만세! 탕, 탕, 탕
동료들이 또 끌려 나갔다
모든 걸 포기한 후엔
차라리 본능인 배고픔만 밀려왔다

나흘째 술렁이는 바깥 분위기에
이번엔 내 차례다

난생처음 '아! 구세주'를 외쳤고
내겐 젊고 앳된 국군의 구원병이 있었다
정의의 땀으로 저린 군복의 그 향기
지금도 코에 선하다
죽음의 문턱에서 덤으로 얻은 삶이었다
더 이상 직장생활에 지쳐 돌아간 고향은
가족마저 조신하라는 눈치뿐이었다

그 살 떨리고 암울했던 기억
그 무섭고 무거운 앙금 묻어 둔
70년,
들추고 싶은 기력도 쇠진해
가물가물하게 남은 기억까지 지우고 있다
— 김영덕, 〈여순경 왕언니의 증언〉 전문《아픔, 기억 그리고 치유》

'여순경 왕언니'는 그 난리통에 운이 좋아 살아남은 경찰관이다. 순천경찰서에서 근무했던 경찰관들이 '여순 10·19' 때 봉기한 군인들에 의해 붙잡혀 당한 일들을 생생하게 증언하고 있다. 그들에게 씌워진 죄목이란 것은 일제강점기에 경찰을 했다는 것과 해방되어 이승만 정부의 경찰로 근무한 것이 가장 큰 죄가 되었다. 경찰관으로 근무하였다 해서 죄다 친일 이력이라고 할 수 있는가는 좀 더 엄정히 따져 봐야 할 일이다. 하지만, 반군과 좌익의 선봉에서 완장 찬 사람들의 기세는 대단하여 옳고 그름을 말할 수도 없었을 뿐더러 아예 엄두조차 낼 수 없었다. 지금은 구순이 된 왕언니라는 여순경의 1948년 10월 20일부터 있었던 증언을 들어 보자. 단순히 경찰서에 근무했다는 "순경이라는 죄목은/ 굴비 엮음의 포승줄 손목이었다"고 했다. 그들은 아예 경찰서 바닥에 팽개쳐 놓고 사람이라고 예우할 생각이 아예 없었다. 다만 그들(붙잡은 경찰관들)을 어떻게 죽일 것인가에 대한 살기만 가득했다. "함께 근무했던 순천경찰서 서장은/ 찢겨나간 무릎에 한쪽 눈이 빠진 채/ '나는 인민의 개요'/ 등짝에 써 붙인 채 끌"고 다니며 내동댕이친 것이다. 이미 죽은 거나 다름없는 경찰관들의 목숨은 경각에 달려 있어 언제든지 끌려가 그렇게 당할 수 있는 상황으로 "다음 날 호명당해 불려 나간 후/ 좌익과 우익의 완장 앞에 한낱 파리 목숨이었다/ 총 끝에 꽂힌 날선 칼끝에는/ 핏방울이 뚝뚝 떨어졌다/ 인민공화국 만세! 탕, 탕, 탕/ 동료들이 또 끌려 나갔다"라며 죽음으로 사라져간 동료들의 그날을 증언한다. 마지막으로 순경으로 근무하다 잡힌 '왕언니'가 죽을 차례였지만 구사일생으로 살아난다. 마침 토벌군의 진입으로 살아남은 그날 "난생처음 '아! 구세주'를 외쳤고/ 내겐 젊고 앳된 국군의 구원병이 있었다/ 정의의 땀으로 저린 군복의 그 향기/ 지금도 코에 선하다"며 여순경 왕언니는 당시 상황을 생생히 증언한다. 이런 사례를 통해 우리가 알아야 할 '여순 사건'에서 여수에 주둔한 14연대 일부 군인들의 제주 파병 거부가 아무리 명분이 있다 해도 그들로 인해 억울한 죽음을 당한 사람들이 상당수 발생했다는 것이다. 폭력과 살상의 시작은 여수 14연대 내 반란에 동참한 군인들과 여수와 순천지역에서 활동하고 있었던 좌익계에 의해서였다. 그들은 친일 부역 인사들과 이 지역의 대지주들에 대한 반감을 얹어 무참한 살육을 자행했다. 이후 반란군에 대한 진압을 명분으로 토벌대가 여수와 순천에 들어오면서 전세는 바뀌게 된다. 토벌대는 대대적으로 반란군과 선동에 동참한 좌익인사나 부역자를 색출한다는 명분하에 무차별적인 폭력과 살상이 벌어졌다. 여수여자중학교에서 발생한 학생들의 희생도 그중에 속한다.

후드득 떨어지는 핏빛 동백이
한날한시에 총 맞아 죽은
여학생 언니들의 넋인 것을
늦어도 너무 늦게 알았다
집안일에 농사일에 거칠어진 손바닥을
반란군 무기 나른 징표라니
수탉 울음도 귀신도 하나님도 숨어버린
적막한 낮이었다는데

끼니때가 되어도
고추나 가지 찌는 냄새도 없이
하루가 길고 무섭던 그날
가랑잎 같은 시체들과
불바다가 된 시가지와 집들
가을은 갈 데가 있지만
산사람은 갈 곳이 없어 쩔쩔매던 날을
우리의 가벼운 생이 알기나 할까

산천도 기가 죽어
입을 닫고 눈을 감은 지 칠십 년
해가 일흔 번 바뀔 때마다
죽고 넘어지는 꿈은 얼마나 자주 꾸었는지

다시 시월이다
익숙한 슬픔이라고 다 아는 아픔이라고
불온한 역사라고 에둘러 말할 뻔했다
- 엄정숙, 〈다시 시월이다〉 전문(《아픔, 기억 그리고 치유》)

여수여자중학교에서 있었던 참상을 말하고 있다. 기껏해야 14~15세가량 여자아이들을 모아놓고 좌익이니 뭐니 부역자를 가려낸다고 하는 것이 과연 합당한 일인가를 생각해 본다. 물론 그 당시에는 취학하는 연령층이 다양하여 나이가 든 학생들도 있었다. 하지만, 대다수가 겨우 자기 앞가림이나 할 아이들로 그들이 무슨 일을 하였을까 싶은 생각이 들기 때문이다. 그런 불온한 활동을 입증하겠다는 듯이 '여순 사건'의 배후로 여수여자중학교 교장 송욱이 등장한다. 송욱 교장이 '여순 사건'이 발생한 이후 여수 관내 민중을 배후 주동하는 중요 인물로 지목된 것이다. 그로 인해 그가 근무했던 여수여자중학교 학생들도 의심의 눈초리를 피해갈 수 없었다. 추후 여수여자중학교 교장 송욱이 여순 사건과는 무관하다는 것이 밝혀졌으니 그것 또한 매우 억울한 죽음의 사례인 것이다. 학교 교정에 들어선 군인들의 매서운 감시를 받으며 운동장에 모인 학생들에게 손바닥 검사를 했다고 한다. 그것의 이유는 "반란군 무기 나른 징표"를 찾기 위함이었다. 손바닥을 보고 반란군에 협조한 징표를 찾는다니 얼마나 황당한 일인가? 그 당시는 사는 것이 다들 그렇고 그래서 험한 일을 하며 학교에 다닌 학생들도 많았을 것이다. 당연히 손바닥에 못이 박힐 정도로 거친 손은 당연한 것이다. 그들을 지켜본 누군가의 손가락이 학생들을 지목하면

곧바로 대열에서 끌어내 어디론가 끌고 갔다. 그 이후 끌려간 어린 학생들은 다시 볼 수 없었다. 엄정숙 시인에게 매년 다가오는 시월은 단순히 일반적인 계절의 변화로만 바라볼 수 없다. 서서히 물 들어가는 나무 이파리들의 단풍든 모습을 보며 "한날한시에 총 맞아 죽은/ 여학생 언니들의 넋인 것을/ 늦어도 너무 늦게 알았다"며 그날을 회상하며 가슴 아파하고 있다. 꽃처럼 곱던 딸을 사지로 먼저 보낸 유가족들의 한 많은 세월 속에 악몽처럼 되풀이되는 "입을 닫고 눈을 감은 지 칠십 년/ 해가 일흔 번 바뀔 때마다/ 죽고 넘어지는 꿈은 얼마나 자주 꾸었는지" 헤아릴 수조차 없다. 화자는 주변의 사람들이 아픔을 당하더라도 남의 일처럼 생각하며 살아야 내 목숨을 부지할 수 있다는 절박함이 신념이 되어야 했던 시대를 기억한다.

일 년 전 패키지여행을 갔었다
여행을 하던 중 차안 분위기를 위해
한 명씩 노래를 시켰다
아흔이 넘어 보이는 할머니께 노래를 청하자
그날의 이야기를 노래로 불렀다
수줍은 듯 눈시울을 붉히며
직접 겪었던 일이라고 덧붙였다
얼마나 오랫동안 가슴에 묻어 둔 한이었을까
구절구절이 그날을 재생해 주었다
길다 싶은 노래였지만 지루해 하지 않고
끝까지 듣고 박수치며 하나가 되었다
여순 사건은 나와 먼 이야기라 생각했는데
손닿을 듯 가깝게 다가왔다

> 오래오래 할머니가 맴돌았다
> 공감은 멀리 있지 않았다
>
> — 이말순, 〈할머니의 노래〉 전문(《아픔, 기억 그리고 치유》)

어딘가로 여행을 떠난다는 것은 즐거운 일이다. 그것도 다양한 사람들과 계획된 여행이라면 은근슬쩍 기대하는 바도 있어 호기심을 자극할 것이다. 자연스럽게 분위기도 들뜨기 마련 그럴 때 쯤 분위기를 돋우는 데 노래가 빠질 수 없다. 여느 여행 때와 다르지 않았는데 나이 지긋한 할머니가 노래 부르기를 시작하는 데 귓속을 파고드는 절절한 삶의 비애가 한처럼 들려왔다. 그 노랫가락을 관통하고 있는 삶의 서사는 70여 년을 가슴에 묻고 살아온 지독한 고통임을 알았다. 그 할머니를 통해 이말순 시인은 1948년 10월 19일에 발생한 '여순 사건'에 대한 역사적인 비극을 생각하게 된다. 아흔이 넘어 보이는 할머니의 음표 없는 노랫가락에 묻어 나온 사연이 구구절절하게 가슴으로 파고들었기 때문이다. "그날의 이야기를 노래로 불렀다/ 수줍은 듯 눈시울을 붉히며/ 직접 겪었던 일이라고 덧붙"이며 실타래를 풀어내듯 가슴에 묻어둔 이야기를 꺼낸 것이다. 워낙 평생을 사무친 일이라 매듭을 풀어내기라도 하듯 희미한 기억을 더듬어 가슴에 맺힌 한을 들려주었다. 구체적으로 어떠한 사연을 들려주었는지는 알 수 없으나 우연한 기회에 '여순 10·19'에 대한 뜻밖의 사연을 접한 것이다. 여행가는 기분에 들떠 '할머니'가 오랫동안 가슴에 품어 온 사연을 발설하고 만 것이다. 우리가 알지 못한, 알려고 하지도 않았던 '여순 사건'은 과거 역사의 아픔으로만 간단하게 생각하며 넘어갈 수 없는 이유가 분명히 있다. 우리가 잊고 살아온 70여 년의 긴 세월에도 삭혀지지 않는 억울한 죽음들이 너무 많았다는 것이다. 그 죽음의 사연들을 진실 규명 차원에서 국가가 나서 소상히 밝혀야 한다. 그래야만 진정한 국민 통합과 자유민주주의 대한민국의 밝은 미래로 나아갈 수 있다.

금기어가 된 여순 10·19
- 최복선·서애숙·서용기·김현주

1948년에 발생한 '여순 10·19'는 많은 사람들이 가슴에 씻을 수 없는 상처를 남겼다. 그런 일을 당하고서도 그들은 그날을 잊어야 한다. 두 눈으로 똑똑히 본 것을 말해서도 안 된다. 남이 말을 해도 귀머거리처럼 살아야 한다. 남 앞에 잘났다고 절대 나서지를 말거라. 사람 살면서 이런 말을 수없이 듣고 자랐고 그런 말을 선불리 여겼다가 혹독한 대가를 치룬 시절이 있었다. 아버지의 안부를 묻는 사람에게 아버지가 계신 곳을 가리켜 준 아이가 있었다. 그저 좋은 마음에 신이 나서 앞장섰고 손가락으로 아버지 계신 곳을 알려 준 것이 아이에게 그만 그날이 평생 한이 되어 버렸다. 그 순간이 아버지 생전 마지막 모습이 될 줄을 어린 마음은 알았겠는가? 아버지를 죽인 자식이 되어 버린 꼬마 아이. 평생 불효막심한 죽을죄를 지어 버린 어린아이의 가슴은 온통 까맣게 타들어갔다. 철이 들면서 고통은 더 극심해 그날을 생각하면 시도 없이 눈시울만 붉어질 뿐이다. 어린아이 앞에서 아버지를 끌어다 몹쓸 짓을 한 세상을 눈 딱 감고 잊어야 하는가 묻고 있다. 아버지가 어떤 사람이란 것을 잘 알던 주변 사람들도 시절이 하도 그러니 죄다 돌아서 버린 세상이었다. 뒤에서 수군대며 빨갱이 자식이라고 손가락질하던 그런 세상을 잊을 수 있을까? 한 맺힌 세상을 가슴에 안고 살아온 사람들은 말할 수 없는 고통을 가슴에 묻고 살아왔다. 그래서였을까? 아버지가 흘린 핏빛처럼 왜 그리 해마다 피는 여수 동백은 그리도 붉은지 가슴이 그럴 때마다 아려왔다.

> 동박새 앉았던 꽃 모가지 휘청,
> 동백꽃 투둑 떨어진다
> 건너 보이는 오동도 사무친 그리움은
> 지상에서 또 한 번의 생으로 붉어졌을 것이다
> 모가지째 패대기쳐진 처연한 눈빛들이
> 참으로 고요하다
> 마래터널 지나 형제묘
> 백성으로 난 죄가 이리도 커
> 옳은 지 그른지 알 도리도 없이
> 시린 손발 뒤엉킨 채 70년을 울었구나
> 아직도 걷히지 않은 응어리는
> 남은 자들의 절망과 어둠까지 삼키고 있다
> 신의대의 첨언으로도 다 알 수 없어
>
> 하나 둘 셋,
>
> 동백꽃 모가지만 하염없이 줍는다
> 　　　　- 최복선, 〈여수 동백〉 전문《아픔, 기억 그리고 치유》

동박새는 아무 곳에나 앉지 않는다. 제 몸을 감당할 수 있는 정도를 가늠해 본 뒤 사뿐히 날개를 접는다. 그러기 전 작은 눈과 가슴으로 요리조리 고개를 가누다 안기듯 날아든 새. 그렇게 신중했지만, 아뿔싸 "동박새 앉았던 꽃 모가지 휘청,/ 동백꽃 투둑 떨어진다"는 마음이 상처보다 깊어졌다. 툭툭 떨어진 동백꽃을 보며 동박새 가슴처럼 슬퍼져 긴 목울음을 터트린 화자다. 저 멀리 오동도의 사무친 동백이 긴 겨울을 부여잡고 피어나면서 터트린 그리움은 누굴 향한 마음인가를 화자는 알고 있다. 저 푸른 바다를 되돌리지 못한 채 떠밀려가 애기섬에서 집단학살 당한 소식을 가장 먼저 들었을 오동도 동백이다. 어찌 그뿐이겠는가? 마래터널 안 깊숙한 비명이 아무리 멀다 해도 해풍을 타고 삽시간에 당도한 처참함을 기억하고 있다. 사람을 죽이고 죽여 시신을 겹겹이 쌓아 불태웠다는 마래터널 안 집단학살을 여수 동백은 모른다고 할 수는 없었으리. 매캐하게 밀려오는 그 비명 잊지 못해 절절히 새겼을 오동도의 동백꽃 통째로 떨궈내며 "지상에서 또 한 번의 생으로 붉어졌을", "모가지째 패대기쳐진 처연한 눈빛들"을 본다. 지상에서 쉽게 거둘 수 없었던 사람들처럼 오동도의 동백꽃이 가쁜 숨을 파도에 고르고 있다. 노을보다 더 붉은 여수 동백을 보며 차마 아름답다고 말할 수 없어 슬픔이라 하자. 가슴속까지 사무치게 붉어지다 기어이 통곡을 쏟아낼 것이기 때문이다. 누가 붉어 아름다운 저 동백꽃을 보며 죽음의 삿대질을 해댄단 말인가? "하나 둘 셋,/ 동백꽃 모가지만 하염없이 줍는다"는 화자의 먹먹해진 심정이 동백꽃보다 더 붉게 물들어간다. 일몰 속으로 사라지는 오동도 동백은 다음날 노을보다 더 붉게 피곤 한다. 그날 죽어간 사람들처럼 말이다. 죽어 말이 없는 사람도 살아생전처럼 맺힌 마음을 풀어 드려야 하는 것이 도리라 생각했을까? 아름다운 원혼들을 아름다운 마음들이 불러내고 있다.

> 하얀 광목 펄럭이는 소리
> 골골이 핏빛 동백꽃 지는 소리
> 그 위로 하얀 나비 내려앉는 소리
> 숙묵의 능선을 타고 헌 짚신 끌리는 소리
> 풀잎이 진동하여 숨넘어가는 소리
> 천년을 울어야 할 그 소리를 위해
> 씻김굿이라도 해달라고
> 꽃보다 환한 바람의 옹이가
> 내 귓바퀴를 적시는 소리
>
> — 서애숙, 〈그 소리〉 전문《주먹밥, 동백으로 피다》

무슨 곡진한 사연이 있음을 들은 것이다. 듣지 않으려 해도 들릴 수밖에 없는 소리였다. 서애숙 시인의 전언적 발화는 여순 사건 당시 죽음과 연관되어 있음을 말해 준다. "하얀 광목 펄럭이는 소리/ 골골이 핏빛 동백꽃 지는 소리"를 통해 씻김굿의 실제 행위처럼 진혼을 하고 있다. 하얀 광목천을 길게 늘어뜨려 한 맺힌 원혼을 광목천에 태워(모셔) 이승과 저승 간 못다 푼 마음을 사람 마음으로 풀어내는 굿풀이인 것이다. 도저한 한이 하도 깊어 이승의 언저리를 떠날 수 없어 맴돌던 여수 땅 그 땅을 그만 잊고 훨훨 하늘로 날아오르시라는 "그 위로 하얀 나비 내려앉는 소리/ 숙묵의 능선을 타고 헌 짚신 끌리는 소리"를 듣는 시인이다. '숙묵'으로 그린 하얀 나비가 참담했던 시간을 잊으려는 듯 거친 숨을 고르고 있다. 저 나비가 날아올라야 할 고통의 능선이 어디였는가를 그들만이 알고 있다. 어둠 깊숙한 그곳으로 끌려가 죽어가면서 절규했을 말들을 진한 묵필로 휘저어 진실한 말과 마음을 짓고 있다. 그곳을 걸어 나오는 당신의 모습이 마치 "풀잎이 진동하여 숨넘어가는 소리"같다는 상상 속의 씻김굿판을 화자가 재현하고 있다. 지그시 감은 눈 속에서 아른거리는 여순의 영혼들이 한 분 한 분 하얀 광목천 위를 걸어 나와 고단했던 이승을 빠져나가고 있다.

>학교 운동장에서 손가락총을 맞았다
>우리들이 너의 손가락총을 맞고
>쓰러질 이유 없이 쓰러졌다
>우리들은 아무 말도 못했다
>끝끝내 말 한 마디 못했다
>그저 배가 고팠을 뿐
>조국을 등질 이유도 없었다
>누군가 조국 등진 것처럼
>거적때기 붉은 옷 입혀 주었다
>우리들은 소나 개처럼 마냥 울었다
>눈을 감고 아무 내력도 없이
>그저 손가락총 한 방 맞고
>흙구덩이 속에 묻히고
>이승과 저승 플랫폼
>통곡마저 할 수 없었다
>손으로 머리를 감싼 달팽이가 되었다
>느릿느릿 땅바닥을 기었다
>몸이 만든 터널에서 겨눈 손가락총
>인제는 오래되어 녹슬었지만
>집게손가락 구부리고
>굳게 주먹을 쥔 채
>운동장에 다시 모여 엉엉 울어야 할 때
>부를 수 없게 했던 노래

> 힘차게 불러야 할 때
>
> — 서용기, 〈손가락총은 지금도〉 전문(《손가락총》)

　고사리손으로 어릴 적 총 쏘는 놀이를 하면서 아무렇지 않게 상대방을 향해 총구를 겨누곤 했다. 세월 지나 생각해 보니 고사리 같은 손가락도 무서운 총이 되는구나 싶다. 아무것도 모르고 친구들의 가슴을 향해 손가락을 겨눈 아이 때 추억도 돌이켜 보니 큰일 날 뻔한 짓이었구나 싶다. 서용기 시인이 말하고 있는 '손가락총'은 실제로 총알이 발사되는 것이 아니다. 그러나 그 시늉 하나에 총알을 맞은 것처럼 사람이 죽어 나갔다면 어마무시하게 공포스러운 것이니 '손가락총'이 맞다. 서용기 시인은 시적 상황을 통해 '여순 10·19' 당시를 상상하며 여수와 순천으로 진입한 토벌군인과 경찰들이 사람들을 모아 놓고 좌익과 반란에 가담한 군인들을 색출하는 데 있어 끔찍했던 당시를 환기시킨다. 많은 군중을 모아 놓고 그들이 색출한다는 방법은 근거와 정황에 의한 합법적인 절차가 아니라 누군가의 손가락질에 의한 혐의를 단순 확인하는 것이었다. "학교 운동장에서 손가락총을 맞았다/ 우리들이 너의 손가락총을 맞고/ 쓰러질 이유 없이 쓰러졌다"는 화자의 항의성 발언은 무언가 잘못되었음을 말해 준다. 그런데도 아무도 잘못되었다는 말을 못했고 끝끝내 그들은 죽음에 이르렀는데도 말을 해 주지 않았다. 누군가를 손가락이 지목하면 그 사람은 이유 없이 끌려가 죽임을 당한 것이다. 이유라면 군용팬츠를 얻어 입었다거나 새 고무신을 신었다거나 아니면 머리를 짧게 깎았으니 반란에 가담한 군인일 거라는 추정이 전부다. 한번 손가락으로 지목되면 꼼짝없이 좌익이고 빨갱이가 되는 것이다. 어디론가 그들은 끌려 나갔고 며칠이 지나서야 들은 소식을 쫓아가 보면 죽은 시신은 거적때기에 덮여 있는 참담함 그 자체였다. 그것은 행운일지 모른다. 더 심한 경우는 불에 타 버려 머리에 꽂은 비녀나 타다만 발가락을 보고 자신의 아들이거나 딸이거나 엄마이거나 아버지란 것을 확인하는 유가족의 비참한 마음을 상상해 보시라!

잘 생기고 똑똑했던 스물다섯 울 아버지
마을 일을 많이 도와줘서 사람들이 다 좋아했대
11월 첫눈 오던 날
마을에 들이닥친 경찰이 한 젊은이를 두들겨 패며
산사람들 도운 사람 지목하라 했대
그 손가락에 울 아버지 쓰러지고 말았지
그때 나는 엄마 뱃속 유영하는 4개월 생명이었어

첫눈이 오면
아버지 아버지 실컷 불러보고
사랑한다 사랑한다 말하며
아버지 뒤를 졸졸 따라 댕기고 싶었어

아버지
초등학교만 나온 내가 학생들 앞에 서서
아버지의 그날을 이야기하고 있어요
못 다 이룬 교사의 꿈을 아버지가 이뤄 주시네요

첫눈 온 오늘

아버지
아버지

- 김현주, 〈첫눈〉 전문(《사람의깊이》 27호)

"첫눈"의 시적 재현은 사실에 대한 증언으로 발화한 조선자씨의 전언임을 밝히고 있다. 김현주 시인은 "조선자 유족의 아버지(조영두, 당시 25세)는 1948년 11월 5일 진압군에 끌려가 순천경찰서에서 희생당했다"라고 기록한다. 이는 조선자씨의 녹취를 채록한 증언집에서 출처한 사실이란 것을 뒷받침하고 있다. 깊은 원한도 세월에 그것도 애가 되어 그리움만 사무치게 된다. 아버지에 대한 그리움은 아무리 불러도 돌아올 수 없는 추억 속에 불과하다. 잘생기고 사람 좋아 동네에서 누구나 좋아해 주던 아버지였다. 거기에 성품마저 헌신적이어서 동네일도 마다치 않았고 앞장섰으니 싫어할 사람이 있겠는가? 누구나 좋아하는 첫눈이 펑펑 내리던 날 특별하지 않더라도 마음이 들떠 있을 즈음 동네에 들이닥친 경찰에 아버지가 끌려간다. 이때 "어머니가 '왜 젊은 사람들을 다 나오라고 근다요' 하니까, '이 냇물이 피바다가 될 거네' 하면서, '춥네, 손 시런께 얼릉 들어가소, 나 죄 없응께 괜찮을 거네' 하더래요. 그것이 마지막 말이었대요. 음력 시월 초닷새 날 잡혀가가꼬, 다시 돌아오지 못한 거지요."('아버지 없는 험한 세상, 이만허면 잘 살았소' 2019년 4월 조선자씨 증언 녹취 일부)를 정미경 소설가의 글에서 일부 옮겨 사실성을 부연하고자 했다. 그 이유는 "산사람들 도운 사람 지목하라 했대"라는 데 설령 산사람(빨치산)을 도왔다 쳐도 그게 사람 목숨을 앗아갈 정도는 아닐 것이다. 그날이 마지막이 되어 다시는 집으로 돌아오지 못한 길을 가고만 아버지였다. 차마 아버지라고 부르기도 안타까운 조선자씨의 사연을 더 들어 보자면 "그때 나는 엄마 뱃속 유영하는 4개월 생명이었어" 참으로 가슴 아픈 유복자인 조선자씨의 생애가 너무나 뼈에 사무칠 일 아니겠는가? 아버지의 얼굴을 보지도 못했지만, '첫눈'이 올 때 끌려갔다는 말을 전해 들은 뒤부터 '첫눈'이 내릴 때면 아버지에 대한 그리움이 가슴속에 사무친다. 집안 가장이 그리되고 난 뒤 지독한 가난에 내몰렸을 조선자씨 초등학교만 겨우 나와 지금껏 혹독한 세상을 잘 견뎌왔지만, 가슴 저 깊은 곳에 아버지에 대한 사무친 연민이 아직도 깊다. 소원이라면 "첫눈이 오면/ 아버지 아버지 실컷 불러보고/ 사랑한다 사랑한다 말하며/ 아버지 뒤를 졸졸 따라 댕기고 싶었어"라는 말 맺음이 병처럼 혼잣말로 도지기 시작했다.

가슴으로만 기억해야 하는 시간들
- 김완·김영주·이종근·김희정

한 맺혀 깊은 슬픔은 쉽사리 해소되지 않는 법이다. 문득 돌아서면 어둠을 물고 내려온 산 그림자처럼 가슴을 파고든 애틋한 당신이 아직도 가슴속에 오롯이 존재하기 때문이다. 아무리 많은 시간이 흘러간다 해도 해소되지 않는 슬픔은 여전하다. 그 고통을 껴안은 채 살아온 '여순 사건' 당시의 유가족의 삶은 그야말로 기구했다. 한순간에 불온한 사상을 가진 사람으로 손가락질 받으며 살아온 이야기는 울분을 넘어 분노에 가깝다. 그들에게 어떤 위로의 말을 할 수 있는 처지도 아니기에 그저 막막할 뿐이다. 근원적인 진실을 규명한다 해도 죽어 이승을 등진 사람들이 살아 돌아오는 것은 아니다. 그렇다 해도 그들의 가슴 아픈 말들을 귀담아 듣고 피해자와 피해 유가족에 맺힌 한을 풀어줘야 한다. 그런 절절한 마음을 담아 문학적으로 재현하려는 노력이 꾸준히 이뤄져야 하고 더 많은 시인의 동참이 필요한 시점이다. 그 역할은 당연히 시나 소설을 통해 다양하게 이뤄져야 한다. 늦었지만, 그나마 다행인 것은 시인들의 많은 참여로 시적 재현이 활발히 이루어지고 있는 점이다. 그러나 안타까운 점은 '여순 10·19' 피해 유가족들이 고령으로 자꾸 세상을 등지고 있다.

> 이찬식씨, 보성군 복내면 봉천리, 당촌마을에서 태어났습니다*
> 아버지의 무릎 위에서 해맑은 모습으로 사진에 찍힌 서너 살 아이
> 평생 연좌제에 걸려 반듯한 직장에 취직 한번 못해 본 사람이 유일하게 남아
> 있는 사진 속 아버지의 모습을 보며 울먹였습니다
>
> "그해 음력 5월 29일, 보도연맹원들을 불러 모아 마을 청소와 길 보수를 시
> 키고, 저녁밥 먹자고 지서로 데리고 갔는데 문을 잠가버린 것이지요.
> 선친이 할아버지가 내일 아침 생신이니 생신 쇠고 들어올 테니 문을 열어라!
> 초하룻날 할아버지 생신을 모시고 다시 들어간 것이 영영 이별이 됐지요.
> 들어가자마자 차로 수송되어 보성읍 갈몰이라는 곳, 길몰 마을 앞산에서 37
> 명을 죽였다 합니다. 네 개 부락, 당촌(봉천리), 일봉리(일와리 1구, 2구), 시천리(1
> 구 살치 마을, 2구 시래 마을) 사람들, 정확히는 모르겠습니다만 그해 그쪽으로 해
> 서 같은 제사가 37인가 35개 집인가 된다고 하더라고요"
> 그날의 마을 한 동네에 수십 명이 함께 제삿날을 맞는 비극의 역사
> 아! 어디에도 없는 나라, 멀리서 천둥 번개가 겁먹은 시간을 찍는다
> 　　　　　　　　　　　　　- 김완, 〈사라지는 목소리〉 부분《그날 이후》, 심미안, 2023)

"이찬식씨, 보성군 복내면 봉천리, 당촌마을에서 태어났습니다"의 인용 출처는《한 번도 불러보지 못한 이름, 그리운 아버지》(순천대학교 여순연구소, 2020, 183쪽~200쪽)으로 밝히고 있다. 이 내용은 '여순 10·19' 이후 피해 유가족들을 만나 당시 상황을 채록한 증언집이다. 실제 억울한 일을 당한 사람들의 입장인 만큼 사실에 가까운 것이다. 당시 피해 아버지의 아들(이찬식) 나이가 서너 살 정도란 것도 남아 있는 사진으로 추정한 것이다. 이찬식씨도 그날의 상황을 어머니나 주변 사람들에게 들은 것이 전부다. 살아온 세월의 고통이 서러웠던지 울먹이며 쏟아내는 말 "제 나라 죄 없는 국민을 죽이는 국가 지도자가 어디

에 있나요?" 라는 물음도 아무 소용없는 말에 불과하다. 도대체 누가 책임져야 하는가를 묻지만, 변한 것이 없는 현실이 답답할 뿐이다. 유일하게 남은 사진 속 아버지를 생각하면 설움만 복받친다. 아버지의 죽음도 그랬다. 나라에서 시켜 동네로 인원이 할당되어 가입해도 아무 일 없다며 이장이 들이민 종이때기에 미안해서 도장을 찍어 준 것 때문이었다. 그렇게 가입한 보도연맹원이란 이유만으로 불러다 동네 청소와 궂은일을 시키는 것까지는 이해한다 치자. 기어이 인근 네 개 마을에서 끌려온 37명과 함께 몰아 가두고 죽여 버리는 나라에 태어난 것이 죄인가를 묻고 있다. 아버지를 잃고 연좌제에 대물림된 가난으로 반듯한 직장 한 번 갖지 못한 것도 천추의 한이 된 이찬식씨의 말이 귀에 맴돌았다.

> 임아!
> 태양 같은 당신이 떠난 후 문득문득 생각이 났지요
> 곁에 있는 듯 당신의 그림자
> 깜짝깜짝 놀라며 살아온, 헤일 수 없는 세월
> 구비, 구비마다 보고팠던 그리움, 지친 그 세월
> 허구한 날 손꼽아 기다려도
> 이날 이때까지 돌아오지 않는 야속한 당신을
> 속절없이 마냥 기다렸소
> 어느 하늘에 계시는지
> 대답 좀 하시구려!
>
> ―중략―

> 임아!
> 당신이 두고 간, 남겨진 자식들
> 애비 없는 자식, 근본 없는 자식이라는
> 때때옷 곱게, 곱게 까막눈 만들까 마음조리며
> 당신 닮은 자식 위안 삼고, 번듯하게 키우려고 애를, 애를
> 당신께 욕이 될까 부들부들 부단히도, 신발짝이 다 닳도록
> 갖은 고생 팔자려니, 살아온 그 세월이
> 야속타 못해 애절해서 눈물마저 메말랐지요
> 세월이 약이라지만 어찌, 잊을 수가 있겠어요
> 눈물로 얼룩진 지나간 세월
> 무엇으로 다시
> — 김영주, 〈여순 어느 미망인의 애가〉 부분(《그날 이후》, 심미안, 2023)

몹쓸 세상 만나 생때같은 지아비를 떠나보낸 뒤 혼자 살아온 세월이 지독하여 갖은 고생 다 한 넋두리가 슬프게 맴돈다. 시적 화자의 마음으로 전해 오는 말들은 홀로 견뎌왔던 삶의 고통을 말해 준다. 슬픔이 하도 깊어 눈물마저 말라 버렸다. 홍안의 곱디고운 신혼의 세월 다 흘러 남은 것이라곤 자글자글한 이마의 주름과 그리움 짙게 밴 수심만 그윽할 뿐이다. 방금 전 곁에서 재미난 눈빛으로 말을 걸어오던 애기같기만 하던 남편이 불안한 눈빛을 감추며 몇몇 사람에 둘러싸여 끌려간 뒤 불귀의 객이 되어 버렸다. 한참 뒤 죽었다는 소식을 접해 거적때기에 덮인 남편의 시신을 수습하면서도 믿기지 않았다. "곁에 있는 듯 당신의 그림자/ 깜짝깜짝 놀라며 살아온, 헤일 수 없는 세월/ 구비, 구비마다 보고팠던 그리움, 지친 그 세월" 설마설마 혹시나 해서 인기척만 들리면 수없이 문을 열고 바깥에 귀 기울였다는 어느 미망인의

비애에 찬 이야기다. 오직 한 것이라고는 불쌍하게 가 버린 남편을 생각하며 남겨진 자식들 건사하느라 갖은 고생을 마다치 않았다. "당신이 두고 간, 남겨진 자식들/ 애비 없는 자식, 근본 없는 자식이라는/ 때때옷 곱게, 곱게 까막눈 만들까 마음 조아리며" 살았다며 가슴에 맺힌 말들을 쏟아내고 있다. 착하디착한 "당신 닮은 자식 위안 삼고, 번듯하게 키우려고 애를, 애를" 다해 살았다며 당신을 위한 마음 변치 않고 살았으니 여한 없다는 속내를 풀어낸다. 그 마음은 '국가'는 당신을 버렸지만, 남은 나(미망인)는 지아비(당신 닮은 자식)에 대한 도리를 저버리지 않았다는 고백으로 달라진 것이 없는 나라를 원망하고 있다.

    몇 해 전인가
    섬진강 반대편의 읍내로

    꽃가마 없이 시집갔던 젊은 누이가
    꽃상여 타고 돌아오던 날,

    봄 햇살은 고약하게 눈이 부시고
    여태껏 아물지 않은 상흔의

    풋바람처럼 먹장구름을 내몰았던
    아련한 기억의 혼란 속,

    조용한 마을은 밤새워 울었지만
    마을 초입에 버티고 선 장승만은

매몰차게 허허 웃고만 있었다
나중에야 알은 일이지만

그 무서운 장승은
어릴 적, 누이의 소꿉동무였다

섬진강 건너,
오일장을 찾아 나서던 일이 잦아지면
외톨이 누이는
저 못생긴 장승이 세월의 반을 키웠다

금빛 햇살이
억눌린 강의 사상처럼 소름이 돋는

— 이종근, 〈섬진강〉 부분(《그날 이후》, 심미안, 2023)

    갑자기 불어 닥친 비극을 감추고 있다. 다만, 유추할 수 있는 예후는 본문에서 생략한 "더딘 앓을/ 던져주고"란 말을 통해 가능하다. 섬진강은 지난한 삶의 구비처럼 하구로 하구로 흘러간다. 기어이 구례 압록을 지나 간전에 도달하면서 머지않아 또 한 번의 회오리처럼 불어 닥칠 산바람을 예감하듯 느릿느릿 한참을 휘감기를 시작한다. 오른쪽으로 광양 백운산과 왼쪽으로 펼쳐진 지리산이 강안을 멀찍이 내려다보았다. 그토록 불안하게 감아 도는 물길이지만, 기어이 끌어안은 가슴을 놓아주듯 하구를 빠져나가 바다에 이른다. 말없이 흐르고 있는 섬진강을 바라보며 혹독했던 지난 세월을 반추하는 것은 시적 화자의 눈빛이다. 사연인즉 지아비를 잃은 어머니가 홀로 두 아이를 키우면서 광양과 하동의 오일장을 오가며 생계를 꾸려왔다. 그럴 때마다 집에 마냥 홀로 남겨진 누이는 긴 시간을 마을 앞 '장승'과 시간을 보냈다. 부리부리한 '장승'을 유일한 소꿉친구처럼 찾아가 놀았을 누이는 그 이유를 몰랐을 것이다. 붉은 딱지가 붙은 집안의 자식들과는 알게 모르게 거리를 두던 시대의 피해자인 것이다. 그 누이가 섬진강 너미로 시집을 갔다. 어머니 홀로 두 아이를 먹여 살린다는 것이 버거웠기에 어린 딸을 서둘러 시집을 보낸 것이다. 그 가슴 아프게 키운 딸을 시집 보낼 때도 마음이 몹시 아렸을 것이다. "몇 해 전인가/ 섬진강 반대편의 읍내로// 꽃가마 없이 시집갔던 젊은 누이가/ 꽃상여 타고 돌아오던 날,"의 모습은 가슴을 찢고 말았다. 누이는 가난해서 시집가던 그날 꽃가마를 타고 갈 수 없었다. 그런데 그렇게 보낸 딸은 얼마 되지 않아 꽃상여를 타고 왔다는 것이다. 시적 정황은 어떤 이유였는지는 모르지만, 딸을 비롯한 가족의 기구한 운명을 말해 준다. 지아비도 사상에 연루되어 죽고, 딸도 무슨 이유였는지 밝힐 수 없는 불길한 죽음에 이른 것이다. 문장의 비사가 좀 더 언급되지 않은 것이 아쉽기도 하다.

이 공간에는 '왜'가 빠져 있다
누가 언제 무엇 때문에
국가에 의해서 자행되었는지
생명을 걸고 왜 그들은 반기 아닌 반기를 들고
이웃을 형제, 자매를 지키려고
죽어가야 했는지
이야기하지 않는다
반란이니 사건이니 혁명이니

좌익이니 우익이니
단어들만
길을 잃고 70년 넘게 여·순을 말한다
두 단어 사이 치유해야 할
상처가 켜켜이 쌓여있는데
비좁은 공간에 희생자들의 넋이
잠들지 못하고 있는데
가해자인 국가는 뒷짐을 지고
국민들끼리 동네 사람들끼리 이웃끼리
공간에 갇혀
한 발짝도 나가지 못하고 있다

- 김희정, 〈반란과 혁명 사이〉 전문《그날 이후》, 심미안, 2023)

"이 공간에는 '왜'가 빠져 있다"며 화자는 말에 담긴 의미가 '여순 10·19'를 바라보는 데 있어 무슨 소용이 있는가고 묻는다. 가장 중요한 것은 사람들이 무수히 죽었고, 가해자에 의한 피해자가 엄연히 존재하는 데 있어 어떤 누구도 나서지 않고 있다는 질책을 담고 있다. 어떤 누구라는 것도 명확하게 "누가 언제 무엇 때문에/ 국가에 의해서 자행되었는"지를 묻고 있다. 거기에 더 나아가서 그들은 왜 생명을 걸고 '반기'를 들게 되었는가를 묻고 있다. 그들(제주 파병에 반기를 든 여수 제 14연대 군인)이 당시 가졌던 생각은 "이웃을 형제, 자매를 지키려고" 했다는 군인의 사명을 엄중하게 생각했다는 것에 있다. 군인의 존재 이유 중 가장 중요한 국민 보호와 국토 수호에 있다는 것은 삼척동자도 알고 있다. '여순 봉기'에 가담한 군인들은 군인의 사명을 실천하기 위해 반란을 일으켰다는데 대한민국 이승만 정부는 그것에 개의치 않았다. 그것보다 국가 존립에 위해가 된다는 좌익 사상에 노출된 군 (반란에 가담한 군인)을 색출하는 데 우선적인 목표가 되어 버린 점을 다시 짚고 있다. 김희정 시인은 긴 70여 년의 세월을 그렇게 허송했으니 이제라도 서로의 간극을 해소하는 데 관심을 집중하자는 제언을 담고 있다. '여순 10·19'를 해결하는 데 있어 가장 이상적인 바람이지만, 그것을 위해서는 쉽지 않은 난제가 있다는 것을 김희정 시인도 인식하고 있다. '여순 10·19'가 발발한 이후 많은 세월이 흘렀지만, 어떤 정권에서도 거들고 나서지 않았다. 그것의 속내는 정략적인 정치성이 내재되어 있기 때문이다. 이제라도 역사에 묻혀 있는 '여순 10·19'를 외면할 수 없다. 그 시대의 근원적인 잘못을 분명히 밝히고 억울하게 당한 사람들을 위해 더 늦기 전 국가가 나서야 한다.

박철영 평론집
여순 10·19 진실과 시적 재현

인쇄 2025년 10월 14일
발행 2025년 10월 19일

지은이 박철영
발행인 이노나
펴낸곳 산사나무
주　소 서울특별시 종로구 창덕궁길 146-1, 302호
전　화 010-8208-6513
이메일 sansanamu22@hanmail.net
출판등록 제2022-000122호

저작권자 ⓒ2025, 박철영
이 책의 저작권은 저자에게 있습니다. 서면에 의한 저자의 허락 없이
내용의 일부를 인용하거나 발췌하는 것을 금합니다.

저자와 협의, 인지는 생략합니다.
잘못된 책은 바꿔 드립니다.

ISBN 979-11-989899-8-7　03810

값 20,000원

* 이 도서는 2025년 문화체육관광부의 '중소출판사 성장부문 제작지원' 사업의
　지원을 받아 제작되었습니다.